潘连根◎著

WENJIAN YU DANG'AN GUANLI JIAOCHENG

文件与档案管理教程

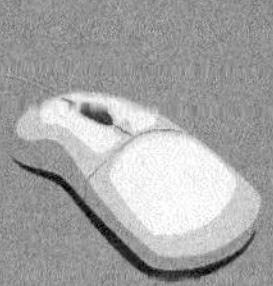

安徽师范大学出版社

责任编辑：潘　安
装帧设计：丁奕奕

图书在版编目（CIP）数据

文件与档案管理教程 / 潘连根著. —芜湖：安徽师范大学出版社，2017.3(2021.6重印)
ISBN 978－7－5676－2755－0

Ⅰ. ①文… Ⅱ. ①潘… Ⅲ. ①文件管理－高等学校－教材 ②档案管理－高等学校－教材 Ⅳ. ①C931.46 ②G271

中国版本图书馆 CIP 数据核字(2017)第 036067 号

文件与档案管理教程

潘连根　著

出版发行：安徽师范大学出版社
芜湖市九华南路 189 号安徽师范大学花津校区　邮政编码：241002
网　　址：http://www.ahnupress.com/
发 行 部：0553－3883578 5910327　5910310(传真)　E－mail：asdcbsfxb@126.com
印　　刷：江苏凤凰数码印务有限公司
版　　次：2017 年 3 月第 1 版
印　　次：2020 年 6 月第 2 次印刷
规　　格：787 mm ×1 092 mm　　1/16
印　　张：15.25
字　　数：260 千
书　　号：ISBN 978－7－5676－2755－0
定　　价：45.80 元

前　言

文书学、档案管理学课程一直是汉语言文学专业、行政管理专业等文秘方向的必修课程，但近年来随着高校课程的整合改革，已有不少高校将之整合成为文书与档案管理课程，课时量几乎缩减一半，如此必须对教学内容进行调整。从现有的各种文书与档案管理教材来看，依然存在着片面追求学科知识体系完整的问题，教材内容往往是大而全的。如不少教材都包含有公文写作的内容，且文书管理与档案管理的内容往往又各占一半。但事实上，由于文秘方向的学生都要学习应用写作或公文写作课程，因而教材中的公文写作内容并不纳入实际教学内容之中；同时，从文秘学生的就业角度看，由于有档案学专业的学生存在，文秘学生今后实际直接从事档案工作的很少，因而文秘学生今后在办公室更多是从事文件工作，但由于机关单位的档案室又往往设在办公室之下，因而只需要掌握一些基本的档案管理知识即可。可见，这种大而全的教材实际上是一种教材资源的浪费。

为此，本教材在编写时，根据文秘专业和文书学、档案学学科整合发展的现状，既考虑到学科的内容体系，更考虑到学生学习和工作的实际需求，对教材内容进行了调整处理。在此作以下几点说明：

1. 本教材名称没有沿用其他教材的"文书与档案管理"而是"文件与档案管理"。"文书"与"文件"的关系历来有不同认识和理解，但本人认为它们是同义词，且也能与国际上的"文件"概念接轨。从文件运动的规律来看，文件从产生直至销毁或永久保存是一个完整的运动过程，此处的文件概念是广义的，档案管理阶段包含在文件运动之中，因此严格意义上说，本教材的名称只需称为文件管理教程即可，但考虑到教材实际使用的需要，还是将它称为了《文件与档案管理教程》，以与课程名称一致。（当然，如将教材名称中的"文件"理解成狭义的文件概念，则也是成立的。）

2. 本教材内容体系是在广义文件概念基础上，从文件运动规律的角度来安排的，从而与以往的教材有所区别。即先讲授有关文件、文件工作及文书学的历史演变发展作为学生学习本课程的基础，然后在此基础上讲授有关文件、文件工作、文件管理（包含文件的档案管理阶段）及电子文件管理的理论与方法。需要指出的是，传统的文书学正在与档案学进行整合，这种整合后的学科有学者叫"文书档案学"，也有学者叫"文书与档案学"，我以为叫"文件学"其实更准确些，但考虑到学科发展和现有文档工作体制的现状，所以仍叫"档案学"更合适。此外，由于档案的种类繁多，在"文件的档案管理阶段"内容中适度增加了一些有关科技档案和人事档案管理的内容，可让有兴趣的学生自学拓展。

3. 本教材内容吸收了有关文书学、档案学的相关理论成果和实践工作经验，注重理论联系实际，同时将传统的文件工作、档案工作上升到机关单位文档一体化管理的高度对教材内容进行组织，也符合文档工作发展的趋势与规律。

总之，本教材以培养高级文秘人才为基点，吸纳相关学术成果，在传授基本理论知识的基础上，强化文档管理能力的培养，注重理论与实践的结合。同时，在保持学科基本体系完备的情况下，以务实的姿态精选教材内容，既方便学生学习，也为教师在教学过程中留下扩展补充的余地。

潘连根

2016 年 11 月 25 日

目　录

第一章　绪　论

第一节　文件的起源与发展

在现代社会中，人们在社会生产和社会生活中彼此之间需要进行联系。人们之间的这种联系是社会的基本属性之一，只有保证人类联系的正常进行，人类社会才能不断地向前发展。

我们知道，人类社会本身是从低级向高级不断发展的，人们相互之间联系的方式（即信息沟通方式）也有一个从简单到复杂的变化过程。

在人类社会的野蛮时期，个人意图的交流主要靠形体的动作、面部的表情等体态语言及呼唤叫喊等简单的口头形式来实现。随着生产力水平的提高，人类文明的发展，生产规模由小变大，社会的行政事务也由简单变复杂。这时仅仅凭借手势、喊叫等低级的语言形式已无法满足生产和生活的组织、协调、管理等活动的需要，因此社会的发展必然对信息的交流提出更高的要求。这时首先出现的进步是口头语言的逐步完善。口头语言的使用方便了人们思想的交流，并且在很大程度上提高了信息传递的质量。

但是，无论是体态语言还是口头语言，也不管它们如何完善，对信息的传递来说，都还存在着无法克服的弊病。这些弊病主要表现在以下三个方面：

1.无法保证信息传递的质量。体态语言与口头语言都不够规范。人体动作的幅度有大有小，有快有慢。表情的表露，有的比较强烈，有的比较缓和；有的比较明显，有的则比较含蓄。口头语言的发音，有长有短，有强有弱，加上地域之间方言、俗语的区别，所以都不易规范。这就直接影响了人们意图表达的一致性与准确性，因此不利于保证信息传递的质量。

2.限制了信息传递的空间。动作、声音是靠人发出的，又靠人的视觉、听觉器官接收，受人体本身能力的制约与环境的限制，无法长距离传播。因此，信息传递的空间受到很大的限制，不能适应在大范围内进行联系的要求。

3.限制了信息留存的时间。人体发出的动作、声音转瞬即逝，不能满足人们对信息反复利用的需要。

由于体态语言和口头语言在信息传递上存在以上弊病，而人类的生存与发展又必然产生共同劳动、共同生活的要求，共同活动的前提之一是保证高质量的联系，这就决定了人类为满足生产及各种社会活动的需要，必然要寻求一种更可靠、更有效、更方便的办法去解决信息传递中遇到的障碍。通过长期实践的摸索，人们发现可以通过某种物质传递、记录信息，从而为信息的准确表达和大范围内的传递与长时间的储存，开辟了一条新的道路。作为这种信息传递方式中的工具，其最基本的表现形态是符号（或图形）＋载体。

“上古结绳而治”。[①] 结绳，即打了结扣的绳子。从信息传递的角度看，这大概是我国历史上信息依附于某种物质载体的最初始、最简单的形态了。一直到民国时期，我国云南的独龙族、傈僳族等少数民族仍用结绳的办法作为信息记录、传递的工具。随着社会的发展，“后世圣人易之以书契”。[②] 书契，即刻划了线条的木片。虽然结绳与刻契不是真正的文字，但它们所表达的含义在一定范围内具有共性，具备了信息记录的特点。

比结绳、刻契更进一步的是图画文字（介于图画和文字之间），它没有读音，但能表意。图画文字的进一步发展便产生了象形文字。象形文字是用物体的形象来代表一定意义的文字，有一定的读音，它已是真正的文字。象形文字的出现，标志着文明时代的正式开始。

可见，人类在长期共同劳动和共同生活中，为了相互表达思想、交流经验，逐渐产生了语言，随着社会生产的发展和复杂化，作为交际工具的语言已不能满足这种发展的需要，因而产生了文字。根据考古发现，我国文字的使用可以追溯到原始社会的新石器时代。现存我国最古老的比较系统划一的文字是殷商时期的甲骨文、青铜器铭文、陶文、石玉器铭文等。

文字（书面语言）出现后，文字与载体的结合立即成为记录、传递信息的最好办法。随着文字的出现，必然形成反映人类活动的各种文字记录，从而形成各种管理活动中的文件。但是，作为管理国家工具的公务文件，却是国

① 《易·系辞下》。

② 《易·系辞下》。

家的产物。我国原始社会末期，由于生产力的发展，出现了社会分工，逐渐产生了剥削者和被剥削者两个对立阶级，阶级是国家形成的社会基础。公元前21世纪，我国形成了最早的奴隶制国家——夏。随着奴隶制国家的形成，出现了奴隶制国家机关。奴隶主阶级为了行使国家职能，强化国家机器，就需要利用文字作为传达命令、指挥国事、联系公务、记录活动等的工具，从而形成了以反映国家机关活动为内容的各种公务文件。所以说，公务文件的产生是和文字、阶级以及国家的产生紧密地结合在一起的。斯大林说："生产往前发展，出现了阶级，出现了文字，出现了国家的萌芽，国家进行管理工作需要比较有条理的文书，商业发展了，更需要有条理的来往书信。"①根据考古发掘，我国现存最早的公务文件，是在河南省安阳县发现的甲骨文件，其中绝大部分是殷商后期几个王朝的活动记录和奴隶主的文告。

我国最早的文件具有以下五个特点：

1. 文件的书写材料以甲骨为主，辅以竹木和青铜等。甲骨作为文件的书写材料，与当时的生产力发展水平和人们的多神观念有直接的关系。

2. 文件的形成过程是和宗教迷信结合在一起的。殷王室崇尚迷信，因此，凡遇重大的政治活动或最高统治者的日常活动，都得先占卜，然后将占卜的时间、事件和结果刻在甲骨上，这就成为占卜文件，也称甲骨卜辞。这种卜辞是以王室为中心的，实际上就是殷代统治阶级活动的真实记录，是当时的一种官方文件。此外也还有少数非占卜的记事刻辞。

3. 文件有一定的结构和制作过程。一篇完整的占卜文件，大致包含四个部分，即前辞、命辞、占辞和验辞。辞句固定，字数不长，一般在90字左右。对文件的制作有一个周密的过程，大致要经过取材、锯削、刮磨、钻凿、灼兆、刻辞、书辞、涂辞、刻兆等9道工序。这些工序是由专人分工进行的。

4. 文件中已有年月日的使用。日期的记录方法是天干地支配六十甲子。

5. 文件由史官负责镌刻，史官在文件上签名。这是用签名的手续与标记来表示起草或记录人员对文件负责的一种制度。可见，早在商代，统治者在利用文件管理国家机关工作方面，已经积累了一定的经验，产生了我国最早的文件签名制度。

社会愈向前发展，文件作为统治阶级管理政务的工具，亦随之不断地变化和发展。从文件的制成材料看，由甲骨向青铜、竹木、石头、缣帛、纸张、胶

① 斯大林：《马克思主义与语言学问题》，人民出版社1953年版，第24—25页。

片、磁性材料等演变；从文件的称谓看，殷商时称“典册”，周代称“中”，秦代称“典籍”，汉代出现了“文书”一词（又称“文案”），[①]三国称“公文”，[②]唐代称“文卷”“案卷”，元代称“文卷”“簿籍”，明代称“文牍”“案牍”，清代称“牌子”“本章”“文件”。[③] 至于具体的文件名称，在历代使用过程中，有新出现的名称，有消失废止的名称，也有的名称代代相沿。到辛亥革命以后，至国民党政府时期，公文程式屡次改变，名称复杂，而且每次改变后，公文名称都有增废，每种名称的用法及其行文范围亦都略有不同。

应当指出，在文件的历史变化中，书写材料的变化对文件的变化和发展影响极大。最初，商代文件的书写材料以甲骨为主，辅以竹木。周时主要是竹木，也用青铜。春秋时出现缣帛，其后亦用过石头，其中竹木延绵数朝，直至汉代发明纸张。文件用纸之后，引起了文件本身形式及各种有关文件制度的变化：

1. 文件由竹木的篇或版等形式变为卷轴。卷始用于帛而广用于纸。把若干纸张粘连起来，成一横幅，用一根木棒做中心，自左至右围绕着木棒卷起来成为一束（开头的内容能在最外面），这称作“卷子”，这根细木棒称作“轴”。到了唐宋时期改成折叠式，这是一大改革。折叠式比卷轴式更便于翻阅和保管，所以，直到民国初年还在使用。

2. 文件盖印方法的改变。用纸前采用封泥法，用纸后改用朱色水印办法。

3. 文件押字之制也因书写材料的变化而有了“骑缝”或“押缝”制度。

4. 文件用纸后，文件判行（即现在公文的签发）字体变化了，出现了“凤尾婆娑”之形的草体字。

到后来，随着各级机关广泛地使用文件，文件的种类、名称、内容、形式都越来越丰富多彩。

由上可知，文件是人类社会实践的必然产物。随着生产力的不断提高，社会文明的不断发展，人们对文件的使用日趋频繁，文件的用途也越来越广，文件在社会生活中的作用不断加强。

---

① 如西汉贾谊的《过秦论》：“禁文书而酷刑法。”

② “公文”一词出现较“文书”稍晚，如《后汉书·刘陶传》：“但更相告语，莫肯公文。”又如《三国志·赵俨传》：“公文下郡，绵绢悉以还民。上下欢喜，郡内遂安。”

③ “文件”一词出现于晚清时期，如《内阁属官官制》中有“掌本阁公牍文件”的记载，又如郑观应的《盛世危言·考试上》：“文件自理，枪炮自发。”

第二节 文件工作的产生与发展

我国在商代就建立了文件工作。商代时文字成熟，有初具规模的国家机构，统治者利用文件指挥国事、记录事情，因此必然产生和形成具有一定目的和作用的文件。有了文件，就有了处理文件的工作，于是出现了我国最早的文件工作人员——史官。史官是由原始社会的“巫”发展而来，巫不但有文化，还被认为有沟通人神之间关系的能力。商代是神权政治时代，国王的一切行动，无论是祭祀、战争还是巡猎，都要占卜问神，亦等于问史官。他们被认为是传达“神”的意志的。史官不但掌握占卜祭祀的大权，而且掌握王室的记录，掌握着文件的大权。

我国古代社会是高度发达的封建社会，因而封建社会的文件工作也相应得到高度的发展。它的发展可分为前后两个时期：前期从战国后期至南北朝，这一时期的文件工作还缺乏系统统一的文件工作制度。后期从隋朝至鸦片战争，这一时期的文件工作得到了高度的发展，建立了一套比较系统和统一的制度，对文件的名称、用途、格式等作了严格的规定，文件工作组织已相当完备。如对文件的撰制、运转、监督、保密等都作了详细规定，公文的投递网也已发展到相当的规模。1840 年鸦片战争爆发，自此，中国开始沦为半殖民地半封建社会，而文件工作制度亦随之带上了半殖民地半封建的色彩。

中华人民共和国成立后，建立了全国统一的文件工作制度。1951 年 4 月，政务院召开全国秘书长会议，通过了《公文处理暂行办法(草案)》等文件，这些文件奠定了中华人民共和国国家机关文件工作的基础。《公文处理暂行办法(草案)》对文件处理工作的要求、文件名称及体式、文件的撰写、公文办理程序、公文行文关系、公文立卷归档办法等，作了比较全面、具体的规定。1955 年 1 月，经中共中央批准颁布了《中国共产党中央和省(市)级机关文书处理工作和档案工作暂行条例》，更加明确了文件工作的性质和重要意义，全面统一地规定了文件工作的基本原则、任务、组织、工作程序和具体办法，规定文电统一管理，实行文件处理部门立卷制度。1956 年 4 月，《国务院关于加强国家档案工作的决定》中提出“全面推行文书处理部门立卷，以建立统一的归档制度”。这使我国的文件工作和档案工作有了明确分工。

“文革”期间，文件工作及业务研究遭到严重破坏。党的十一届三中全会以后，文件工作重新向前发展。1979 年，第五届全国人民代表大会第二次会议号召反对公文旅行，提高工作效率。1981 年 2 月，国务院颁布《国家行政机关公文处理暂行办法》。1993 年 11 月，国务院办公厅颁布《国家行政机关公文处理办法》。2000 年 8 月，国务院重新发布《国家行政机关公文处理办法》。2012 年 4 月中共中央办公厅和国务院办公厅又联合发布了《党政机关公文处理工作条例》。这些文件的颁布使公文处理制度进一步完善。

第三节　文书学的产生与发展

文件的出现，导致围绕文件所进行的诸项工作从使用文件的各项工作领域中相对地独立出来，产生了专门的文件工作。文件和文件工作不断发展的结果，又产生了人们对文件和文件工作的规律进行研究和探索的专门学科——文书学。[①]

一、我国文书学研究的创建与发展

尽管我国的文件和文件工作源远流长，但在我国古代一直未能产生文书学。这是因为我国奴隶社会的文件工作比较简单，我国封建社会虽已有了文件撰写、传递、保管等一系列的文件工作制度，但尚无专门系统的研究。系统的文书学研究，始于近代。

辛亥革命后，废除旧公文程式，淘汰官署差役，清除书吏阶层，并按照西方资本主义国家的模式，建设新式文件工作机构和文件工作人员队伍。20 世纪 30 年代前后，国民党南京政府屡次修订公文程式，减轻等级观念对文种设置的影响，突出实际工作需要对文种用途分工的作用。一批从事或管理文件、档案工作的知识分子和政府人士，将西方行政学研究引入中国，从行政管

① 传统的“文书”“文书工作”的习惯性称谓正逐渐被现代惯用语“文件”“文件工作”所取代，但“文书学”的称谓是否也能被“文件学”所取代，在学界有不同的认识。本书仍然使用“文书学”的称谓。

理角度来研究文件和文件工作。为改善文件工作以提高行政效率，发起了包含文件、档案改革内容的行政效率运动，创办了行政效率杂志，并在总结机关文件工作经验的基础上，写出了一批论著，如许同莘的《公牍学史》、徐望之的《公牍通论》、周连宽的《公文处理法》、陈国琛的《文书之简化与管理》、梁上燕的《县政府公文处理与档案管理》、傅振伦的《公文档案管理法》等。一些学校开设了"文书学"课程。这些，标志着文书学在我国的破土萌芽，逐渐形成。

新民主主义革命时期，中国共产党及其政权机关从开始创立就很重视文件和文件工作。在地下斗争和革命战争年代，党中央和一些革命根据地就根据当时的斗争环境和特点，制定了一些文件工作办法，建立了相应的文件工作机构。1931 年党中央拟制的《文件处置办法》，对党的文件、档案工作和文书学、档案学的研究有着十分重要的意义。1942 年，在延安整风运动中，毛泽东同志号召反对党八股和实行精兵简政，极大地推动了党和革命政权的文件和文件工作的改革，并初步开始了文书学的研究工作，产生了一些较有分量的探讨性文章。

新中国成立后，对文件和文件工作的理论研究也有了较大的进展。从 50 年代开始，以马列主义、毛泽东思想为指导，批判地继承我国文件工作的历史遗产，借鉴其他社会主义国家的研究成果，开创了我国文书学研究的新阶段。1959 年，中国人民大学档案系开设了以讲述我国文件与文件工作历史为主要内容的"文书学"课程，1961 年出版了由潘嘉主编的《文书学讲义》。① 不过，这一时期主要是把文书学作为档案学的组成部分来研究的，因此，主要是研究与档案工作密切相关的立卷归档制度问题、文件处理部门立卷问题以及文件和文件工作的历史，而对机关文件工作本身的理论和实践问题研究不够。

"文革"期间，文件工作受到严重破坏，文书学研究处于停滞状态。直到党的十一届三中全会以后，随着档案战线的拨乱反正，文书学的研究才同档案学一起得到恢复和发展。从 20 世纪 80 年代至今，出现了诸多专门研究文件和文件工作理论和实践的论著，如松世勤的《文书学基础》、梁毓阶的《文书学》、郑崇田的《文书管理学》、王铭的《文书学理论与文书工作》、朱佳林等的《机关文书学概论》、冯伯群的《文书学概要》、张清明的《文书学及实用公文》、

① 该书 1981 年重版时改名为《文书学纲要》，1985 年再版时又改名为《中国文书工作史纲要》。

曹润芳的《机关文件管理》、王光宇的《文书学研究与应用》、窦晓光的《文件管理》、赵国俊等的《文件工作的科学管理》、杨霞的《现代文件管理》、王健的《文书学》等等。这些论著深入地研究了我国的文件和文件工作的历史，总结了文件处理工作的经验，系统阐述了文件工作的理论、原则和方法，对于指导我国文件工作，提高机关单位的工作效率，起到了积极的作用。目前，随着现代信息技术的飞速发展，人类步入了电子时代，文件和文件工作呈现出一系列新的特点，从而促使文书学的研究范畴、研究焦点和研究方法也有了扩展和革新。

二、文书学的分支学科

文书学是一门应用性学科，目前它的分支学科主要有：

1. 文书(件)工作发展史。主要研究文件工作的起源、演变和历代文件工作的组织、制度与作用，总结我国文件工作的发展规律，为现行文件工作提供历史借鉴。

2. 历史文书(件)学。主要研究我国历代的文件，包括文件的种类、体式、用语、行文的范围及其史料价值，总结文件的历史发展规律，以便更好地管理和利用历史档案。

3. 专门文书(件)。主要研究在一定业务范围内使用的文件，如外交文件、司法文件、军事文件、统计文件等，研究它们的种类、性质、用途、写作方法，以培养各种专门办文人员。

4. 机关应用文写作。主要研究现行机关各类常用文件的撰写方法、要求、性质、用途与格式，以提高工作人员写作、管理文件的能力，为提高机关工作效率服务。

5. 文书(件)处理学。主要研究我国现行机关的文件和文件工作的理论、原则和技术方法，为提高机关工作效率服务，并为档案管理学的研究提供条件。

6. 文件的现代化管理。主要研究电子计算机、缩微摄像、光盘技术以及光电通讯等各种现代化技术在文件工作中的推广应用，建立机关办公自动化信息系统。

三、文书学与相关学科的关系

文书学与秘书学、档案学、行政管理学等学科都有密切的关系。

1.文书学与秘书学的关系。

文书学是研究文件和文件工作的,秘书学是研究秘书和秘书工作的。文件工作是秘书工作的基本内容和重要组成部分。秘书工作是综合性的工作,内容范围远超过文件工作。因此,文书学和秘书学研究的内容和对象,有相同的,也有不同的,如它们都要研究机关常用文件的写作、处理、管理,但各种专门文件则仅由文书学进行研究。因此,研究秘书学必须研究文件工作,掌握文书学的研究成果。同样,研究文书学,也必须学习和吸取秘书学研究的内容和成果。因此,它们是有着密切联系的并列学科。

2.文书学与档案学的关系。

文书学和档案学是姊妹学科,文书学以文件和文件工作为研究对象,档案学以档案和档案工作为研究对象,两者有亲缘关系。一般说,文件是档案的前身,档案是文件的归宿,文件工作是档案工作的基础。档案的质量保证和档案工作水平的发展,在相当程度上依赖于文件的质量和文件工作制度的健全。就研究档案学而言,文书学是它必需的专业基础知识,因而过去曾把文书学作为档案学的一个分支科目,并且都被作为历史科学的辅助科目来研究。现在随着文件、档案工作的发展,各自研究内容的逐步深化和研究领域的不断拓展,文书学和档案学都已发展成为社会科学的独立学科,但文书学和档案学的亲缘关系是不可分割的。

3.文书学和行政管理学的关系。

文书学和行政管理学的关系也十分密切。行政管理学是研究行政管理现象和规律的一门科学。行政管理是国家机关职能的一个重要方面,文件则是进行行政管理的一个重要工具。国家机关要进行有效的行政管理,必须有合理的文件处理和畅通的信息传递网络。所以,研究行政管理学,也必须研究文件和文件工作。它们对建立国家机关的正常秩序,克服官僚主义和文牍主义,提高机关工作效率有着极其重要的作用。因此,文书学和行政管理学有着密切的联系。

此外,文书学还和历史学、考古学、语言文字学、逻辑学、法学等有着一定的联系。因此,我们在学习和研究文书学时,还要学习一些有关的学科知识。

四、研究文书学的意义

1.有利于了解和掌握文件工作的规律。

文件和文件工作发展的历史和现状告诉我们,文件工作有其自身的规律性,研究文书学的目的就是要更好地探求和发现文件工作的客观规律,并运用这些规律指导文件工作实践,以促进文件工作的发展,更好地适应机关工作的需要。有人认为,只要从事文件工作就可以掌握文件工作的规律,这是片面的。工作实践只能给我们认识和掌握规律提供有利条件,但要真正了解和掌握客观规律,还要对这门学问进行深入的学习和研究。通过研究文书学,可以使我们从感性认识上升到理性认识,从而更好地掌握文件工作的规律。

2.有利于提高文件工作的效率。

文件工作的效率是由文件工作情况和文件工作人员的素质决定的。文件管理混乱,文件工作人员素质很差,文件工作效率是不会高的。研究文书学的目的,主要是为了提高文件工作人员的素质,做好文件工作。因此,通过文书学的研究,使文件运转有序、管理有方,使文件工作人员的素质不断提高,这就必然会使文件工作逐步得到改善,文件工作的效率逐步得到提高。

3.有利于文件工作的制度化、规范化和科学化。

现实的文件工作,按照制度化、规范化和科学化的要求,无论是从宏观上还是从微观上来说,都还有一定差距。研究文书学的过程,也就是对文件工作的制度化、规范化、科学化的认识和实践不断深化和完善的过程,也是对形形色色的非制度化、非规范化和非科学化的东西,认真识别和进行不懈斗争的过程。当然,文件工作的制度化、规范化、科学化的标准和程度,在一定时期内也是相对而言的。但是,作为文书学的研究方向,文件工作的高度制度化、规范化和科学化,始终应当是我们追求的目标。

第二章　文　件

第一节　文件的定义及与相关概念的关系

一、文件的定义

现代社会中，文件的存在是一种普遍的社会现象。国家机关、社会组织、企事业单位以及个人在其自身的社会实践活动中，需要借助于文件来处理事务，沟通联系，协调活动。文件已成为机关（包括社会组织、企事业单位，下同）和个人各项工作活动中必不可少的重要工具、信息通道，发挥着十分特殊的效用。

文件的概念不是僵化不变的，它必须随着文件自身的发展变化以及人们对文件认识的深化而发展变化。

长期以来，人们对文件的认识一直是非常狭隘的，即将文件局限于书面文字材料的一部分。但是，社会的全面发展，特别是科学技术的进步，不仅导致文件涵盖的内容日益广泛，而且导致文件的形式（信息记录的方式和载体材料）也日趋多样，从而促使人们开始重新审视文件，对文件进行全方位的考察，对文件定义进行修正。

目前，一般认为，文件是国家机关、社会组织、企事业单位或个人在社会活动中为相互联系、记载事物、处理事务、表达意志、交流情况而使用的各种载体的文字、图表、声像等记录材料。文件从记录方式上看，既包括书面文件，也包括图示文件，还包括录音文件、录像文件、照片文件、影片文件和电子文件等；从性质上看，既包括公共文件，也包括私人文件；从作用领域看，既包括通用文件，也包括专用文件；从运动过程看，既包括现行文件，也包括半现行文件，还包括非现行文件。这种文件观在不少欧美国家非常流行。如阿根廷档案学者路易斯·费·比阿萨利认为，“从广义上说，凡是用文字或图形记载下来的，不论是遗嘱、签署过的合同、书籍、信函，还是照片、图表，也不论用于书写、绘画的是什么载体材料，任何一件用来阐明某个问题的凭证或物证，以及一切可以证实某个历史事件的文字、公文、铭文、陈述等，它们都是文件”。[①] 又如美国著名档案学者谢伦伯格给文件下的定义是：“任何公私机构，在履行其法定职责的过程中，或者在与其本职业务过程有关的情况下所制作或收到，并且作为其职能、政策、决定、程序、行动或者其他活动之证据，或者由于其所含内容具有情报价值，而被该机构或该机构之合法继承者所保存或者指定加以保存的一切簿册、证件、地图、照片和其他记录材料，而不论其物质形式和特性如何。”[②]就连《文件管理国际标准(ISO15489)》(2001 年)也采用了类似的定义：“文件”是指“机构或个人为履行法定义务或处理事务而形成、接收和妥善保存的具有证据价值和情报价值的信息”。(对于现代文件概念的进一步认识，参见本书第八章第一节。)

但文件概念在我国实际使用中又有狭义和广义两种理解。狭义的文件仅指现行文件，即正在发挥现行效用的文件。广义的文件则指文件整个运动过程(从文件的形成到销毁或永久保存)中不论其价值形态如何的各种记录材料。

二、文件与相关概念的关系

“文件”“文书”“公务文书”“公文”是文书学的基本理论概念。理顺这四个概念的关系对文秘工作、档案工作的实践活动具有重要指导意义。然而，目前对于它们之间的关系却众说纷纭，没有定论。理论认识上的模糊不清，必然造成实际工作中使用混乱。人们在实际工作中使用其中任何一个名词概念时，他人究竟作何理解，全凭该名词当时所处的语言环境以及人们头脑中约定俗成的一般印象来确定。在此，试对这四个概念之间的关系作如下界

① [阿根廷]路易斯·费·比阿萨利著，何嘉荪、曹家驹译：《档案管理技术实用手册》，档案出版社 1987 年版，第 40 页。

② [美]T. R. 谢伦伯格著，黄坤坊等译：《现代档案——原则与技术》，档案出版社 1983 年版，第 21—22 页。

定:文件=文书>公务文书>公文。

(一)文件=文书

关于“文件”与“文书”的关系,档案界历来有不同的认识,较有影响的有两种截然相反的观点:一种认为文件<文书。如“文件——既包括各机关向外发出和收进的公文,也包括机关内部使用的文件。但不包括内部使用的其他书面材料,例如簿册、账本、表格之类。因为人们并不习惯把簿册、账本、表格之类称为文件,但它们仍属一种书面材料,毕竟也是一种文书”。[①] 另一种认为文件>文书。如“文书是文字的材料,是书面方式的文件。文件的范围很广,它可以用语言、图像等方式直接记录和传递信息,也可以用文字方式直接记录和传递信息。如用语言和图像方式记录信息的材料,我们可以称为录音文件、图像文件,或合称为音像文件。文书必须是文字材料,它的概念范围较文件要小些,文书只是文件的一种”。[②]

其实,“文件”与“文书”是两个十分相近的概念,其区别主要源于词源的产生历史与约定俗成的使用习惯。我国清代以前没有“文件”一词,故把历史上形成的文件称为“文书”,而当代形成的多称为“文件”,如“电子文件”我们不称“电子文书”。此外,“文书”一词使用较早,因而产生出一些引申含义,如可指代从事相关工作的人员,我国军队系统中至今仍沿用“文书”这种职业称谓(“文书”也有称“内勤”“内收发”的)。因此,“文件”与“文书”可以看做是同义词。

1.“文件”和“文书”实为同一事物的不同称谓。如果“文件”和“文书”是两个不同的概念,则其内涵必然具有差异,亦即它们的本质属性必然有所不同,因为“概念是反映对象本质属性的思维形式”。[③] 但事实上它们都是机关、组织或个人为实现特定目的而制作的记录材料,它们的功能并无本质区别,它们的本质属性应该是一样的。对这种记录材料,我们或称之为“文件”,或称之为“文书”,这是不足为怪的。因为,一则“文书”“文件”称谓的出现虽有先后之分,但“文件”并未取代“文书”,实际工作生活中二者往往同时运用。二则概念是用语词来表达的,同一概念可以用不同的语词来表达。这在实际

① 梁毓阶编著:《文书学》,档案出版社1985年版,第32页。

② 窦晓光主编:《文件管理》,档案出版社1991年版,第34页。

③ 崔清田主编:《形式逻辑(修订版)》,中央广播电视大学出版社1988年版,第29页。

生活中是很普遍的。如“医生”“大夫”“郎中”三个词表达的就是同一概念——以医疗为职业的人。“文件”“文书”也是如此。

2.“文件”“文书”的外观形态——信息的记录方式和载体材料的演变并不会改变其本质属性。随着社会的发展，科技的进步，文件的记录方式和载体材料也在不断改进，由文字的到图像的、声音的，由甲骨、金石、简牍、缣帛、纸张到胶片、磁带、磁盘等，但这只意味着文件种类的增加，而不会触动其本质属性的改变。因为“文件”是一个普遍概念（类概念），它的外延包括所有种类的文件，它的内涵则是揭示所有种类文件的共同本质。如果文件记录方式和载体材料的改变会导致其本质属性改变的话，则它不再成为“文件”而应是另一种事物（当然得另取称谓）。如此看来，我们实在没有必要将“书面方式的文件”（文件的一种）单独称之为“文书”（叫“书面文件”或“文字文件”即可）。如果“文书”的外延只能局限于文字方式的记录物而不能扩展到其他新生方式形成的记录物，那么，以数字代码记录在磁性材料上的新生记录物是否也应该撇开“文件”之名而单独另取称谓呢？而我们现在统称为“电子文件”（当然称“电子文书”亦无妨），因为“电子文件”仍然是“文件”，即符合“文件”的定义。其实，新的记录材料（不管其记录方式、载体材料多么新颖）只要它的内涵没变，就仍可纳入文件的范围之内。“文件”是不论其形式和载体的，正如“人”的内涵是不论其种族、肤色一样。

3.把“文件”和“文书”作为同义词，不会影响与国际“文件”概念的接轨。国外广泛使用的“文件”一词其实与“文书”并无多大区别，它的含义为“机构（公共或私人性质的）以及个人在处理事务、记载事物过程中形成的凭证性记录材料，包括政府机构及其它社会公共机构形成的文件，公私企业或商行的文件，以及家族、个人的私人文件等，如：政府管理文件、国会文件、会计文件、投标文件、商业信用单据、汇兑凭证、有价证券、毕业证、日记、感谢信、照片、音像文件等等”。[①] 只不过在译成中文时，囿于对“文书”一词的传统的狭窄的理解——“书面方式的文件”而选用了“文件”一词。[②] 其实，译成“文书”亦无不可。

① 杨霞：《论文件的概念》，《档案学通讯》2000 年第 1 期。

② ［美］弗兰克·B·埃文斯、［法］弗朗索瓦·J·安利、［英］彼得、沃尔内编著，丁文进、何嘉荪、方新德、许士平编译：《英汉法荷德意俄西档案术语词典》，档案出版社 1988 年版。

(二)文件＞公务文书

文件(文书)就其形成者和使用的活动范围来说,可以分为两部分——公务文件(公务文书)和私人文件(私人文书)。公务文件是机关、组织为公务活动需要而制作的记录材料。私人文件是个人、家庭、家族为自身事务活动需要而制作的记录材料。而我们以往的文书学教材中对公务文件和私人文件所下的定义是有问题的。如公务文件"是指机关、团体、企业事业单位在处理公务活动中形成和使用的文字材料",私人文件"是指个人、家庭或宗族根据自身处理事务的需要形成和使用的文字材料"。① 且不言将公务文件和私人文件局限于文字材料范围之内不妥,就是将机关、组织或个人活动中使用的全部材料分别纳入公务文件和私人文件的范围之内也是不妥的。因为机关、组织在活动中使用的(自然包括收到的)材料中难免会有私人文件,如个人寄给单位的意见、建议等信件而为单位采纳或个人就有关问题向单位提出的申请、申诉等材料为单位受理;个人活动中使用的(自然也包括收到的)材料中也难免会有公务文件,如单位发给个人的证书、奖状等或单位发给个人的有关申请、申诉的答复材料。如此交叉重叠,不仅有违逻辑规则,而且有损定义的科学性。

值得研究的是,机关、组织在公务活动中使用的文件既有公务文件又有私人文件,个人、家庭、家族在自身处理事务活动中使用的文件既有私人文件又有公务文件,因而机关、组织反映自身公务活动的档案(姑且称为"公务档案")中自然会包含一些私人文件,相应地反映个人、家庭、家族活动的私人档案中亦会包含一些公务文件。可见,公务文件与公务档案、私人文件与私人档案之间并不存在简单的一一对应的转化关系,即公务档案并非全由公务文件转化而来,私人档案并非全由私人文件转化而来。这正如单位的档案并非都由本单位制作的文件转化而来,也含有单位收到的外来文件一样。这是由于区别公务文件与私人文件是以文件的形成者(作者)及该文件应用的活动领域(是公务活动还是私人事务)为根据的,而区别公务档案与私人档案是以档案的形成者(是机关、组织还是个人、家庭、家族)为根据的。

① 松世勤主编:《文书学基础(修订本)》,中国人民大学出版社 1998 年版,第 1 页。

（三）公务文书＞公文

长期以来，我国许多文书学教材一直将公文作为公务文书的简称来对待。其实，“公务文书”与“公文”应是两个不同的概念，它们的内涵不同，外延是包含与被包含的关系。

许多文书学教材将公文的特点概括为：公文必须由法定的作者制成和发布，具有法定的权威和效力，有特定的体式和处理程序等。显然，公文的这些特点不是所有公务文书都具备的，如有的公务文书根本不是由法定作者制成和发布的，有的公务文书并无严格的体式要求，有的公务文书并未经过正规的处理程序。如把不完全符合公文特点的公务文书也列入公文的范围，则很难自圆其说。其实，从量上来说，公文只是公务文书中的一部分；从质上来说，公文应是“价高质优”的公务文书。从具体的严格意义上说，公文应是指由有关公文法规专门规定的、具有标准格式的公务文书，[①]如《党政机关公文处理工作条例》《中国人民解放军机关公文处理条例》等公文法规规定的公文文种。只有这样的公务文书才能充分体现目前已被公认的那些公文的本质特点。当然，究竟如何给公文下一个科学的定义，我们仍然可以作进一步的研究，但其前提是必须弄清公文和公务文书两者之间的关系。“公文＝公务文书”与“公文＜公务文书”，两者比较，后者的界定较前者更为科学合理。因为如果将两者的关系界定为前者，那么我们就无法将公务文书中具有特殊价值、特殊意义，尤其应该引起重视和研究的部分单独划分出来。以往也有人将这部分公务文书称为“文件”，但其不足之处十分明显。因为如前所述，“文件”的概念早已有了发展变化。其实，从有关公文法规名称的改变中也可略见端倪，如《中国共产党各级领导机关文件处理条例（试行）》（1989 年 4 月 25 日中共中央办公厅颁发）后来改为《中国共产党机关公文处理条例》（1996 年 5 月 3 日中共中央办公厅印发），说明这儿用“公文”比用“文件”一词更为科学合理。

① 目前关于公文的定义也有许多种，尚无定论。即使同意公文只是公务文书的一部分，但公文到底具体指哪些公务文书，也有不同的认识。

第二节 文件的特点与功能

一、文件的特点

公文是文件家族中最重要的组成部分，公文的形成、处理、运转和管理构成了文书学研究的主线，因此，认识和掌握公文的特点、功能和种类，对于学习和研究文书学显得十分重要，同时也是做好文件工作、文件管理的前提和基础。本书以下所有内容将聚焦于公文，即便是为照顾认知习惯、表达习惯，或者适当保留一些文件中特定的、约定俗成的表达方法而使用“文件”“文书”“公务文件”，但所指内涵均为公文，不再一一说明。

公文是法定机关与组织按照特定的体式，经过一定处理程序制成的记录材料，是传达意图、办理公务与记载工作活动的一种工具。

公文是管理国家政务的重要工具之一，它明显不同于报刊、图书、资料及私人文件等其他记录材料，具有以下特点：

1.公文具有鲜明的政治性。

公文产生于阶级、国家出现之后，是统治阶级贯彻其指挥意志、行动意图的系统记录，直接反映国家政权的意向和统治阶级的根本利益。可见，在阶级社会里，公文是统治阶级实行统治和管理的一种政治性工具，它的作用和方向是丝毫也不能偏离统治阶级的政治目标的。因此，公文与其他反映思想、记载活动的记录材料相比，具有直接的鲜明的政治性。广义上讲，它本身就是政治性的一种体现，它的政治性质取决于政党和国家机关的政治性质。我国是人民民主专政的国家，各个机关单位制发和使用的公文都应认真贯彻党和国家的路线、方针和政策，都必须有利于维护和发展社会主义制度。因此，公文具有高度的政策性和思想性。

2.公文具有严肃的法定性。

公文具有严肃的法定性，这主要表现在公文必须是由法定的作者制成和发布的，即公文必须是享有法人地位的机关、组织为了某个具体问题、某项具体工作按国家有关规定和要求在处理公务活动过程中自然产生和形成的。

法人是指依法成立的，并能以自己的名义行使权力和担负义务的组织或担负一定职务的负责人。

公文主要是以机关单位的名义制成发布的，但有时也以国家领导人或机关首长的名义发布。以领导人名义作为公文的作者，并非以私人身份出现，而是以他所在机关单位的负责人的身份发布的，这是行使自己职权的一种表现。不是法定的作者，则无权制发公文。任何假冒机关组织名义擅自制发公文或伪造公文的行为都是违法行为。

3.公文具有法定的权威性。

公文的法定权威性是指公文在法定的时间与空间范围内，能够对受文者的行为产生一定程度的强制性影响。公文的法定权威性来自它的制发机关的权威和合法地位，也就是由它的制发机关的法定职权和工作威信所决定的。因为公文是表达和贯彻国家意志和管理国家政务的工具，是法定机关为实行自己的职能和行使自己的权力用来表达自己意图，并使之上传下达，作为联系和处理公务的凭证和依据。比如，中共中央文件代表党中央的意见，是全国各条战线工作的依据和准绳，全国各级各类机关组织都要认真执行；国家各级行政机关发布的文件，代表人民政府行使职权，实施行政领导和指挥，下级机关单位必须服从；一个单位行政组织发布的各项规定，这个单位的各级干部、群众都应当遵守、执行。尊重公文的权威性，做到令行禁止，是保证国家各级各类机关有效运转的基本前提。如果不执行，就应有相应的纪律和行政制裁措施来约束和惩处。

4.公文具有特定的现行效用性。

每一份具体的文件都有它的特定效用，代表它的制发机关赋予它的作用。文件这种特定的效用叫现实执行效用，简称现行效用、时效。

公文的现行效用是指公文在其内容所针对的现行公务活动中直接发挥的实际效力，具有依据和凭证功能。实际上，公文的这一特点是其法定权威性的一种形式。这种现行效用表现为一定的时间性，即公文在现行工作中，在特定的时间范围内发生效力。如果一份文件使命已完成，或者它的内容已过时，已经为新的文件所代替，或者它的制发机关已不复存在，而又没有合法的继承机关接替其职能，这份文件的现行效用即告完结，它就变成一份历史文件。此外，公文的现行效用长短不等，没有统一的固定期限。有的文件时效很长，甚至长达几十年，如法规文件、长远规划、重要方针政策；有的文件时效很短，如一份通知、一份月计划；有的文件时效明显，如五年规划；有的文件时效不明显，如关于某个问题的指示、会议记录。文件的时效长短不等，对它的处理方法也就各不相同。

公文的现行效用性虽然因具体文种不同而有所差异，但它是所有公文最本质的属性，也是区别于档案的重要标志。

在现行机关，已经丧失时效、成为历史的文件，和那些时效很长、依然有效的现行文件一起，构成现行机关的档案。

5. 公文具有规范的体式和特定的处理程序。

体式是文体与格式的总称。为了维护公文的严肃性和文件处理的便利，机关制发的各类公文从文体（写作体裁）、结构（内容结构）到格式（版面安排）都有统一规定，不可随意标新立异，各行其是。

按照国家的规定，收文和发文都有一定的处理程序，各环节皆有顺序性和规范性，不得自行其是。公文的制发和处理须经一定的程序，比如，发文要经过拟稿、核稿、签发、缮印、校对和盖印等，收文要经过签收、登记、拟办、批办等程序，任何人不得擅自处理。

二、文件的功能

“功能”是指“事物或方法所发挥的有利的作用；效能”。[①] 公文的功能实际上也就是公文的作用。公文有两个重要作用：一是公文作为国家管理的书面工具，各机关组织要使用它指导和推动工作，因此它必然具有各种现实作用。二是公文作为记载与传递机关真实活动的情报，是知识的一种载体形式和存储手段，它不仅记录了人们物质生产发展的过程，还记录了人们精神文化的各种进步，是珍贵的文化遗产，必然具有历史作用。全面认识公文的这些作用，才能在及时处理各种公文的同时，积极自觉地为国家和人民积累文化财富。

（一）公文的现实作用

公文作为管理公务、联系和处理工作的一种书面工具，它的现实作用主要表现为以下几个方面：

---

① 中国社会科学院语言研究所词典编辑室编：《现代汉语词典（第 7 版）》，商务印书馆 2016 年版，第 454 页。

1.法规作用——公文是法律规范的体现形式。

国家的各种法规都是以公文的形式制定和发布的，公文是各种法规赖以存在的物质形式。法规文件包括法律、法令、行政或地方法规三部分，都具有法律依据作用。法规文件一经制定和发布生效，必须坚决执行，国家以强制力保证它的权威。法规文件在没有修改和宣布作废之前，始终有效。法规文件在它的有效范围内，人人必须遵守，不得违反。

政党和社会团体等也可以在自己组织内部制定和颁布一些规章，它们是本组织工作、活动的规范，要求本组织的成员必须严格遵守。比如，《中国共产党章程》，属于党规党纪，是党员必须遵守的；某个学术团体的章程，是它的成员必须遵守的。但这类公文与国家法律和行政法规等有所不同，它们只在自己的组织内部具有约束力，以维护组织的目标和实现组织的功能。

2.书面领导与指导作用——公文是上级机关对下级机关的工作进行领导与指导的一种工具。

因为党和国家机关单位的上级和下级，本来就具有领导与被领导、指导与被指导的关系，上级机关单位对下级机关单位所发布的一些重要公文，如命令、决定、决议、通知等，有的是用于领导指挥的，带有一定的指令性，必须坚决照办；有的则属于指导性，即在基本原则的指导下，有一定的灵活性。通过公文指引下级机关单位和广大群众去执行既定的方针政策，落实工作部署，并根据上级机关单位提出的意见、措施、办法去解决问题、开展工作，就是公文的领导与指导作用。

3.公务联系作用——往来公文是机关之间协商与联系工作的手段。

机关处理日常工作、业务活动时，公文经常用来沟通联系，处理同一系统或不同系统机关上下左右之间的各种事务，请示、报告、通知、通报、公函等主要用来承担这一类任务。

4.宣传教育作用——颁发公文是教育所属干部和群众的一种方式。

党和国家的各项方针政策的贯彻执行，各项工作的完成，需要有一类公文主要着眼于对干部群众进行宣传教育。因此，党政领导机关发出的大多数下行公文，一般都要阐明方针政策，讲清指导思想和原则，说明道理和办法，对下级机关和个人起着重要的指导作用和教育作用。有的公文本身就是直接为统一思想、进行教育而发的，同时很多重要公文本身也是很好的教材。

5.凭证和依据作用——公文是机关公务活动的文字记录。

凭证和依据作用是公文的基本作用。公文是机关意图的书面表达形式，是为满足传达贯彻机关意图的需要和作为一种凭据而制发的。如协议、合同等经过双方签订的文件,可以起凭据作用,证实双方曾经许诺承担的责任和义务;介绍信、证明信以及各种证件等,可以证明某人的身份、职务、资格和赋予他的任务,都有凭据作用;会议记录、电话记录、会议纪要、各种登记等都有记事作用。可以说,绝大部分文件在传达意图、联系公务的同时,具有凭证和依据作用。收文机关以此作为贯彻执行或处理工作的根据,同时文件也就成为机关进行这项工作活动的历史记录。

总之,以上五个作用都是文件现行效用的表现,是从总体上对文件作用的分析,不是对文件的分类。一份文件往往集几种作用于一身,其中的凭据作用是文件具有现行效用的最大体现。

(二)公文的历史作用

公文作为机关活动的真实记录,在失去现实作用之后,便可作为国家的历史文化遗产,仍有广泛的社会历史作用,具有长期利用的价值。这些公文可以作为存储知识的手段,成为历史的、法律的证据以及情报交流的工具而发挥作用。这些公文,除可以获得某些事实的知识以外,还能充分地保证国家机关活动的连续性。

公文的历史作用主要表现在以下方面:

1. 公文具有历史的和法律的证据作用。

一方面,公文是机关在处理公务时形成的书面材料,它可以证明它的产生机构本身的组织情况和职能运行情况。机关的组织情况,包括机构的起源、隶属关系和机关内部的工作分工等。机关的职能运行,是指该机关为达到其本职目的所要完成的一切活动。因此,机关应保存那些有关它组织与行使职权的具有法律证据性质的公文。另一方面,机关产生的公文还可以作为澄清事实的历史证据。公文在事后还可以成为人们查考、争辩和处理问题的真实凭据。

公文的证据作用还表现在可以证实公文本身的可靠性方面。各种公文都在形式上保留着各种真实的历史标记,如有机关的印信、个人的亲笔签署和一些特定的程式。

2. 公文具有情报作用。

公文内容包含有各种各样的情报。有一些公文对反映本机关的职责可能并不重要,但是可能由于它涉及其他机关、团体、事物、地点、人物等,而变得非常重要。所以，公文的情报作用使得在决定公文存毁时，还要考虑到各种科学研究方面的利用，如历史学、经济学、社会学、地理学等各种科学研究的需要。

公文的情报作用，要求在公文处理程序结束之后，仍需将有些公文限制在公文制发机关所规定的范围之内，符合有关保密的规定，不得随意向社会开放。如果因为业务上需要公开利用某些公文，则必须采取技术措施，把文中涉及的具体的机关名称、人名、地名、时间以及各种数据等舍去。否则，对该保守国家秘密的公文没有采取必要的保密措施，有关人员要负泄密的法律责任。

公文的现实作用和历史作用是统一的。一份具有现实作用的公文，也必然具有历史作用，这是公文在办理完毕后转化为档案的重要根据。

（三）公文作为管理工具的优越性和局限性

制作公文的根本目的在于传递管理信息，公文制作者的主观愿望也是将公文作为一种管理工具。公文是为机关单位管理活动服务的。我们强调公文是机关单位重要的管理工具，但不是唯一的管理工具，这是为了防止公文“万能”或公文“无能”。因此，必须对公文作为机关单位管理工具的优越性和局限性有所了解，以便更好地发挥这种管理工具的作用。

公文作为机关单位管理工具的优越性，有如下三个方面：

1. 公文是用文字符号来表达思想内容的。形成一份公文要经过特定的程序起草，反复修改、审核，重要公文要经集体讨论，最后报批。可见，公文从文字表达到思想内容都要经过深思熟虑，反复推敲，集思广益。机关单位内慎重之事，都要形成正式公文。虽然有的公文也存在质量问题，但公文在表达思想内容、传达领导意图方面比其他工具精确。

2. 公文是一种白纸黑字的正式记录，有的有印章、签署，作为处理工作的文字凭证，而且有公文备案，将来查阅很准确。口头传达、电话传达比较长的意见、指示等既不准确，也不方便，将来也无法查证。这样一比较，公文所具有的现行效用和凭证依据作用的优越性显得十分突出。

3. 公文可以远距离传递，能同时发到广大地区和机关，而且通过公文，机关单位也可以同时收到四面八方的信息。我国地域广阔，各类机关单位成千上万，公文作为传达意图、沟通联系、处理公务的工具比其他工具在传递和交流上也要方便得多。

公文作为机关单位管理工具的局限性，也有三个方面：

1. 使用公文属于行政管理方法的范畴，因而其管理效果要受领导水平的影响。在现代管理方法中，行政管理属于“人治”，因而行政命令的执行效果、管理的好坏在很大程度上取决于行政领导人的水平，即领导人的知识水平、领导艺术、道德修养等等。作为行政命令的载体——公文，虽然在文字、内容上经过反复推敲和修改，比较准确地表明了发文机关单位的意图，但它的质量主观上要受制发机关单位领导人政策思想水平、工作经验、作风、观察分析解决问题的能力等因素的影响和制约。

2. 事物是不断发展的，问题的本质有一个暴露的过程，因而公文的内容还有一个受实践检验的问题。公文是否符合客观规律，其阐明的政策和指示是否正确，都有待于实践检验。但这种检验又是滞后的，当日后实践检验证明公文内容存在问题时，已经给实际工作造成了一定的或很大的损害。

3. 公文的形成和传递要经过很多程序，得花一定的时间和人力，远没有电话等直接迅速。如果行政机构庞大，层次多，容易产生人为的阻滞，就会使公文信息传递迟缓甚至严重失真，从而会给文牍主义、形式主义以泛滥的机会。

综上所述，公文的作用要正确发挥，就必须扬长避短，实事求是地使用。机关单位工作中应合理安排运用各种管理工具，以发挥它们各自的最佳效用，而不能事事依赖公文。

第三节　文件的种类与稿本

一、文件的种类

文件的使用范围很广，数量巨大，内容丰富。为了实际管理文件和讨论研究问题的方便，需要对文件从各种角度进行分类。

在对文件进行分类时，必须注意如下问题：

1. 文件分类要具有实用性。文件分类方法很多，并没有统一的规定。这是因为人们为了实际使用和讨论研究问题的方便，往往对文件作一些更具体的类别上的区分，且可以从不同角度作不同的分类，并无严格标准。但是不管怎样分，都要注意其实用性。如果为分类而分类，陷入繁琐的、形式主义的泥潭，就会难以掌握，对实际工作和研究工作并无多大意义，甚至走入歧途，是不可取的。

2. 文件分类的根据应具有同一性。文件分类问题必然牵涉到逻辑学中的分类规则和实际工作的运用问题，即文件分类要考虑按什么标准进行。

3. 文件分类是相对的，即在不同角度的文件分类中，各类文件所包含的文种互相交叉是十分自然的事。

在进行文件分类时之所以要注意上述问题，是由文件分类的目的决定的。文件分类的目的，就是通过对机关单位内大量繁杂的文件进行分门别类，以便掌握文件形成及运转的特点和规律，提高机关文件工作效率，更好地发挥文件在机关中的作用。

（一）从文件的来源分

一个机关单位的文件，按来源可分为两大类：一类是由外机关单位发送到本机关单位的文件，叫做收来文件，简称收文。另一类是由本机关单位制成的文件，依据文件制成的直接目的，又可分成两部分。一部分是作为传达本机关单位的意图，发送给需要同它进行工作联系的机关单位，叫做对外文件，简称发文；另一部分是由本机关单位制成并且是在其内部使用的文件，用于安排、组织和管理本机关单位的工作，叫做对内文件或内部文件。

具体来说，收文指的是本机关单位收到的从外机关单位发送来的文件，它是外机关单位为传达其意图发送到本机关单位来的，如上级机关发来的指示性通知、批复，下级机关送来的工作报告、请示等。收文的特点是：收文大多数要加以处理、回复或办理文中之事，收了文便了事的很少。

发文指的是本机关单位对外发出的文件，它是本机关单位为传达其意图而发给需要与之联系的特定机关单位，如本机关给上级机关的报告，本机关对下属机关的指示性通知。发文的特点是：不发出去就失去了意义，一般除原稿（草稿、定稿）、存本要存档外，文件的正本都要发出去。

内部文件指的是本机关单位拟制的在其内部使用的文件，如本机关内部的通知、通报、工作计划、会议记录等。内部文件的特点是：通常留在机关单位内使用，尽管有时可以根据需要发出，但制成的目的主要是为了内部工作的需要，而不是为了对外发出。

在机关单位文件工作中，为了管理的方便，收文和发文一般是分别进行编号登记的。至于内部文件，有的机关单位单独登记，也有的机关单位将它和发文一起登记。

需要说明的是，在实际工作中，收文、发文和内部文件有互相交错和互相转化的情况。如收到的所属下级的报告需要转呈本机关上级审示，上级的指示意见需要转发本机关所属单位，这时收文就变成发文的一部分；内部文件如工作计划、工作总结需要报告上级机关的也就变成了发文。

（二）从行文关系分

行文指的是一个机关单位给对方机关单位发文。一个机关单位的对外文件，由于本机关单位与其他机关单位的不同关系，构成了不同的行文关系。行文关系指的是机关之间文件的授受关系，它是根据机关的组织系统、领导关系和职权范围来确定的。不同的行文关系，导致了不同的行文方向。按行文关系、行文方向，一个机关单位的对外文件可以分为上行文、平行文、下行文三类。

上行文是指被领导的下级机关单位向所属上级机关单位的行文。

平行文是指互相平行的机关单位或不相隶属的机关单位之间的行文。

下行文是指上级领导机关单位对所属下级机关单位的行文。

值得注意的是，上行文、平行文、下行文使用的文种各不相同，行文中使用的某些词汇或语气以及文件的性质和作用也不相同。上行文体现本机关单位请求和接受上级机关单位的领导；下行文体现本机关单位对下属机关单位的领导；平行文体现平行机关单位或不相隶属机关单位之间的互相协商与工作联系。

此外，就处理一个具体问题而言，有时该问题要和许多机关单位联系后才能解决，所形成的文件就可能包含多方向的行文。

（三）从文件的制发机关及其性质分

根据文件的制发机关及其性质可以将文件分为法规文件、行政文件和党的文件。

法规文件是指国家权力机关和行政机关制定与颁布的法律、法令和行政法规，是管理国家政务的极其重要的依据。国家用强制力保护它的实施，必须严格执行，且它的有效期较长。

行政文件是指国家机关在日常公务活动中形成和使用的文件，具有行政指挥、领导指导和公务联系的作用。

党的文件是指在党的机关和组织中形成和使用的文件，反映党的领导活动和党的工作、党的建设等。其中只在党的组织和党员中间阅读和传达的，又叫党内文件。

除了党政文件外，按制发机关分，还有各民主党派的文件、各人民团体的文件、各企事业单位的文件等。

必须注意：在国家行政机关和企业、事业单位里，党的文件（即党委、党组的文件）原则上应当与行政文件分别进行整理和管理。此外，法规文件到一定时期可由主管部门汇编成册成集，因为它长期有效，是工作的准则，需要经常查阅参考。

（四）从文件的处理要求分

文件处理有各种不同的要求，如内容办理要求、时限要求、保密要求等。这种分类方法对及时、正确、安全地处理及保管文件有重要作用。

1. 根据文件的内容处理要求，可以分为需办文件和参阅文件，也有叫主送文件和抄送文件的。

需办文件是要求承办答复的，参阅文件只供阅读、知照使用。

这种分类对机关单位掌握归档重点、文件工作的重点以及科学安排文件工作有很大帮助。

2. 根据文件的时限要求，可以分为急件、平件。

急件是要求急办的，按缓急时限可以分为特急件、加急件。特急件是指内容至关重要，必须在最短的时间内以最快速度优先传递、处理的文件；加急件是指内容重要且紧急，要求打破工作常规迅速传递、处理或在规定的时限内办理完毕的文件。急件一般在信封上、文面上标明标记。

平件是指无保密和时限方面的特殊要求，按工作常规传递、处理的文件。当然，时限要求是相对而言的，不能把平件理解为可以慢吞吞地办理。

3. 根据文件的保密处理要求，可以分为机密文件、内部文件和公布文件。

机密文件是指内容涉及党和国家机密的文件，需要在一定时期内限定其阅读范围，并进行特别的管理。机密文件按密级又可以分为绝密文件、机密文件、秘密文件。绝密文件是指涉及党和国家最核心的机密的文件，一旦泄露会使国家的安全和利益遭受特别严重的损害；机密文件是指涉及党和国家重要机密的文件，一旦泄露会使国家的安全和利益遭受较大的损害；秘密文件是指涉及党和国家一般机密的文件，一旦泄露会使国家的安全和利益遭受一定的损害。机密文件均需在文件的信封上、文面上标明标记。密级越高，传送、阅读、保管的要求也越严。另外，文件的保密要求不是一成不变的，随着时间的推移，文件的保密性也随之逐渐衰减。

内部文件（与机关单位内部文件的概念不同）是指不涉及重要机密，但只在党和国家机关中阅读与使用，不对外公布的文件。

公布文件是指向人民群众或向国内外公开发布的文件。公开发布的方式和途径包括广播、电视播发，报刊登载，张贴，开会口头传达等。另外，有些机密文件、内部文件，根据形势的发展或工作的需要，可能在以后适当时间予以公布，又成为公布文件。

（五）从文种的使用范围分

文种是文件的名称。为了概括地表明各种文件的性质、特点、制发目的和要求，便于文件处理工作的进行，将文件分成不同的种类，并给予适当的名称，就是该种文件的文种。

公文不仅在本机关内部使用，来往公文也是机关之间联系工作、交流信息的一种工具。因此，对各个文种必须由国家统一规定，有统一的解释和用法，不能由各机关各行其是。当机关制发某份文件的时候，到底适宜使用什么文种，一要根据发文机关的职权，二要考虑发文机关与收文机关之间的工作关系，三要看发文的具体内容、目的与要求。如果文种使用不当，可能会产生超越职权的错误，或者影响收文机关对发文意图的准确理解，不利于使文件得到及时妥善的处理。如对于没有隶属关系的机关，不能使用命令、决定等领导性文件的文种，否则就超越了自己的职权，其文件也是无效的。又如向上级机关请示问题，不用“请示”而用“报告”，可能会造成领导机关把它当做是一般的工作情况汇报，而没有及时批复。再如，不根据发文的具体要求，不管是什么性质的文件，规定性、指示性、答复性、通知性的文件，都大量使用“通知”这个文种，这样就等于失去文种的作用，不便于收文机关一目了然地区别发文的性质和要求，分别进行文件处理。

根据文种的使用范围，首先可以分为通用和专用两大类。

通用文件（或叫通用文种）是指各个领域的机关或部门在工作中普遍使用的文件。如中办和国办联合印发的《党政机关公文处理工作条例》规定的公文种类主要有:(一)决议;(二)决定;(三)命令(令);(四)公报;(五)公告;(六)通告;(七)意见;(八)通知;(九)通报;(十)报告;(十一)请示;(十二)批复;(十三)议案;(十四)函;(十五)纪要。在实际工作中除了以上十五种之外,还有一些文种也是日常通用的,如计划、总结、调查报告、规定、办法、协议书、合同等等。

专用文件(或叫专用文种、专门文件)是指在某些领域的专业机关或各领域机关中的专业对口部门,根据特殊的需要在专业活动中形成和使用的文件。它根据不同的专业又可以分为许多名称各别的文件,具有很强的专业特点,非本业务部门并不使用,如外交文件、司法文件、军事文件、科技文件、统计文件等。

专用文件与通用文件相比,有着许多不同的特点:(1)它产生于某些专业机关或各机关中的专业对口部门,服务于一定的业务对象,其他专业并不普遍使用。如司法文件就不用于外交、军事、科研、教学等工作领域。(2)为适应业务需要,专用文件有与通用文件不同的特定格式,如会计文件大多不是文字条款式,而是表格式。而且专用文件各专业文种之间的格式也不尽相同,如司法文件与会计文件之间的格式就不相同。(3)专用文件有其特定的制发程序,如会计文件中,会计账簿是根据会计凭证登记的,会计报表则是根据凭证和账簿编制的。又如科技文件的编制程序就与通用公文明显不同。(4)专用文件在语言运用上也有其独特之处,如专用文件中普遍使用各自领域内的一些专业术语。

每一种专用文件都包含有自己的一些文种,如外交文件中有照会、备忘录、国书、条约、会谈纪要、外交声明、外交公报、外交函件等,科技文件中有设计任务书、设计图纸、计算书、实验报告、鉴定书、说明书等。

(六)从文件载体的角度分

文件无论以何种方式(文字、声音或图形、图像等)记录信息,通常都要将信息内容附着于某种载体之上。从文件载体的角度分,目前主要有纸质文件、感光介质文件、磁介质文件和电子文件。

纸质文件是指以纸张为载体的文件,目前仍是使用最为普遍、使用频率最高的文件。

感光介质文件是指以感光胶片、相纸等感光材料为载体的文件,如照片文件、影片文件、缩微胶片文件等。

磁介质文件是指以磁带、磁盘、磁鼓等磁性材料为载体的文件，如录音文件、录像文件、计算机磁带文件、磁盘文件以及磁光盘文件等。

电子文件"是以代码形式记录于磁带、磁盘、光盘等载体，依赖计算机系统存取并可在网络上传输的文件"，①包括文本文件、图像文件、多媒体文件等。

具有不同载体特征的文件，其制作方式、处理方式和保管要求各不相同，需要根据各自的特点和要求区别对待。

二、文件的稿本

文件的稿本，是指制发文件的过程中所形成的文稿和文本。每一份文件在其撰稿、审批和印制过程中，根据需要可能产生不同的文稿和文本。各种稿本在形式、文字表述和作用上有所不同。

目前，对稿本的称谓很多，总的来说可分成两大类：一类是从稿本的性质、作用上去区分，这是为了区别它们的不同价值，以便给予正确的处理和使用，这些稿本的称呼有草稿、定稿、正本、副本、存本；一类是从稿本制作方式上去区分，这是为了揭示不同稿本在外形上、制作材料上的不同特点，以便做好文件的保管技术工作，这些稿本的称呼有手稿、复写本、印刷本、打印本、复印本、影印本等。

（一）文稿

文稿是指文件在撰写阶段形成的不同形式的文字稿。文稿一般可分为草稿和定稿两种。

1. 草稿。

草稿，是撰写文件时的原始稿件。它的内容和文字尚未成熟，只供修改、讨论和审批使用。

草稿是文件的毛坯，是尚未成熟和定型的文件。虽然有些文件的草稿有时也打印或对外发出，但其目的通常是为了方便传阅或者下发征求意见，并不具备现行效用。草稿虽不是正式文件，但却能如实反映正式文件的撰写和修改过程。

---

① 冯惠玲主编：《电子文件管理教程》，中国人民大学出版社 2001 年版，第 1 页。

一般日常行政事务性文件通常只有一次草稿，但是重要的决策性、法规性文件，则往往反复讨论修改，有的甚至有几十次草稿。

文件的各次草稿按其形成的先后次序，叫“初稿”“二稿”“三稿”“四稿”等等。经过修改以后的草稿又叫“修改稿”，供讨论用的草稿又叫“讨论稿”，征求意见用的草稿又叫“征求意见稿”，报上级领导审查批准的叫“送审稿”“报批稿”等。

2.定稿。

定稿，也有人叫原稿、底稿，但原稿、底稿易与原始草稿相混淆，不如叫定稿为好。

定稿是文件在撰制过程中，经过对草稿的修改讨论或者审阅，而由一定会议通过或领导人签发的稿件。定稿是文件的标准稿本，不再作修改，是发文机关缮印、复制文件（正本）的标准依据。

一般文件只有一次草稿，经过审核修改签发后即变成定稿。有许多草稿的文件，最后一稿经签发即成为定稿。

必须注意的是，经过发布之后的文件，日后如果需要重新进行修订时，须保留原来的定稿，不可将原有的定稿直接作为草稿在上面涂改勾画，应该利用副本或另制复制本作为新的草稿，然后再进行修改补充和重新签发。

（二）文本

文本是文件定稿后根据不同情况所形成的各种本子。文本主要有正本、副本、存本。

1.正本。

正本是根据定稿印制或缮写的供对外发出有效使用的正式文本。正本具有机关发文的标准格式，如标题、发文字号、收文机关、发文机关的印章或领导人的签署等项目。文件的正本代表制发机关的法定权威，具有现行效用，是收文机关进行工作的依据。

2.副本。

副本，又叫抄本。按原意它是根据正本另行复制、誊抄的。由于现代印刷技术的发展，副本一般是和正本同时印制，在内容和形式上并无区别。

副本的作用，主要是代替正本供传阅、参考和备查使用。如收文机关可以将收到的一份文件复制出若干份副本，便于及时送机关各位领导、各有关部门传阅和处理。本机关向外发文时，也可以在正本之外同时发送若干份副本，以方便收文机关阅读和处理；本机关也可以多留存几份副本备用。

由于实际工作情况复杂，在某些特殊情况下，正本与副本很难区分，甚至发生转化。如上级领导机关对下级机关上报的文件，领导人在上面作了批示，秘书部门将这一带有批示的来文翻印出复制本，然后将复制本发给上报的下级机关作为办事和执行的依据，不另行文。这种方法实质上是利用复制本传达领导的批示，作为发文的正本。

3. 存本。

存本是发文机关留存的印制本，是作为发出的正本的样本留作查考用的。可见，只有发文机关才有存本。存本主要用于与定稿对照、检查正本发出后可能出现的问题。当发生问题时，以留存本与定稿核对，可分清内部与外部责任。

发文机关留存的印制本，有时根据需要多达三五份，其中只有作为样本留存的那一份才是正式的存本，其余的都是副本。

需要说明的是，有的文书学教材将文件的暂行本、试行本、修订本与上述文件的正本、副本、存本并列介绍，这是不妥的。因为文件的正本、副本、存本是从文本的性质、作用上来区分的，而文件的暂行本、试行本、修订本则是从文本的内容成熟程度上来区分的，两者区分的标准不同，如将它们并列介绍，有违逻辑规则。其实，暂行、试行、修订的文件同样都有草稿、定稿、正本、副本、存本。

比较特殊的是不同文字的稿本，即同一份文件根据需要采用两种或两种以上的文字稿本。不同文字的稿本主要是指国内使用的汉文与少数民族文字，或涉外文件中使用的中文与外文。一般来说，不同文字的稿本具有同等效用。必要时，需作特殊规定。如对文字的理解或解释发生争执，则以其中某种文字或第三种文字的稿本为准。

此外，由于电子文件直接在计算机上起草生成，甚至在建立了局域网的机关单位连电子文件草稿的审核、签发也在网上完成，而这期间电子文件草稿的各种修改情况，如不采取特殊的技术措施，将会荡然无存，导致电子文件草稿不复存在，并使电子文件的定稿与正本形式完全相同，出现所谓“定稿与正本合一”的现象。因此，“除正式文件外，对需要保存草稿或历次修改稿的电子文件，应采用版本保护措施和版本留痕技术，将草稿、定稿一起归档。凡记录了重要文件的主要修改过程和办理情况，有查考价值的电子文件及其电子版本的定稿均应被妥善保留归档”。[①]

由于目前电子文件的法律效力在我国尚未完全得到真正全面的认可，电子文件的真实性、完整性和长期可读性的维护问题还没有真正解决，加上电子文件的管理体制和管理方法也有许多缺陷，因此，我国提出了“双套制”归档要求。“具有永久保存价值的文本或图形形式的电子文件，如没有纸质等拷贝件，必须制成纸质文件或缩微品等。归档时，应同时保存文件的电子版本、纸质版本或缩微品。”[②]“电子公文形成单位必须将具有永久和长期保存价值的电子公文，制成纸质公文与原电子公文的存储载体一同归档，并使两者建立互联。”[③]如此，电子文件的定稿事实上又由与之对应的纸质文件来承担，即电子文件制作完成后，再将其打印成纸质文件，然后由领导在该纸质文件上亲笔签发，作为该电子文件的定稿与电子文件一起归档保存。即便是已在电子文件上有电子签章的情况下，也要在对应的纸质文件上再予签发。“应保证电子文件的凭证作用，对只有电子签章的电子文件，归档时应附加有法律效力的非电子签章。”[④]

以上介绍的是文件最基本的稿本。在归档时，对它们有不同的要求，应注意区别对待：(1)一般文件的草稿没有必要保存，在文件形成以后就没有用了。重要文件的历次草稿，因为可以帮助我们了解和研究文件的产生过程，应谨慎处理，注意保存。(2)在文件工作中，有时会遇到某些承办人起草的文稿，有的已经经过核稿人签署，但没有得到机关领导人的认可签发，即始终未成为正式文件，这样的文稿就不能算正式文件的草稿，也就没有必要保存。(3)机关存档要存草稿(重要文件的)、定稿、存本。

---

① 冯惠玲主编:《政府电子文件管理》，中国人民大学出版社 2004 年版，第 215 页。

② 《电子文件归档与管理规范》(GB/T 18894—2002)。

③ 《电子公文归档管理暂行办法》(国家档案局 2003 年 7 月 28 日发布)第七条。

④ 《电子文件归档与管理规范》(GB/T 18894—2002)。

第三章　文件工作

第一节　文件工作的任务、性质、意义与基本要求

一、文件工作的定义和任务

（一）文件工作的定义

文件工作是一项有众多人员共同参与、分散进行的群体活动，是机关单位贯彻执行党和国家的方针政策、沟通各级机关单位之间的联系、协调工作的重要手段，是机关单位日常工作的一个重要组成部分。

机关单位工作活动产生了各种各样的文件。一个机关单位，围绕文件的制发、处理和管理要进行许多工作。就发文来说，从思想酝酿、文字起草、讨论修改、最后审核定稿、印制成正式文件，到对外发出，需要经过一系列处理程序；就收文来说，从收进、登记、传阅、批办到答复，也需要经过一系列处理程序。收发文件处理完毕，其中有价值的文件最后还要整理归档。文件从形成经运转到完成使用的全过程中的各项工作就是文件工作。

文件工作主要是为了保证文件内容上的正确、体式上的完美、处理上的正确和迅速以及管理上的科学。文件工作的质量和效率如何，直接关系到党和国家各项方针政策的贯彻落实，关系到工作任务的顺利完成和整个机关单位工作效率的提高，而且还体现着一个机关单位的工作状态和工作作风。一个机关单位的文件工作健全，这个机关单位的工作也就能顺利开展。

文件工作的概念，有广义和狭义两种解释。广义的文件工作，包括围绕

制发、处理与管理文件所进行的全部工作。这些工作通过互相衔接的一系列环节构成了机关单位工作信息运转处理的流程。狭义的文件工作，主要指机关单位里的专职或兼职的文件工作人员所承担的技术性和事务性工作，包括文件的收发、登记、催办、整理、保管等工作环节。本书使用的是广义的文件工作概念。

(二)文件工作的任务

文件工作的任务，即文件工作的内容，是文件工作性质、作用的具体体现。

文件工作的总任务是：简明、精确而有条理地处理与管理文件事务，为有效地推进机关工作服务。

文件工作的具体任务有：(1)文件的收发、登记和分送(属于文件的处理工作)；(2)文件的拟办、批办、承办和催办(属于文件的处理、拟制工作)；(3)文件的审核、签发、缮印、校对和盖印(属于文件的拟制工作)；(4)会议、汇报、电话的记录与整理(属于文件的拟制工作)；(5)文件的平时归卷、提供借阅和保管(属于文件的平时管理工作)；(6)文件的系统整理、编目和归档、销毁(属于文件的系统整理和管理工作)。

二、文件工作的性质与意义

(一)文件工作的性质

文件工作的性质就是文件工作区别于机关单位内其他工作的特点。只有认识了文件工作的特点，才能深刻把握文件工作的要求与方法，从而提高做好文件工作的自觉性。文件工作大体上有以下几方面的性质：

1. 政治性。

公务文件及文件工作同时产生于阶级和国家出现之后，两者共生并同时为统治阶级所掌握和利用。公务文件具有鲜明的政治性，而公务文件又是文件工作的物质对象，公务文件是由文件工作形成的，所以公务文件的政治功能是由文件工作来实现的，公务文件的政治色彩是由文件工作具体赋予的，也就是说，它们两者的政治方向是一致的。

我们党和国家文件工作的政治性表现在它直接忠实地为巩固人民民主

专政服务，为党和国家所代表的最广大劳动人民的根本利益服务，为实现国家的现代化建设服务。

2. 机要性。

文件工作的机要性出自政治性，也是政治性的一种表现。因为文件工作的物质对象是公务文件，而公务文件大多是国家意志活动的书面形式，是国家现行机密的集中体现。文件工作虽是一个机关的内部工作，但就其影响来说，它直接关系到党和国家政策法令的贯彻执行、机关单位之间的联系、机关单位与人民群众之间的联系，也关系到党和国家机密的安全。因此，文件工作中任何疏忽拖延都会造成不良后果，或影响工作问题的解决，或影响政策法令的执行，或泄漏党和国家的机密。为了确保国家意志和活动得到顺利贯彻和进行，必须使公务文件限制在一定范围和一定时间之内，因而就对文件工作提出了保守机密的要求。

3. 技术性。

文件工作通过一系列互相衔接的程序与手续完成文件的制发、处理与管理的整个过程，而这些程序与手续又受到有关规则的严格制约，不能自行其是，这就是其技术性的具体体现。这一性质不仅体现在传统工作环境中，在自动化办公环境中则因技术含量越来越高而体现得更为明显，如电子文件的制发、处理与管理的技术要求更高。

4. 服务性。

文件工作的服务性表现在，它不同于其他服务行业，而是具有特殊的服务对象和服务手段，即通过文件工作协助机关单位领导与业务部门处理好日常工作中形成的文件材料，完成与处理文件的有关事务，为机关单位工作服务。它的服务性带有鲜明的政治性，又具有机要性的特点，而且还具有技术性，因此它完全不同于机关单位的其他事务性工作。

5. 时效性。

文件具有现行效用，要使文件的现行效用得到充分发挥，就要求文件工作必须做到迅速及时，讲求时效。文件工作的时效性，既体现在机关单位之间文件的传递过程中，也体现在一个机关单位文件工作的各个环节之中。上一道环节的拖拉必然导致下一道环节的等待。因此，要保证整个文件处理工作的顺畅、高效，必然要求各个环节都得到及时妥善的处理。

（二）文件工作的意义

文件工作的意义或重要性主要体现在以下三个方面：

1. 从文件工作在整个党和国家的各项工作中所起的作用来说，建立和健全一套完整的、科学的文件工作制度和有效的文件工作，才能有助于使党的组织和国家机构上下通达，左右联系，互相协调，运转自如，有力地推动各项工作的开展。

2. 从文件工作在机关单位工作中所起的作用来说，它是机关单位中一项重要的日常工作。文件工作承上启下，联系内外，是机关单位领导和业务工作不可缺少的助手和工作的纽带。建立和健全文件工作，有助于使机关单位工作有条不紊，提高工作效率，更好地为实现机关单位的职能服务。

3. 从文件工作和档案工作的关系来说，文件工作同机关档案室和国家档案馆的工作有密切的联系。因为档案是由文件转化而来，而文件又是在机关文件工作中形成和处理的，所以文件工作不仅直接影响着文件的质量，而且也直接影响着档案的质量。从这个意义上说，文件工作是档案工作的基础，对档案工作有决定性的影响。具体说，一是文件工作对档案的完整有直接影响。文件工作制度健全（有收发登记、催办检查、平时归卷、借阅登记、保密等制度），能保证应归档的文件齐全完整。二是文件工作对档案的质量有明显的影响。办文手续完备，文件的可靠性就大，档案的质量就高（即具有法律的凭证作用）；同时，文件整理得系统、科学，符合文件形成的规律，保持文件之间的联系，案卷的质量就高，就便于利用。三是文件工作对档案的鉴定工作有一定的影响。在文件整理归档时，能够在保持文件之间有机联系的基础上，准确区分文件的年度、机构（或问题）、价值，便能有助于日后对档案保存价值的鉴定。四是文件工作对档案的寿命有很大的影响。在文件工作中，能够注意选用耐久性的书写材料和字迹材料，档案的寿命就长；能够注意纤维素的水解和氧化反应，保护文件不受潮、不晒光、不烟烧、不别针打洞等，档案的寿命就长。五是文件工作对档案的利用有一定的影响。文件书写整齐端正，打印清晰，书写和打印都准确无误，就便于阅读和利用。

正是由于文件工作与档案工作的关系极为密切，是先有文件而后才有档案。这就要求：一是在文件工作中应注意形成和积累文件，重要的会议要有记录，重大的活动要留有材料。二是办文手续要完备，使归档的文件成为真实的历史记录。三是要保护文件的真实性，不要破坏文件的原来面貌。四是在文件办理完毕后，要按部门分类归卷保存好，年终整理归档，由档案室集中保管，个人不得私自保留应存档的文件。

三、文件工作的基本要求

文件工作的基本要求也就是指导文件工作的总原则。根据党和国家的有关规定，文件工作的基本要求有以下几方面：

1. 系统、严密，实行集中统一管理。

这是文件工作组织管理上的要求。一个机关单位的文件工作，必须实行集中统一管理。要设置相应的文件工作机构，在机关单位主管领导人的统一领导和组织下，制定统一的文件工作制度和办法，并且由文件处理部门或文件工作人员统一掌管文件的收发、印制、传递、用印和归档。

2. 准确、周密，反对紊乱和粗枝大叶。

这是文件工作质量上的要求。准确、周密，是对文件工作提出的在政治上、文字上、运转处理上的全面质量要求。文件工作只有做到了准确、周密，条理细致，杜绝错漏，确保质量，才能保证机关单位工作的正常进行。倘若粗枝大叶，错漏紊乱，不仅使机关单位办事效率降低，而且会给机关单位工作带来许多麻烦，甚至造成严重损失。

3. 及时、迅速，反对拖拉、积压和迂缓。

这是文件工作时效上的要求。要做好文件工作必须有一个紧迫的时间观念，要急国家之所急，急人民之所急，根据缓急程度，有主有次，先急后缓，力求解决问题及时，处理工作迅速，反对拖拖拉拉、公文旅行、迂缓停滞、积压不动。为此，必须健全制度，明确分工，简化手续和层次，加强时间观念，改进机关单位作风。

4. 精简文件，深入实际，反对官僚主义、形式主义和文牍主义。

这是文件工作作风上的要求。文牍主义和官僚主义有着密切的联系，文牍主义助长官僚主义，它本身也是官僚主义的一种表现。在文件工作中，必须讲求实效，精简文件，可发可不发的文件坚决不发；同时要深入实际，调查研究，一切从实际出发，解决问题，反对形式主义。必须坚决反对主观主义、瞎指挥，反对不负责任、不问实际效果的文山会海和滥抄乱送的官僚主义、文牍主义作风。

5. 保守党和国家的机密。

这是文件工作保密上的要求。文件是党政机关单位传达方针政策的重要工具，尤其是高级领导机关制发的文件，有许多涉及党和国家的重大决策，涉及政治、经济、军事等重要机密，是国内外敌人、敌特机关窃取的主要对象。在办理结束后，也有长远的凭证查考作用，需要长久保存。为此，文件工作必须维护文件的安全，建立和严格执行保密制度，不得疏忽大意，防止文件丢失损毁和失密泄密现象发生。

第二节　文件工作的组织与行文制度

一、文件工作的机构与组织领导

（一）文件工作的机构

机关单位都是依法成立，并进行相对独立的活动。为了行使自己的职权，实现自己的职能，机关单位内部必须根据工作的需要和本身的职能范围，进行必要的科学分工，设立相应的内部机构。内部机构按其所担负的任务的性质一般分两类：一是业务部门（业务机构、专门职能机构），一是办公部门（中心机构、辅助机构、综合职能部门）。总的办公部门一个机关单位只有一个。

机关单位该设多少个层次的内部机构，要根据该机关单位的职能范围和承担任务的轻重以及业务繁简的实际需要而定，一般有大、中、小三种类型的机关单位。大机关单位工作面广，业务繁重，设置的部门较多，一般设有两至三层内部机构；中等机关单位一般设一至两层内部机构；基层的小机关单位工作人员少，业务简单，只设一层内部机构，最基层的单位甚至只有简单的分工而已。

我们知道，广义的文件工作包括文件的拟制、处理、管理三个方面的全部工作环节。因此，上至机关单位负责人，下到各个业务职能机构、综合职能机构，都要参与文件工作。这样，文件工作就成为每个职能不同的机关单位日常工作的主要组成部分。文件工作的这一特点决定了它并非机关单位的一项专门业务，即不是机关单位内部某一个机构能独立完成的专门业务，它涉及整个机关单位的工作。因此，文件工作机构不能像机关单位其他职能机构一样通过在机关单位内单独设立一个专门机构来负责全部文件工作。

狭义的文件工作主要指专门从事文件处理和管理的部门、人员所进行的工作。因此，在较大的机关一般把文件工作机构附设于办公部门（综合职能部门）即机关单位的中心机构之内，一个办公部门设立一个或若干个文书工作机构，如文书科、机要室、收发室、文印室等。但在一些小机关单位或基层单位，则只设一个专职或兼职的文件工作人员。

如此，文件处理部门有广义、狭义之分。

广义的文件处理部门是指机关单位内除了档案室以外的其他各部门，狭义的文件处理部门是指专门从事文件处理的部门。本书使用的是广义的文件处理部门的概念。

在实际工作中，由于文件工作机构附设于机关单位办公部门，不设文件工作机构的机关单位也直接由其办公部门专管或兼管，人们一般也就把办公部门看做是文件处理部门，而相对地把机关单位内其他业务部门视为承办单位或办文部门。业务部门虽然不是文件处理部门，但也负责一部分文件处理工作，如办文和拟稿，有的还设有专门的文件工作人员，负责本部门文件的收发运转和整理归档工作。

因为机关单位领导和各个部门都需要直接使用和处理文件，所以，做好文件工作并非仅仅是文件工作部门和文件工作人员的事。文件工作部门和文件工作人员要争取机关单位领导和业务承办部门人员的支持和协作，做到这一点，对搞好文件工作在实践上是非常重要的。

（二）文件工作的组织领导

根据文件工作的基本要求，文件工作的组织领导，无论就全国范围还是就一个机关单位范围来说，均需要实行集中统一管理。

集中统一管理有以下三个方面的内容：

1. 全国党、政、军系统分别实行集中统一指导，即由中共中央办公厅、国务院办公厅、中央军委办公厅分别负责指导，制定和颁发有关条例、制度、办法，作出有关指示和规定，负责召开有关的会议进行讨论、研究等。

2. 各机关单位的文件工作直接由本机关单位的秘书长或办公厅（室）主任负责统一领导，具体的领导、指导工作主要依靠办公部门，定期检查和监督本机关单位的文件工作，建立有关规章制度，实行由文件工作部门统一收发、分办、传递、用印和归档。

3.文件工作组织在上下级之间没有垂直的领导体系,但在上下级之间,上级机关单位的办公厅(室)有责任分别对下级机关单位或同级各部门的文件工作进行业务指导。

从档案工作部门和文件工作部门的关系来看,各级档案工作部门特别是机关单位档案室有对本机关单位文件处理部门的文件整理归档工作进行业务指导、检查、督促和协助的责任。

二、文件工作的组织形式

文件工作的组织形式,指一个机关单位对于文件处理程序各个环节的工作,怎样组织与安排,采取什么形式。这是关系到能否提高文件处理工作效率的重要组织措施和保证,各机关单位应根据实际工作需要确定适当可行的形式。

(一)文件工作的基本组织形式

目前我国机关单位的文件工作,主要有以下两种基本形式:

1.集中形式。

即除了文件的承办外,文件处理工作的其他环节如文件的收发登记、分发运转、催办检查、缮印校对、清退销毁、整理归档等工作都集中在机关单位的办公部门,由其统一处理。办公部门根据文件处理工作量设置相应文件工作机构或专职文件工作人员来承担这一工作,相关文件工作由办公部门的文件工作人员直接与机关单位领导、各业务部门的承办人员联系,其他各个业务部门不再设置文件工作机构或专兼职的文件工作人员。

2.分散形式(分工形式)。

一个机关单位的文件处理工作分散到内部各部门进行,即各部门(包括办公部门和业务部门)都承担一系列的文件处理工作。具体组织分工有两种情况:(1)按文件内容和职责范围分工,即把属于方针政策性或全面性的重大问题的文件以及以机关单位名义发出的文件,放在总的办公部门处理;把属于具体业务问题的文件,放在有关的业务部门的文件工作机构处理。(2)按文件处理的不同环节分工,即文件处理不同环节中一部分工作由总的办公部门去做,另一部分工作由业务部门的文件工作机构或专兼职文件工作人员去做。一般来说,每个机关单位都有一个总收发室负责文件的收发工作,称“外收发”;各个业务部门的文件工作人员负责“内收发”;文件的打印、校对可以根据驻地、文件数量、打字员力量等情况集中或分工进行;文件的承办、催办、整理工作则根据文件的业务内容分工进行。

(二)文件工作组织形式的选择

一个机关单位究竟应该采用何种文件工作组织形式,应根据本身的实际情况而定,以能及时、准确地处理文件,提高机关单位工作效率和方便工作为原则。具体地说,文件工作组织形式的选择要考虑以下几个方面:

1. 机关单位的工作性质、任务和职能范围;
2. 机关单位内部组织机构设置的层次、数量;
3. 机关单位收发文件的数量多少;
4. 机关单位驻地分布和距离远近;
5. 机关单位文件工作人员配备情况。

一般来说,集中形式适用于小机关单位和一部分文件数量不多的中等机关单位,因为这类机关单位业务不太复杂,内部机构设置简单或者没有什么内部组织机构,文件数量和办事人员也不多,驻地比较集中,这样的机关单位文件处理工作有必要也有可能集中进行。如果采用分散形式,则不但于事无补,反而会造成人力、物力、时间的浪费,不利于提高文件工作效率。

分散的形式适用于比较大的机关单位或一般中等机关单位,因为这类机关单位的业务多,分工比较细,内部组织机构的层次和数目也比较多,驻地相对来说比较分散,而且机关单位工作联系面广,形成的文件数量比较多,所以必须采用适当分散的形式。如果采用集中形式,则不仅会拖延办文时间,也不利于各部门在日常工作中对文件的查阅利用。

各机关单位的文件工作组织形式不是固定不变的。比如某机关单位原采用集中形式,后由于机构扩大,致使一部分内部机构分散在外,那么驻地在一起的机构可采用集中形式,分散在外的机构则可采用分散形式。

三、行文制度

(一)行文关系和行文制度的含义

机关之间的文件往来是根据组织系统中本机关所处的地位、职权、本机关和其他机关的工作关系进行的。

机关之间的关系一般有以下几种:(1)在同一系统的机关,上下级机关之间具有领导和被领导的关系,又叫隶属关系;(2)上级业务主管部门与下级业务主管部门之间,一般有业务指导关系;(3)非同一系统的机关之间,无论级别高低,均没有领导、指导和隶属关系,有时有工作协商关系;(4)不同系统的同级机关和同一系统的同级机关都属于平行关系。

机关之间根据工作关系来往文件就构成了一定的行文关系。所谓行文关系,简单地说,就是收发文机关之间的文件授受关系,它是根据机关的组织系统、领导关系、职权范围来确定的。行文关系是按照规定的制度来执行的,这种制度就是行文制度。行文制度的内容,包括从机关之间的行文关系、职权范围和制发文件的目的出发,遵循一定的原则,去考虑行文的方向、方式问题。

(二)行文制度的重要性

正确地建立行文制度,对提高国家机器的组织管理效能有极重要的作用,它有助于机关工作的正常进行,加速公文运转和处理,提高机关工作效率,并可避免行文混乱、公文旅行,减少不必要的行文,防止文牍主义。所以,我们党和国家对行文制度历来都很重视。在制定的公文处理法规中,一般都对行文关系作出规定,如中办、国办 2012 年 4 月 16 日发布的《党政机关公文处理工作条例》中列有“行文规则”专章(第四章)。

如果不建立正确的行文制度或者建立了行文制度而不遵守,国家机关的指挥就会失灵。各级机关和干部只有严格地按照行文制度的规定行事,国家机关的工作才能有序进行。

(三)行文制度的具体内容

行文制度的具体内容,根据有关规定和实际工作需要,分为正确选择行文方式和遵守正确的行文原则两个方面。

1. 正确选择行文方式。

根据行文制度的规定,各机关之间的行文可以分为上行、平行、下行三个方向,并可根据工作需要分为几种不同的方式。

(1)下行文。

下行文是上级领导机关对所属下级机关的行文。根据发文的目的和要求，下行文可采用逐级、多级和直达基层组织与群众三种行文方式。

逐级行文，即从上向下，一级一级布置，层层下达，或者上一级只下达给直属下一级的一个、几个或各个机关。

多级行文，即上级领导机关对下级行文时，根据需要同时发到所属几级下属机关，以免逐级转发，以提高时效，使几层下级机关都能迅速收读文件，及时贯彻。

直达基层组织与群众的行文，即党政机关行文时，直接发到最基层的党政组织或传达到人民群众。有些文件还可以采用登报、广播等形式，直接与广大群众见面。

以上是下行文的几种行文方式。在极个别情况下，上级越过一两层下级机关而下达行文也是有的。

(2)上行文。

上行文是下级机关向所属上级领导机关的行文。根据实际工作的需要，上行文可采用逐级、多级和越级三种行文方式。

逐级行文，即下级机关向直属上级领导机关的行文。这是上行文最基本的行文方式。

多级行文，即下级机关同时向自己的直接上级机关和更高的上级领导机关行文。这种方式并不多见，往往是遇到比较重大的问题，需要同时请直接上级和更高的领导机关了解或指示、批复时才采用。

越级行文，即下级机关越过自己的直接上级领导机关向更高的上级机关直至中央行文。这种方式只有在特殊情况下才可采用。例如：①由于情况特殊紧急，如发生战争、严重自然灾害等，逐级上报会延误时机而造成损失；②经多次请示直接上级机关，而长期没有得到解决的问题；③直接上下级机关之间有争议而无法解决的事项；④上级机关交办的并指定越级直接上报的事项；⑤对直接上级机关进行检举、控告的问题；⑥需要直接询问、联系的极个别的具体问题。

(3)平行文。

平行文是无隶属关系、业务指导关系的同级机关和非同一系统的机关与部门之间的行文。这些机关、部门之间只要因工作需要，都可以直接使用公函行文联系，有时也可发出通知、通报和其他抄件，但一般不能互发指令性公文，也不能互相请示。如果各机关所发的公文中遇到某些事情需要有关机关配合贯彻的，或需要知道其内容的，可以把文件抄送给有关机关。

2.遵守正确的行文原则。

机关行文时,除了根据具体情况正确选择行文方向和方式外,为了严格执行行文制度,还必须遵守有关的行文原则。

(1)精简文件的原则。

行文应当确有必要,注重实效。

①凡是可发可不发的文件,一律不发。

②不作无意义的重复行文。如包括同样内容或内容基本一致的文件已发过一次就不必再发;同一份文件已发给某部门办理,就不要同时发另一部门重复办理;行文时要考虑周到,不要朝令夕改,一再补充修正,往返重复行文。

③充分利用机关其他办事工具,以减少行文。如凡可以用电话、面谈等办法解决问题的就不必行文;凡能通盘解决或综合处理的问题,就不必单独另行行文,如可以采用原件批回、联合行文等方式;凡带有普遍性又不涉及党和国家机密的文件可以定期汇集,以机关公报形式公开发布,不另行文;有些公文还可在报上公开发表。

④尽量直接对口行文,减少行文的中间环节。凡具体业务事项,上下级主管业务机关或部门可以直接联系、请示和答复,以减少中间转递环节,大大提高工作效率;同样,上级业务部门向下级业务部门通知有关事务性工作时,也应直接行文,不要再经不必要的中间转递环节。

(2)不越级行文的原则。

除非确有必要,一般以不越级行文为原则,以免打乱正常的领导关系。即使遇到特殊或紧要事宜必须越级请示或报告时,除对直属上级的保密事项外,下级机关需要同时抄报其直属上级机关,便于其了解和掌握情况;上级机关如有必要越级向下行文时,可以同时抄送受文者的直属上级机关。

(3)必须注意行文常规的原则。

①上下级行文必须注意隶属关系,没有隶属关系的机关之间不应以隶属关系的身份行文。

②要特别注意避免出现党政不分的行文现象,即党务和政务要分别行文。

各级党委通过贯彻、执行党的路线、方针、政策实现领导和保证的作用,一级党委要过问同级机关有关路线、方针、政策的工作,不宜涉及具体的业务事项;上级党委可以向政府机关和群众团体的党组、党委行文,但不宜直接向政府机关发指示；国家行政机关应将涉及路线、方针、政策的重要问题交同级党委审核，并由它行文向上级党委请示，而不能向同级党委发指示布置工作，也不能单独向下级机关单位的党组织行文，对于指挥性和规定性文件，必要时可同同级党委联合行文。因此，上级党委可以向政府机关或群众团体的党组织行文，而不宜直接向政府机关发指示；政府机关和群众团体有重大问题需要向上级党委请示时，也应通过党组织进行，不宜以政府机关的名义直接向党的机关报告工作或发指示。

③正常的行文常规还包括上级机关的业务主管部门同下级机关所属业务部门之间有行文关系。

下级业务部门应向上级业务部门反映汇报业务工作情况，接受或争取指导；上级业务部门有对下级业务部门进行业务工作指导的责任；下级机关对于重大方针政策性问题应向上级领导机关请示和报告，属于一般业务问题上下级机关所属业务部门可尽量直接对口行文。

④还应注意上下级机关的主管业务部门和上下级机关之间的正常行文关系。

(4)行文要分清主送与抄送机关的原则。

①一般请示性质或要求对方办理答复的文件应主送一个主管机关，便于收文机关迅速处理回复，不能多头主送，只有个别特殊情况需要两个以上领导机关或部门共同研究办复的才需要主送两个以上有关机关，如工作特别需要，必须越级上行文件时，多采取并转、并呈方式。

②受双重领导的下级机关向上级机关的请示应当根据内容写明主送机关和抄送机关，主送机关负责答复请示的问题。上级机关向受双重领导的下级机关行文时，应同时抄送另一个负责领导该单位工作的领导机关，以尊重有关机关的职权，便于有关机关掌握情况，利于工作。

③向上级机关的请示不要同时抄送同级或下级机关，因为上级未批复之前，文件请示的内容并未生效，若执行要引起工作混乱。但下级机关的重要行文必要时可同时抄送直属上级机关，以便上级机关了解情况。

④接受抄送文件的机关不必再向其他机关抄送。

⑤向下级机关布置工作时，如对上级的决议、命令等有所变通，应先向上级请示批准，而不应以抄送代替请示。

(5)同级机关才能联合行文的原则。

如同级政府、同级政府各部门、上级政府部门与下一级政府可以联合行文；政府与同级党委和军队机关可以联合行文；政府部门与相应的党组织和军队机关可以联合行文；政府部门与同级人民团体和具有行政职能的事业单位也可以联合行文。

(6)机关内部应明确规定发文权限的原则。

属于全面性的、重要的、方针政策性的问题应加强集中领导，以机关名义发布；属于既定方针政策范围内的日常业务工作问题则可用业务部门的名义直接行文，分工处理，这样可减少机关领导签发文件过分集中的现象，加快文件运转，同时充分发挥各业务部门的作用。

第四章　文件管理

第一节　文件管理的含义与内容

一、文件管理的含义

随着社会的发展，科学技术的进步，办公手段日益现代化，机关单位在文件的制作、传递、处理、存储等方面更加便捷，但也带来了文件数量的急剧增加和载体的多样化问题。因此，如何对机关单位的文件实施有效的管理，使之更好地服务于机关单位的工作目标，是一个十分重要的问题。

文件管理概念的正式启用以及对其含义的研究，始于 20 世纪 40 年代，到 20 世纪 80 年代初，各国对文件管理的认识总体上取得了一致。关于文件管理的含义，国际档案理事会和各国档案界有着不同的表述。文件和档案既是行政管理的工具，又是行政管理的副产品，这些术语的概念和法律定义又在不同的国家和在同一国家的不同时期有很大的差别，因而在 1982 年联合国教科文组织与国际档案理事会为了有效实施文件与档案管理规划，经过组织"文件与档案管理规划"专家协商，对"文件管理"作了如下定义："文件管理是指对文件在其形成、保存、利用和处置过程中进行的经济而有效的全面管理。文件管理概念的内涵包括文件生命周期中从文件的形成或接收，到它们的处置。"这代表了目前国际档案界对文件管理及其含义的认识。

可见，文件管理是对文件从产生到最终销毁或移交档案部门的全过程的管理活动，其主要目标是要将机关单位中的文件数量保持在适当的限度内，简化文件制作、传递、处理以及利用的程序，改进文件工作的组织、控制方法，保证文件在完成现行效用后得到适当的处置，并通过经济地保管和利用文件，为提高机关单位的工作效率服务。

文件管理是一个独立的系统，它是由文件工作的机构、人员、制度、程序、技术、方法等多方面要素构成的。机关单位的工作活动多是通过文件的形成和使用完成的，因而文件管理系统又是机关单位管理职能系统的重要组成部分。文件管理活动的成败，必须以是否有助于机关单位管理职能目标的实现为标准。

二、文件管理的内容

1982 年，联合国教科文组织与国际档案理事会组织“文件与档案管理规划”专家协商，对文件管理的职能进行综合分析、研究，提出了如下六项具体职能：

第一，运用现代信息管理原则和技术，减少文件的数量，改进文件的质量，选择适当的办公设备和办公用品。

第二，在机构的现行工作中，注意妥善保管和使用文件，完善现有的文件整理、分类和编目制度，开发更为有效的信息处理系统。

第三，保证把那些在现行工作中不再需要的文件从费用昂贵的办公室和存贮设备中移到费用低廉的文件中心(或中间档案馆)妥善保存。

第四，为半现行文件[①]提供有效的咨询服务，直到文件形成单位认为它们已经失去了行政、法律和财务价值，即直到它们成为非现行文件为止。

第五，保证由档案部门来对这些非现行文件进行鉴定，并将具有价值的文件移交给设施良好的档案馆永久保存。这里所指的有价值文件都是可以用作形成机构的原始活动、组织机构、职能和工作程序以及一些重大事件的基本凭证，它们包含有对历史研究或者其他研究具有重要价值的信息。

第六，组织和促进更多的利用者广泛而有效地利用档案馆的独特资源。

① 国外文件生命周期理论中有“现行文件”“半现行文件”“非现行文件”的概念。现行文件是指对现行机关具有指挥、命令、批准、允许和传递作用以及法律或行政效力的文件；非现行文件是指已经丧失上述作用或效力的文件；半现行文件则处于现行文件和非现行文件之间，是指文件的现行价值正在逐渐消失，但还没有完全消失，文件的形成者对之使用还具有一定的频率，仍需保存在方便原形成者使用的地点。国外的文件中心和我国的档案室所保存的文件都属于半现行文件。

根据以上文件管理职能的界定，结合我国的文件管理和档案管理的实际情况，文件管理工作的内容大致有以下几个方面：

1. 文件管理规范的制定和实施。包括制定和实施文件管理的法规或规章制度，制定和实施文件管理的工作原则与规划，制定和实施文件管理业务建设规范与标准，文件管理机构的设置与人员配备。

2. 文件管理要素（人、物、财、时间和信息）管理。发挥人在文件管理中的决定性作用；合理配置、充分利用各种设备、工具、材料、仪器；根据成本原理量力而行地合理使用有限的资金；根据时间的利用价值，科学合理地安排文件工作过程中各部门、各工作环节的时间配置，维护文件信息的时效性；广泛收集，认真分析加工，分离和提炼出有价值的文件信息，系统整理和存贮有关文件信息，并有效传递和利用这些信息资源。

3. 文件工作流程管理。收文处理，包括文件的签收、启封、登记、分送、拟办、批办、承办、催办、注办、清退、归卷等环节的工作；发文处理，包括文件的撰写、核稿、签发、缮印、校对、用印、注发、登记、装封、发出、归卷等环节的工作；文件的平时管理；文件的系统整理与归档。

4. 文件工作全程控制。对文件从产生或收到，到最后的处置进行全过程控制，建立文件管理系统，并通过不断的调整使文件管理各要素之间处于最佳配合状态，从而有助于文件管理目标的最终实现。

第二节　文件管理的原则与制度

一、文件管理的原则

文件管理的具体原则主要有系统、集中、效能原则。

1. 系统原则。

文件管理系统是隶属于本机关单位的一个子系统，是为机关单位各项职能活动服务的。文件管理系统是由文件及其办理过程中的人、财、物等各个要素、工作环节构成的有机整体，它由文件制作系统、传递系统、收发系统、加工处理系统、存储系统、协调控制系统等多个彼此联系又相互制约的子系统组成，各子系统分别承担一定的功能，为实现系统的总目标服务。因此，必须用系统论的观点和方法，去设计和实施文件管理系统，使各子系统之间相互联系更加紧密，系统的整体构造更加精简，管理的效率更高。

2. 集中原则。

机关单位的文件管理必须实行集中原则，即对文件管理实行集中统一领导与指导，建立高度统一的制度、规范。具体说，就是由机关单位领导人负责对本机关单位文件管理活动的领导，日常文件工作活动的组织、协调由办公部门具体负责，并根据本机关单位的实际情况制定统一的文件管理办法、制度、规范标准。文件管理如果采取分散多头管理，则往往容易出现如下问题：一是难以形成统一的办文规范和标准，不利于完善制度严格把关；二是易造成文件过多的流转环节，不利于简化程序加快运转；三是不便于明确责任，不便于加强文件运转跟踪，易造成文件办理中的扯皮、推诿，影响工作质量和效率。

3. 效能原则。

文件管理要树立成本控制观念，注重经济效果，坚持效能原则。即在实现文件管理目标的前提下，考虑以最少的人力、物力、财力和时间的投入，经济高效地完成文件管理的各项任务。

二、文件管理的制度

文件管理制度是指在文件的制作、传递、处理、管理等一系列工作中必须遵守的工作规范。文件管理的制度很多，主要有：

1. 写作制度。

规定文件写作中应遵循的原则、规则和程序。包括规定文件体式、结构和格式，文件语言运用，文件内容要求，文件撰写程序与方法，文种使用规定等。

2. 审核签发制度。

为保证文件质量和效用而作出的各种规定。如规范文稿审核的范围、程序、内容，审核人的资格及责任，审核修改文稿的方式，文件签发人的责任及权限，签发的程序及种类，会商会签的范围形式及程序手续等。

3. 缮印制度。

规定印制文件的方法、原则与要求等。如规定缮印范围、批准手续、缮印方式，文件版式设计规定，校对的方式、次数与责任者，纸张和字迹材料的选择要求，缮印期限与数量等。

4.用印制度。

规定印章使用的原则、要求和方法等。如印章的使用范围，批准使用的程序，印模使用规则，监印方法要求，印章管理者的资格与责任等。

5.保密制度。

保密制度是指在文件管理活动中严格执行有关保密工作的法律、法规和规章，确保文件的安全。保密制度的主要内容包括：保密的范围、要求、注意事项及措施等。

6.办理制度。

主要规范收文办理各工作环节（如接收、登记、分送、拟办、批办、承办等）的程序、手续及责任等。

7.阅文制度。

阅文制度是根据机关工作人员的地位、职权、职责等确定其阅读文件的范围、内容、顺序、方式，规定文件传阅范围、方式与程序、手续等。

8.传递制度。

规定文件传递的规则、程序与手续等。如文件邮递方式的种类与适用范围，邮寄、交换、专送文件的程序、办法，电报、传真的使用范围与要求等。

9.平时归卷制度。

平时归卷制度是指在日常管理活动中，将已经处理完毕的文件随时或定期收集集中，分门别类放入预先设定的卷夹（盒）中，卷夹（盒）上注明文件分类的条目、分类号。

10.公布、翻印制度。

规定文件公布和翻印的范围、方式、审批手续等。

11.清退制度。

规定文件清退原则、范围、程序、责任等。

12.销毁制度。

规定文件销毁的范围、方式、批准手续、监督、责任等。

13.归档制度。

规定文件归档范围、归档文件质量要求、归档时间、归档手续等。

14.利用制度。

规定文件利用的范围、方式、时间、审批手续等。

第三节 文件管理的理论与趋势

一、文件管理理论

实施文件管理的主要理论依据是文件生命周期理论和文件连续体理论。

(一)文件生命周期理论

文件生命周期理论是现代档案学一个重要的基本理论,它是在20世纪中期文件数量急剧增长导致“文件雪崩”现象的专业背景下提出来的。它始于20世纪四五十年代西方档案学者对文件中心的理论解释,后来研究的范围逐渐扩大到文件的整个运动过程以及对这一过程的全面管理。

文件生命周期理论的得名源自“文件生命周期”概念的提出。据查证,美国档案学者菲利普·布鲁克斯于1940年最早提出了“文件生命周期”的概念,后来其他国家也采用了类似的表述形式。引入“周期”概念来研究现代文件,其目的是强调文件运动的时间跨度,表明文件具有从最初形成到最终销毁或永久保存的整体运动过程。“文件生命周期”的英文表述最初是“Stages in the life of papers”(即文件生命阶段),后来演变为“Life cycle of records”(即文件生命周期),其含义是指文件从产生直至因丧失价值而被销毁或者因具有长久价值而被送到档案馆永久保存的整体运动过程。由此得名的文件生命周期理论是指导文件—档案全过程管理的基本理论,是现代档案学的重要理论成果之一。它是研究文件从最初形成到最终销毁或永久保存的整个运动过程,研究文件属性与管理者主体行为之间关系的一种理论,是对文件—档案运动过程和规律的客观描述和科学抽象。

应该说,文件生命周期理论的产生与文件中心的出现有着特定的联系。文件中心是20世纪40年代出现的一种新型文件管理机构,最早起源于美国。在第二次世界大战期间,美国军事机关形成的文件急剧增加,迫于机关贮存空间和经费的巨大压力,海军部于1941年率先设置了造价低廉的临时库房,集中保存已不常使用却又必须保存一段时间的大量文件。这种临时性库房就是文件中心的最初形式。战争结束后，由于美国联邦政府各机关新产生的文件在迅速增长，面临着那些既不能马上销毁又不能马上移交给档案馆的文件的保管难题，于是，各机关纷纷仿效海军部的做法，设立过渡性保管机构——文件中心，并最终被纳入1950年颁布的《联邦文件管理法》。该法规定，联邦政府各机关的文件，在已经没有多大行政管理价值但尚未达到规定销毁年限或尚不能向国家档案馆移交的情况下，可移交给文件中心保管，从而确立了文件中心的法律地位。受美国文件中心成功经验的启发，其他许多国家也纷纷仿效美国的做法，设立文件中心或类似的过渡性保管机构，例如德国的"中间档案馆"、英国的"过渡性档案馆"、法国的"部际档案馆"或"进馆前文件寄存处"、马来西亚的"文件服务中心"和苏联的"机关联合档案室"等等。

为了对文件中心这种管理方式的科学性、合理性作出解释，在1950年8月23—26日召开的第一届国际档案大会上，英国伦敦大学罗吉尔·艾利斯教授提出了文件运动的"三阶段论"，认为文件的三个阶段——现行阶段、暂时保存阶段和永久保存阶段正好与文件的保管场所——办公室、文件中心和档案馆是相对应的。将文件的运动规律与保管场所联系起来的思想得到了许多学者的赞同，对以后的研究产生了极大的影响。因此，"三阶段论"的提出奠定了文件生命周期理论的基础，成为其他学者后续研究的起点。

在此后的几十年中，以英国档案学者马勃斯、美国档案学者威利斯·托马斯和詹姆斯·罗兹、加拿大档案学者卡罗尔·库蒂尔、阿根廷档案学者曼努埃尔·巴斯克斯和安娜·施蕾歇等等为代表的欧美档案学者，对文件运动的形式、过程、特点等进行了全面系统的深入研究，发表了一些很有理论深度的论著，从而使文件生命周期理论成为西方现代档案学的重要组成部分。特别是从20世纪80年代开始，"欧美各国档案学者不再将文件生命周期理论简单地视为文件中心的理论基础，而是将研究视野拓展、延伸到文件的整个运动过程以及这一过程的全面管理，从而深入挖掘文件运动的客观规律，为各国文件管理实践提供有力的理论指导"。①

尽管欧美档案学者对文件运动过程及其特点变化所作的论述纷繁复杂，但从中提炼出来的核心思想是基本相同的。这些相同的核心思想就构成了文件生命周期理论的基本内容，主要可概括为三点：第一，文件从其形成到销

① 冯惠玲、张辑哲主编：《档案学概论》，中国人民大学出版社2001年版，第211页。

毁或永久保存是一个完整的运动过程；第二，这一完整的运动过程因文件价值形态的变化可以划分为若干阶段；第三，文件在每一阶段因其特定的价值形态而与服务对象、保存场所、管理形式之间存在一种内在的对应关系。

当然，由于各国国情、文档管理体制的差异，加上观察问题的角度不同，各国档案学者对文件运动阶段的划分方法存在一些区别。如加拿大档案学者库蒂尔和卢梭根据文件的运动形态，将文件运动过程划分为现行文件阶段、半现行文件阶段和非现行文件阶段；阿根廷档案学者安娜·施蕾歇按照文件存留地点，将文件运动过程划分为三个阶段：在承办单位存留阶段、在文件中心存留阶段、在档案馆永久保存阶段；阿根廷档案学者曼努埃尔·巴斯克斯根据文件的作用，将文件运动过程划分为三个阶段：文件承办形成阶段、文件的行政用途阶段、文件的历史阶段；美国档案学者詹姆斯·罗兹根据文件的管理程序，将文件运动过程划分为四个阶段：文件的形成阶段、文件的使用与维护阶段、文件的鉴定和选择阶段、文件的档案管理阶段。我国的陈兆祦教授则将文件运动过程划分为文件的制作（产生）阶段、现实使用（现行效用）阶段、暂时保存阶段和永久保存阶段。但这种文件运动阶段划分上的差异，并不妨害他们对文件生命周期理论上述基本内涵达成共识。

（二）文件连续体理论

20 世纪 90 年代，源于澳大利亚的文件连续体理论成为与文件生命周期理论并立的又一重要的文件/档案管理理论。

20 世纪中期以来，信息技术对文件/档案管理领域产生了巨大的影响，最明显的表现之一是电子文件的大量产生，从而对传统的文件/档案管理工作实践提出了严峻的挑战。为了应对这种挑战，寻求电子文件更为适宜的管理理论和方法，澳大利亚档案学者弗兰克·厄普奥德（Frank Upward）20 世纪 90 年代提出“文件连续体理论”（Theory of Records Continuum），试图取代传统的文件生命周期理论。

在 1996 年出版的澳大利亚国家档案标准中，“文件连续体”（Records Continuum）的定义是：“从文件形成（包括形成前文件管理系统的设计）到文件作为档案保存和利用的管理全过程中连贯一致的管理方式。”这一定义揭示了文件形成、保存与长久利用应该实行一体化管理的理念。

其实，文件连续体理论的形成有一个发展过程。早在 20 世纪五六十年代，澳大利亚档案学者伊恩·麦克莱恩（Ian Maclean）就指出文件管理工作者才是真正的档案管理者，档案学的研究应朝着被记录信息的特点、文件管理体系和分类过程的方向发展。他的观点促进了人们对文件管理与档案管理之间的连续性问题的探索，可以说是“连续体”意识的萌芽。到 20 世纪 80 年代中期，加拿大档案学者杰伊·阿瑟顿(Jay Atherton)则明确提出了“连续体”的概念并初步作了阐述。最后，在 20 世纪 90 年代，澳大利亚的弗兰克·厄普奥德构建了文件连续体模型，并提出了文件连续体管理的思想方法。随后，许多档案学者如澳大利亚的苏·麦克米希(Sue Mckemmish)及英国的费林(Flynn)也对此进行了研究，提出了自己的认识。至此，文件连续体理论基本成型。

文件连续体理论的主要内容是构建了一个多维坐标体系来描述文件的运动过程。现以弗兰克·厄普奥德构建的文件连续体模型(图 4-1)为例，这一多维坐标体系包括四个坐标轴——保管轴、证据轴、事务处理轴和来源轴。

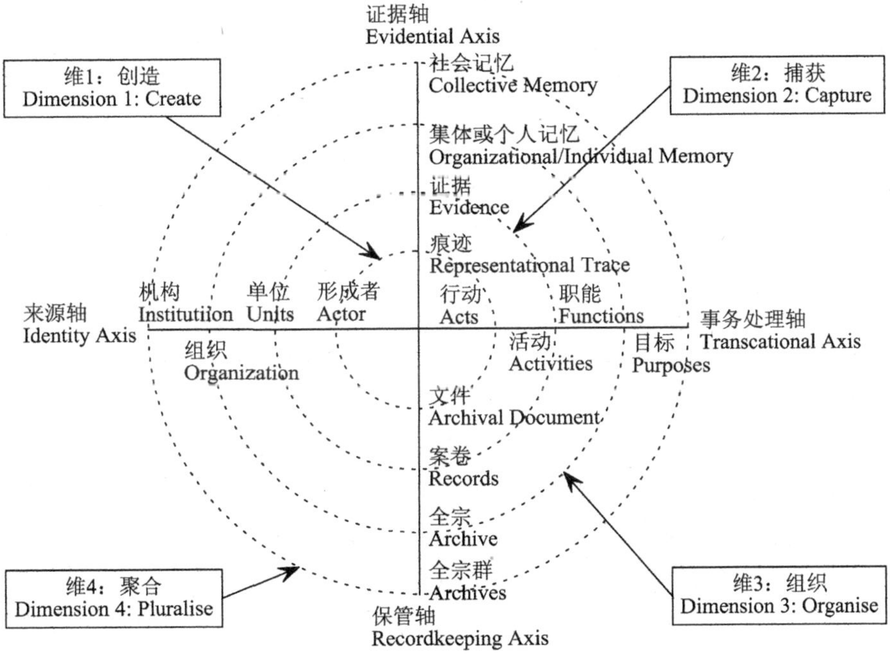

图 4-1　弗兰克·厄普奥德构建的文件连续体模型

文件连续体理论中的“轴”是该理论的基本构架：

保管轴储存了记录人类活动信息的过程，它的四个组成部分包括形成中的文件、档案、全宗和全宗群(实是全宗集合)，表明了文件形式“数”的变化。

证据轴由行为的过程、文件提供的证据和它们在机构和社会中的角色组成，表明文件凭证作用的扩展方向——最后具有构成社会凭证与记忆的属性。

事务处理轴代表了文件形成者的行为、活动以及文件体现的功能和目的。强调该轴的目的在于把文件管理纳入业务活动中，使其成为业务活动的一个组成部分，表示了文件的工具性倾向。

来源轴用来揭示文件权威性的来源，体现了形成者、与形成者相联系的单位、与单位相联系的组织以及整个社会的联系，认为与文件形成有关的机构和个人的业务活动形成了文件，并赋予了文件凭证和记忆的价值，同时也说明与文件来源相关的因素之间是统一的，是密切联系在一起的。

其中，文件保管轴是核心轴，在它上面的各个要素和其他轴的要素之间的关系共同构成了对连续体时空上的解读。

文件连续体的四个“轴”浓缩了档案学的主要论题，每一个轴又代表了四个相关联的“维”。文件连续体的“维”不仅是以时间为基础，而且是以时空概念为基础的。从文件形成的那一刻起，文件既是现行的又是历史的，因此在时间和空间上，文件永远和过去的时间相连。

文件连续体的“维”充分体现了文件保管各个要素的联动和互动，对于文件连续体模式四维的解释具体包含了以下几个方面：

第一维：创造。主要描述文件的形成。在这一维，要根据文件管理系统的要求捕获文件的内容、结构以及形成文件的详细背景，并储存文件，保证文件的真实性和完整性。

第二维：捕获。这一维主要体现了对于文件凭证价值的赋予，以及根据文件管理系统的要求捕获文件运动的背景，以保证文件作为社会和业务活动证据的价值。具体捕获活动过程包括：在业务过程的指定点上捕获文件；捕获和维护元数据；根据相关的获取许可和用户的观点跨时空传输文件。跨时空储存和保护文件的第一维和第二维可以理解为执行维。

第三维：组织。文件的组织主要是针对机构而言，它包含了一个组织所有文件的处理过程，体现了一个组织机构的记忆价值，反映了特定组织机构的职能和作用。机构根据自己的需要，在文件管理系统的标准和规则下，制定自身的文件管理计划和目标，保证文件价值的实现。

第四维：聚合。文件的组合使档案被带入一个综合的框架来为机构的社会目的和个人、团体的角色提供集体的、社会的、历史的、文化的记忆，使文件根本的证据有社会记忆的功能，体现了社会范围内文件的利用和保存。因此，第四维的作用主要是从宏观上把握文件管理，作为组织者发起文件管理系统的设计和建立。第三维和第四维可以看做是控制、调控、标准、稽查的"维"。

简单地说，在第一维中对应的是单份文件，与此相对应的文件形成者是某一具体的文件制作者，反映的业务活动是某一具体的行为，表现出的价值形式为这一具体行为的轨迹；第二维中对应的是案卷，即一组文件的集合，与此相对应的文件形成者是机构内部的一个部门，反映的业务活动是包含若干行为的某一活动，表现出的价值形式为活动的凭证；第三维中对应的是全宗，即一个机构所有案卷的集合，与此相对应的文件形成者是一个特定机构，反映的业务活动是包含若干活动的某一职能，表现出的价值形式为集体（机构）记忆（如是人物全宗则为个人记忆）；第四维中对应的是全宗群，即所有全宗的集合，与此相对应的文件形成者是整个社会，反映的业务活动是社会的意志，表现出的价值形式为社会记忆。①

二、文件管理趋势

科学技术的飞速进步，促进了社会经济的加速发展，信息传播速度和信息传播数量都空前增加，也使文件及文件管理活动日趋复杂，文件管理的复杂性大大增加。而各种管理思想、理论的活跃，也对传统的文件管理活动产生了积极的影响。通过考察国内国际有关文件管理活动的实践及理论研究，我们可以梳理出现代文件管理工作的发展趋势。

（一）全程管理

长期以来，我国文件工作、档案工作实行分别管理的体制，致使我们较为注重文件运动的阶段性特点而相应忽视了文件运动的整体性特点。对于如何克服此种弊端，我国档案学者早在 20 世纪 80 年代就提出了文件、档案一体化管理的思想。所谓文档一体化管理，即是把现行文件的管理和档案的管理纳入一个统一的管理系统内进行管理。在该系统内，有统一的工作制度、

① 黄霄羽：《文件生命周期理论在电子文件时代的修正与发展》，《档案学研究》2003 年第 1 期，第 6—9 页。

统一的工作程序和统一的控制中心，这使现行文件管理和档案管理之间不再存在明显的分野，使原本相对独立又在不少环节上互相类同的两种管理体系真正从组织制度上和具体工作程序上交融在一起，从而消除或减少重复劳动，发挥系统的整体功能，求得系统的最高效率。因此，文件、档案一体化管理的实质就是对文件运动全过程的全面控制或管理。

文件、档案一体化管理的理论依据是文件生命周期理论。该理论告诉我们，从现行文件到历史档案是一个连续统一、前后衔接的过程，前阶段文件的质量直接决定后阶段档案的质量，因而有必要把文件管理和档案管理看成一个统一的系统工程，纳入统一的管理系统，用统一的工作制度和方法来控制前后两段各有特点但又互相衔接的工作程序，消除重复劳动，从而真正实现对文件运动全过程的全面控制或管理。但目前我国对不同运动阶段的文件分别是由文件处理部门、档案室、档案馆进行管理的，因此，文档一体化管理不应局限于机关内文档的一体化管理，还应往后延伸至档案馆阶段，实现“馆、室结合”，即加强对档案室工作和档案馆工作的统筹规划，使两者协调发展。

（二）风险管理

出现于20世纪中期的风险管理理论和方法，现在已成为许多单位的一种常态管理，渗透到各项工作中，其中也包括文件管理。因为，在传统纸质文件的管理中，文件管理的风险问题也许不是十分突出，但在电子文件管理中，电子文件管理面临的问题要复杂严重得多，且其后果往往是批量的、毁灭性的。如民主德国成千上万份电子文件名存实亡，美国国家档案馆4万多份电子邮件不翼而飞，法国国家档案馆一批重要电子文件数据无法读出，还有许许多多的电子文件面临着形形色色的威胁。

目前，越来越多的组织和机构十分重视对文件的风险管理，并将风险管理的理念付诸实施。如2001年颁布的国际标准ISO15489《信息与文献——文件管理》有20多处提及风险、风险评估、风险分析、风险管理等概念，内容涉及制定文件管理规划，确定文件管理战略，选择文件保存战略和灾难恢复计划等多个方面。国际文件管理人员与行政工作者协会于2004年出版《文件与信息的风险管理》，重点阐述了文件、信息风险管理的程序。

风险管理在文件管理中最突出的应用，体现在风险评估方法在文件价值鉴定中的运用。很多机构都将失去文件后导致的风险大小作为判断文件价值大小的重要依据，如将文件根据重要程度及风险大小分为关键、重要、有用、无用四级，以此确定重点管理的文件。

（三）成本管理

文件管理是需要成本的。因此，文件管理应树立成本控制的理念，要考虑经济因素，注意投入与产出的关系，最大限度避免或减少浪费，注重实效。

纸质环境中文件管理成本更多地表现在文件柜、库房等有形成本上，成本管理的范围仍然在文件管理工作的范围内，主要手段就是着重管理关键文件而相对忽视其他文件。但数字环境中文件管理的成本则主要落在数据存储、维护等无形成本上，已经超出了单纯文件管理成本的范畴，而要从整体数据存储、系统效率的角度全面衡量。因为，随着业务活动的持续开展，业务系统中的数据会不断增加，而其中不活跃的数据如果继续保存在业务系统中，一方面会造成硬件投资的不断增加，另一方面过大的数据量会严重影响业务程序运行的效率，同时也加大了备份、灾难恢复等数据维护的工作量，对业务系统投资效益造成折损。因此，将经过流转和处理的、有保存价值的数据及时归档可以降低活动数据的规模，提升业务系统的运行效率，降低数据管理成本。

（四）资产管理

在信息资源日益成为一种战略性资源的背景下，信息、知识的资产属性和资产价值逐渐为人们所认知。文件是组织、机构自身形成的，含有组织、机构独有的知识财富，属于信息资产、知识资产。ISO15489 明确指出，“文件包含的信息是一个独特的宝贵的资源和重要的业务资产”。

将文件视为信息资产、知识资产，不但为信息管理、知识管理在文件管理领域的应用奠定了理论基础，而且拓展了传统文件管理的内容，即除了文件的日常管理外，还要注重挖掘文件自身信息的知识价值，实现资产的增值。

（五）集成管理

文件的集成管理，除了前述文件、档案一体化管理（文件管理、档案管理的集成）的内容外，近年来特别强调文件管理与形成文件的业务活动之间的集成。以往我们在处理文件管理和业务活动之间的关系时，往往以文件管理为中心，考虑的是如何在业务中嵌入文件功能以满足文件管理的需要，而现在则应转换思维模式，以业务为中心，考虑如何利用文件来控制业务流程及业务的规范性以满足业务的需求，在强化业务管理的同时加强文件管理。近年来，文件流引导、控制业务流的实践与研究已经显现。

如国内某著名IT厂商花费7000多万美元请BM公司为其设计了产品项目流程。该流程高度结构化、集成化，涵盖了从产品设计到销售的整个过程。其特征之一便是将文档信息流作为控制业务流程的重要手段。一名数据管理员参与全程，其职责在于收集完整的、规范的项目文档，在设计、试制、测试等每一个工作阶段，数据管理员督促相关人员提交合格文档，若文档未完成，无法进入下一个阶段。文档好比流程的驱动器，数据管理员则是流程的监督员。可见，用文件流引导、控制业务流，不但可以提高业务活动的效率，而且有助于提高业务活动的规范化水平。

第五章　文件工作流程管理(一)：文件处理

第一节　概　述

所谓程序，是按时间先后或依次安排的工作步骤。文件处理程序指的是在一个机关内部按文件的拟制、处理和管理的规律对文件工作的一系列环节所安排的工作步骤。

合理的文件处理程序反映了文件处理各个环节的紧密衔接关系，反映了文件在一个机关内运转的全过程。

文件处理程序通常分为收文处理程序和发文处理程序两种，各包括若干个环节。

收文处理程序包括收进、启封、登记、分送、拟办、批办、承办、催办、注办、清退、归卷等。(收文中需要办理复文或向外转发的文件，从撰稿起又归入发文处理程序。)

发文处理程序包括撰稿、核稿、签发、注发、缮印、校对、用印、登记、装封、发出、(存稿与存本)归卷等。

文件处理程序环节安排中要注意以下几点：

1. 文件处理程序的各个环节都密切联系，环环相扣，自成组织，每个环节在程序中都有其内容、要求、作用，不同机关单位对某个环节的具体做法可能有所不同，但一些基本环节的安排不可随便减少或削弱，忽视哪一个环节都会影响整个处理程序。

2. 处理程序中的基本环节的位置不能违反规律颠倒安排，否则会影响文件处理的正常运转和工作秩序。

3. 并非每个文件都必须经过完全相同的处理程序，在处理过程中，有的环节可能合并，有的环节可能没有，要分别对待。

第二节　收文处理

一、签收、启封与登记

文件的收发，一般机关均应设收发室负责此项工作，比较小的单位则在办公室内设专职或兼职的人员负责。此项工作环节以及负责此项工作的人员的职务，也就叫收发。

在大机关和部分中等机关，文件工作的组织形式采用分散形式，多设有内外两种收发。机关的总收发室负责外收发，对于收进的文件经过简要登记，不加拆封，转送机关的办公厅(室)、秘书部门和各个业务部门的内收发；内收发的工作多由部门办公室的专职或兼职文件工作人员负责，进行启封、加盖收文章、编号和详细登记，然后分送领导批办和有关承办人员处理。

(一)签收与启封

机关收文后，在登记之前先经签收和拆封。

签收，是收件人在对方的传递单或送文簿上签字，以示文件收到。目的是明确交接双方的责任，保证公文运行的安全可靠。

投送来的文件，有机要交通送来的机要信件，有邮局送来的挂号信件，有外机关和部门直接送来的文件。无论哪一种，都必须经过认真的清点、检查，而后签字。清点主要看实收件数与投送单上的件数是否相符，并查看信件是否确实应属本机关收受。如检查无误，收件人即在送件人的投递回执单或送文簿上签字，并注明收到月日，急件还要注明几点几分。

签收主要有三种方式：

(1)签字。机关各部门之间交换公文，收方文件工作人员应在对方的送文簿上签字。

(2)盖章。接收邮局和机要通信部门送达的公文，收方的文件工作人员在公文投递单上签字,同时还要加盖公章。

(3)收条。收方文件工作人员在接收公文时,可给发文单位出具收条。

签收后就要拆封。拆封是文件工作人员特有的职责,其他人不准开拆。标有具体领导"亲收""亲启"的信件,文件工作人员也不得拆封,领导有委托者例外。拆封后要对文件作者、标题、名称、年月日、收件人、号码、附件、页数等作一番检查。如发现误送(因有时文件与封套所标不相符)和其他手续不全的,应退回;发现附件、号码、页数不符的,应立即进行查询;未署明作者及年月日的,应根据信封上的发文机关的名称和当地发信邮戳上的时间,填写在收文单(簿)上,并加注说明,或把信封与文件附在一起作凭证保存;如果收文上没有标题,应根据内容拟出标题,并将其写在文件处理单上,以便登记。

拆封后,信封与包装封皮一般可以不留存。对于第一次发生工作联系的机关,如果信封或封皮上印有该机关详细地址、电话号码、电报挂号、邮政编码、电子邮箱等标识的,拆封人应当予以保留,以备查用。

(二)登记

收文登记既是对文件收受、处理的一个总记载,也是统计文件处理工作的依据之一,是一项量大而细致的工作。登记的格式和方法,因机关的不同和习惯的不同而有所不同,但登记的原则都应是便于文件的记载和统计、催办,手续简便,严防错漏,利于提高工作效率。

1.登记文件的范围。

登记文件的范围没有统一规定,主要根据文件的性质和实际需要确定,并非所有收文都必须登记。缩小登记的范围可提高机关工作效率,还可为以后的整理归档工作打下基础。

一般来说,收到的以下文件材料可以考虑不必登记:各种公开的和内部不保密的出版物,一般性的公开信和不应开拆的私人信,一般性的简报,已被综合性文件详细包括的文件,行政事务性的通知、便函、介绍信和请柬等。至于领导"亲收""亲启"件,这类信件应由收件人本人或其委托人收阅后,认为须交机关存查或处理的,再行登记,并交有关部门处理。

2.登记的格式和形式。

在设计表格时,格式既要简单、清晰,又要注意手续严密,防止漏洞,切合需要。一般可设下列项目:顺序号、收文日期、来文机关、来文字号、标题、密级、份数、承办单位、签收人、复文号、归入卷号、备注等。这些登记项目中,来文字号、来文机关、标题、密级、份数等项记载文件的自然特征，其余各项是收进、运转和终结处理的记录。所有项目的内容不可能在收进阶段一次填写完毕，需要在运转过程和终结处理阶段一次次补充登记。

各机关从方便管理文件的需要出发，采用不同的登记形式。登记的形式分为簿册式、卡片式、联单式三种。

(1)簿册式。

无论大小机关均可采用。文件少的机关，一般采用流水式登记，按时间顺序登记下去。文件多的大机关可分级、分类登记，如分为上级来文、下级来文、平行与有关机关来文，或机密文件、需要承办的文件、一般性文件等，还可根据实际情况作进一步的分类，同一类文件按时序流水登记。

凡采用簿册式登记的，对需办答复的文件须填写文件处理单，送领导批办，并附贴在文件上随文运转处理和归档。

收文登记必须编号(收文号)。编号方式，根据单位实际情况，有统一顺序号(流水号)、分类号、顺序分类号三种。

统一顺序号，就是将来文不分单位和内容，统一编顺序号，如17－001、17－002、17－003……，这只适用于来文不多的小单位。

分类号，就是按来文单位及文件内容性质分门别类编号，其中“类别”如不用代号，可直接用业务部门的简称，如组织部用“组”字。如17－1－001、17－1－002……、17－2－001、17－2－002……。

顺序分类号，就是编号用统一顺序号，但表明类别。如17－3－001、17－1－002、17－5－003、17－3－004……。

(2)卡片式。

即使用单张卡片进行登记。每张卡片登记一份或若干份有关文件。卡片式登记的优点是，在文件数量较多的时候可以几个人同时登记，并且可以将卡片按照管理的需要灵活进行排列。它的缺点是，卡片数量比较多，若分类不当则不宜查找，且易抽乱和丢失，所以必须加强管理。

(3)联单式。

即一次复写二联、三联或四联。四联单较为完备，第一联粘附于公文之前，随文运转；第二联由收发室留存，顺序装订，作为总收文簿；第三联由经办部门留存备查；第四联由收发室用来分户催办，亦可作文件办毕后的分类检索工具。每个单位不一定都用四联单，可根据实际处理文件的情况只用前二联或前三联。

目前有些单位将登记簿与联单结合使用。其做法是把所有来文先用收文簿登记,然后对需要办复的公文再填二联单,一联作运转处理单,一联作催办单。

各机关采用何种登记形式,可根据机关具体情况确定。一般说来,收文不多的中、小机关,文件处理环节较少,以采用簿册式为好。收文多的大、中机关,运转的环节较多,可用卡片式、联单式或簿册式与联单式结合的形式。不论采用哪一种登记形式,都应力求达到及时、准确、手续简便、便于查找和统计文件的要求。收件人员在做这项工作时,应该做到随收、随拆、随登,不可延误。

3.登记的方式。

传统收文登记的方式一般有四种:

(1)分级登记。即在登记簿上按来文单位的级别登记。如中央、国务院、省委、省政府……按级别依次排下来,登记时将每个级别之间适当留些空页待用,平时来哪级文件,填到哪级登记表内。

(2)分类登记。即根据往年收文情况,划分工、农、财、文、计、建、科、综合等若干大类,将收到的各类文件对号入座。

(3)按时间顺序登记。即以收文时间先后为序登记。

(4)按文种登记。即按文件资料的刊头名称、种类登记,如中办的《中办通报》《情况通报》等,这种方式适用于简报刊物之类的登记。

上述四种方式各有利弊,有时需要结合使用或两者同用。比如分级登记,知道文号查找借阅较方便,但如不知道文号只知道内容查找就较困难。分类登记则可以弥补分级登记的缺陷。目前有的单位采用两套锣鼓一起打的办法,分级、分类两样都登记,也就是一份公文分级、分类各登记一次。这种做法虽增加了工作量,但查找文件很方便,而且能做到及时准确,从而又相应减少了工作量,提高了工作效率,因此越是在收文量大的单位,越是需要这种“两登”的方法。

当前,在办公自动化环境中进行收文登记,可将文件的主要数据信息输入电子计算机,建立收文数据库,对收文信息进行组织和管理。这种登记方式具有明显的优势,文件数据信息可以“一次输入,多次输出”,能按照文件主题、时间、发文字号等要求改变收文数据库信息的排列方式,便于多途径、多角度快速检索利用文件。

二、分发与传阅

（一）分发

分发是把收进登记后的文件按其性质和办理要求，分送给有关领导人、有关部门或承办人员处理的工作环节。

分发的要求：一是要及时。文件工作人员对领导已批示的和可按常规处理的文件，要迅速分发，急件急送，切忌积压。二是要分门别类，分清主次。亲启件直接送有关收件人；属于方针政策性的、事关全局的重要文件，应先送办公部门的负责人批示，然后按批示意见分发；多份数的同一文件，分发时要保证主要领导、分管领导和主管部门的需要；急待办复的急件，可先送主管部门边办边请示汇报；对已有明确分工的、日常业务性的文件，可按业务分工范围分发给各有关部门或承办人处理；凡需要批办的文件，应在文件上附贴文件处理单。三是要坚持分发登记。分发文件也应建立登记手续，分发人将文件分发给承办部门或承办人后，收件人应在登记簿上签字，清退后注销。

（二）传阅

传阅是指单份或份数很少的文件，需要经各位领导人和许多部门阅知时，由文件工作人员组织在他们中间传递和阅读。

组织传阅是使一份文件在最短时间内满足各方阅读的需要、发挥文件效用的工作。

1. 传阅文件的种类。

凡需要几位领导和几个部门阅批，但文件份数少，又不允许复印和翻印或没有必要复印和翻印的文件，都属于传阅件之列。主要有：上级机关的指导性文件或重要会议文件；需要几位领导共同批办的文件，包括上级机关有关部门专项业务文件、下级机关的请示以及本机关制发的需要会签的文件等；机关领导在文件上有重要批示，需要其他领导同志和部门阅知阅办的文件。

2. 传阅的形式。

（1）轮辐式。

即以文件工作人员为中心，以阅文人员为外圈，由中心点开始，先送给第一人看,看后退回中心点,然后由中心点送给第二人看,看后又退回中心点,再由中心点送给第三人看,如此一送一退,直至最后一人阅完。在整个过程中,文件工作人员同阅文人员都是“单线联系”。文件传阅的路线如同车轮辐条形状,故称之为“轮辐式”。文件每一次传出去和收回都必须在传阅登记簿上记载清楚。采用这种形式的好处是,可以有效地控制文件,掌握文件的来龙去脉;可以避免文件中途积压和梗塞;可以随时调度传阅人员次序,灵活处理,谁有时间谁先阅。

(2)接力式(横传)。

即如同长跑接力赛一样,甲看完了交给乙,乙看完了交给丙,不经中心点,依次传下去,直至最后一人阅毕后再交给中心点。这种接力式传阅必须是有控制的,在传阅中必须做到两条:一是建立严格的交接清点手续,如此既可加强各自的责任心,又可防止文件失控;二是文件工作人员应经常询问和检查文件的传递路线、地点和运转速度,以便掌握文件行踪,发生紧急情况时可随时调阅文件。这种方法,在两个距离较远的传阅单位之间可以采用,一般不提倡这种方法。

(3)专送式。

即文件工作人员将文件放在文件夹中,亲自送到领导同志的办公地点供其阅读。

(4)有条件的机关,应开辟阅文室,由文件工作人员管理,这样可以减少往返传递的时间和手续。

3.传阅的要求。

(1)传阅的对象应分清主次先后(即优先原则)。

机关的主要领导人、主管领导人和主管部门应优先阅读,以利于文件的及时处理,提高工作效率。其他需要阅读的有关领导人与有关部门,可以适当排在后面。

(2)传阅工作的组织,应机动灵活,善于捕捉时机。

文件工作人员需要尽可能了解有关领导人和各部门的工作活动规律与时间安排。有时间阅读的可以及时送阅,暂时无暇阅读的应适当调整次序,尽量不使文件在阅文对象手中积压,力求以最快的速度使需要传阅的对象全部阅知。

(3)传阅工作应以负责组织传阅的文件工作人员为中心点。

各个阅文对象收退文件均应直接与组织传阅的文件工作人员发生联系,

以便保密和安全。除少数急件特殊处理外，应尽量避免在传阅对象之间发生传递关系（横传），以免失控，造成文件积压或下落不明、交接责任不清等现象。

（4）送阅的文件，为便于保护和防止发生混乱与遗失，应为每个阅文人员设置一个文件夹存放文件。

（5）传阅工作必须建立登记手续。登记项目宜简便易行。

三、拟办与批办

（一）拟办

拟办，是秘书部门的负责人或有关业务部门的领导或承办人对来文交谁、如何处理提出初步办理意见，供机关领导人或有关负责人审核定夺。

拟办的意见，相当于一种请示或建议，它是协助机关领导或部门负责人考虑问题、处理工作、搞好文件处理的一个比较重要的环节。拟办意见切实可行，便可节省领导人的精力，起到参谋和助手的作用。

拟办工作的具体做法与要求：

1.认真阅读文件，看清楚来文的主送与抄送机关，弄清来文的内容；来文提出的问题是否需要办理，属于何人何部门主管；来文的缓急要求；来文的密级；弄清文头文尾。

2.文件的拟办工作，有的由具体承办人进行，有的由秘书部门的负责人进行，或者由有关业务部门的负责人进行。担任拟办工作的人，应当熟悉党的方针政策和国家的法律法规，熟悉各个部门的业务范围、相互关系，了解各个重要事项的办理程序和处理重要业务的有关规定，以便提高拟办意见的准确性。

3.拟办意见要力求准确，抓住关键，切实可行。如果对一份文件考虑有两种以上的处理方案，要一并提出，同时提出自己的倾向性意见及理由；对一些需要回复或批示的文件，拟办人还可以提出回复或批示文稿，将来文和回复稿或批示稿一起送领导批阅。

4.拟办意见要写在“文件处理单”上，要署上拟办人的姓名和日期，不可在文件上写、画。为使领导人准确地批办，拟办人在提出拟办意见的同时，应把有关资料和政策依据一并附上，供领导批办时参考。

此外,来文内容如需要与有关部门、单位沟通意见时,拟办前要了解清楚,商洽妥当。

(二)批办

批办,是机关或部门领导人对来文如何处理所作的批示。这项工作,在大机关、大单位,一般文件由秘书部门的负责人负责,或由有关业务部门的负责人负责,特别重要的文件须由机关领导人亲自批办。在小机关、小单位,可由机关或单位领导人直接承担。

批办的内容包括:处理该文件所述问题的原则与方法。如贯彻上级来文的具体措施,针对下级来文请示的问题给予答复的原则意见;指明负责承办的单位或承办人,以及承办期限;需要两个以上单位或人员承办时,应批明主办单位或主办人,以便具体执行。

批办的注意事项:

1.批办要认真负责。批办者既要重视拟办意见,又要认真阅读和思考,不要轻易签署"同意"、"阅"。

2.批办意见要明确具体,以便承办者有所遵循。如对只需要阅知的,可批明传阅或传达范围以及由谁负责在何时组织传达;对需要贯彻执行的,要指出贯彻的具体措施;对需要办理和答复的,要批明承办单位或承办人员以及承办期限,必要时要批明办理这份文件的原则、方法、要求等。

3.写批办意见时,应根据批办人的身份和具体情况,斟酌用语。对必须办理和答复的来文,批办时常用比较肯定的语气,如"请某某办理""请某某拟办""请某某批示"等;对提出了问题但非必答的来文,批办时一般不用肯定性语气,可使用"请某某审阅""请某某阅""请某某研究"等语句。

四、承办与催办

(一)承办

承办包括两方面的工作:一是针对来文所提出的问题去具体执行或解决办理,这属于机关的实际工作范围,不属于文书学研究的范畴;二是对某些来文办理复文,这属于文件处理范围。这里讲的承办,是指办理复文。它是收文处理中引发的发文程序的开始,是文件处理程序中的核心部分、一个关键性的环节，它关系到文件内容的落实，关系到工作中各种问题的解决。

承办公文，要掌握以下几点基本原则：

1. 对领导有具体批示意见的文件，要遵照领导的意图具体办理。

2. 未经领导批办的文件，要遵照有关方针政策的精神、上级的有关规定及以前办文的惯例，酌情进行办理。

3. 需要回复的文件，要认真回复。如需要与外机关会商，要及时联系，主动做好协商工作；如办理涉及两个以上部门的问题时，主办部门应准备好处理意见，会同有关部门研究解决，并负责归纳整理。回复的方式可根据问题的性质来确定，如电话回告、复印批件、回复文件等。

4. 承办文件较多时，应区分轻重缓急，有条不紊地进行。

文件办毕后，办文人员应在文件处理单上注明办理情况，签署姓名、日期，并将文件及时退还文件工作部门或有关人员。

（二）催办

催办，是机关文件部门和有关部门对承办公文情况的督促和检查，及时掌握公文的运转和处理情况。

催办的目的，是保证公文在时限要求的时间内处理完毕，提高工作效率，克服拖拉积压现象，及时了解公文处理进程。

催办的范围：一个是对本机关内部的催办，就是对本机关内部承办公文情况的督促和检查，即对内催办；另一个是对外催办，即对本机关发往外机关的公文在等待答复期间的督促。具体而言，需要催办的文件有：急需办理的收文；等待答复的发文；与其他机关会办的文件；送领导审批的文件。对内催办的工作，一般由办公室的文件工作人员负责；对外催办的工作，主要由有关的承办部门或承办人负责。

催办的方法主要有三种：电话催办、发函催办、上门催办。电话催办：由负责催办的人员直接打电话给承办部门或承办人，询问承办情况，并将打电话的时间、受话人姓名、办理情况记录在催办登记上。发函催办：一种是发便函、便条，加以询问催促；一种是发催办卡，请对方填写办理情形，然后返还催办部门。上门催办：这种办法，能使彼此都可以说明情况，并能引起承办部门的重视，有些问题还可以当面磋商。但对外机关，只有办理重要的文件，并经领导同意，才进行上门催办。

催办工作要随时进行登记，可采用催办登记或催办卡。已经办理完毕的文件和正在催办中的文件要分别存放。

催办贯穿在整个文件处理过程中。催办工作从广义上讲,不只限于需要办理的文件,有些知照的文件要督促传达、传阅、清退,有些要贯彻的文件要督促执行。事实上,文件处理的各个环节都存在督促、检查、询办的问题。

催办要建立明确的制度和手续,做到件件有着落,事事有结果,使文件处理工作得以准确、迅速、安全地进行,避免积压误事。

五、注办

注办,是文件承办人将文件办理的情况和结果简明扼要地填写到文件处理单的“处理结果”栏中,或写在文尾的空白处。

注办的内容主要有:

1.注明是否办复、复文字号、日期。

2.如果是用电话或面洽方式解决的,应注明时间、地点、接谈人员、主要内容等,并签上承办人的姓名。

3.不需办复而只传阅的文件,阅读的有关人员应签注“阅知”字样,并签上姓名和阅文日期。只用圈阅的办法既不严肃也不明确,容易产生责任不清的现象。

4.发出的文件,应注明具体发出的日期、发送的单位和份数。

5.文件办理完毕后,如发现办理过程中有遗漏问题,要采取补救方法,并在“注办”中注明。

注办是一项很有必要但往往被忽视的工作。有些承办人认为自己经办的文件自己清楚,不需要加注。实际上,这种轻视注办工作的思想常常给日后的工作带来很多麻烦和困难。因为即使是自己处理的文件,也不一定每件事都记得十分清楚,而且遇到机构调整、人员变动等情况,接办人员不易弄清过去这项工作处理的具体情况。因此,做好文件注办工作,使文件处理的来龙去脉留下必要的记录,不但可以保证机关工作的正常运行,而且可以保证将来有完整准确的档案提供查考。

第三节　发文处理

一、核稿与签发

（一）核稿

核稿是公文制发中的一个重要环节，指对草拟完毕待签发的文稿的审核。核稿一般由有起草文稿经验、文字表达能力强的秘书部门人员或业务部门负责人担任。

核稿主要是对文稿的观点、内容、形式、体式、文字等方面作全面的审核修改工作，也就是文稿的把关工作。

核稿的原则：

一查有无矛盾抵触。即检查文稿内容是否符合有关的法律、法令、方针政策；是否同上级的指示、决定等有矛盾冲突的地方；是否与本机关以前的发文有矛盾之处，以及该文稿自身有无前后提法不一致和自相矛盾之处。凡是同国家法律、法令，同中央的方针政策，同上级的文件精神相抵触的文件都是无效的，上级机关有权予以撤销；凡是由于形势和工作发展的需要制发的文件同本机关以往文件的规定不一致时，应在新的文件中说明生效时间和同时废止以前的规定。

二查政策界限。即检查文稿内容中对于允许和提倡怎样做与不准和防止怎样做之间是否界限清楚明白，有无笼统含糊、模棱两可之处或规定过于机械、繁琐之处等，以免下级在理解和执行中发生困难或需再来文询问。

三查措施落实。即检查文稿中所提的措施是否切实可行，提出的依据是否充分，执行机关与执行期限是否妥当与能否落实，涉及的有关问题如何解决，是否都已作了妥善安排等。

四查文件处理程序。即审核文稿在处理程序上是否妥善完满。如发文的名义是否合体，是否还需要交一定会议进行讨论通过，是否需要经有关机关会签或上级机关批准等。

五查文字表达。即检查文稿的文字叙述是否通顺明了、简练准确、分寸得当、合乎语法逻辑,有关数字是否已经核对准确、写法是否前后统一,标点符号使用是否得当等。

六查文件体式。即检查文种是否得当,标题是否简明准确,主送与抄送机关、文件的密级、处理时限的填写是否妥当等。

“六查”中发现的问题,必须逐一切实纠正。属于原则性的问题与具体业务问题,核稿人可提出意见,退给承办部门修改,或与承办部门共同修改。属于文字方面的问题,核稿人修改后也应酌情处理,必要时应请承办人再看一次。

(二)签发

签发是形成文件的最后一个关键性环节,文稿经过领导人核准签发即成为定稿,可以据此打印正本。签发是领导人履行职权的一种表现,签发人代表机关或部门对文件从政治上到文字上的准确性负有完全责任。因此,签发文件不是个简单的签字问题,而是一项严肃的工作。

各个机关对签发文件的职权分工,应有明确规定。

1.以机关名义发出的文件,由机关领导人签发。其中,关于综合性的方针、政策,全局性的重要工作部署的文件,要经机关领导人集体讨论通过,然后由机关主要领导人执笔签发;一般业务、事务性工作的发文,可以由机关分管这方面工作的领导人签发。以机关内某一部门名义发出的文件,应由部门领导人签发。

2.领导人签发文件,只能对自己职权范围内的文件有权签发,不得越权签发。

3.机关或部门主要领导人外出时,应该授权或委托其他领导人代为签发(代签)。

4.两个以上机关或机关两个以上部门联合发文,应由所有发文机关或部门的有关领导人分别签发(会签)。

5.以部门名义发出的文件,如果文件内容涉及的问题比较重要,为慎重起见,经部门领导人签发后,还要经上一级领导人核签或加签。

二、注发

注发就是对经过领导同意发出的文件，具体如何印发加以注明。具体说，就是在文件上注明密级、缓急时限、主送机关、抄送机关、印制份数、发送方式（如电报、印送、传真等）等项目。一般地说，发文的范围在成文后就定了，但那只是个大致范围，具体如何印，如何下发，发多大范围，给什么人阅读等，关系到文件发出后的成效和作用，所以必须一一注写清楚。注发工作一般由机关领导指定秘书长、办公厅（室）主任或经验丰富的秘书人员确定。

有些文件，领导在签发时就明确批示了具体发送意见，则照领导批示意见加以注发；对于领导没有批示意见的，注发人员则根据文件的行文意图和具体内容确定注发事项。

三、缮印、校对与用印

（一）缮印

缮印，是将定稿印制成正式文件，准备向外分发。

缮印方法有打字油印、排版铅印、静电复印、誊抄等。领导人亲笔书写的公务信函，在得到书写者同意后，可誊抄或复印一份作为副本留存。

不管使用哪种方法缮印文件，都要留存副本，以备查询。

在缮印文件时，应注意下列问题：

1. 缮印文件须以签发的定稿为依据，不得擅自改动。

2. 缮印机密文件时，应由专人负责。

文稿与印制的文件和未装订的单页均应注意安全保管，并须对底版、蜡纸、废页、清样等严格管理，及时监销，防止失密、泄密。

3. 多页文件的装订，须注意检查有无缺页、倒置页等，并应尽量采用胶粘法，避免使用书钉装订，以免日后立卷归档时拆掉金属钉的麻烦或造成文件损坏。

（二）校对

校对，是核对文字异同、勘正文字错漏的意思。文件校对，是把文件的校样与经领导人签发的定稿进行核对校正。这是对文件质量的最后一次检查，务必认真细致。

比较适合于文件校对的方法有对校法、折校法、读校法三种。

对校法:定稿放在左方或上方，校样放在右方或下方。操作者先看定稿后看校样，逐字逐句核对，右手执笔指点校样，并随视线不断移动。

折校法:定稿置于桌上;轻折校样，使待校文字处于页面第一行;然后把校样夹在双手大拇指、食指和中指之间，将校样压在定稿相应文字下一行位置上，双手随视线从左向右移动，校样与定稿上的文字一一接触。改样时，左手持样并用食指压校样于原来位置，用右手持笔改正错漏。

读校法:由两人合作进行的校对方法。一人读稿，另一人看样。读稿人应将每字、每句、每个标点符号读出，同音字、罕见字、另行、另页、另面、空行、占行及其他有关格式安排都需要读出并加以说明。看样人应全神贯注，辨清每一字、每一句、每一个标点，发现错漏要及时通知对方停止读稿并在校样上改正。

如果校对人发现定稿有漏字、错字、漏项、疑问，要及时询问撰稿人或核稿人，不得擅自改动，防止出现差错。

要注意使用统一的校对符号进行校对，防止因校对符号不一致而发生误解。

(三)用印

文件缮印完毕，需在落款处加盖机关印章。机关印章也称公章，是代表机关职权的一种象征物，应由专人保管。没有盖机关印章的文件，收文单位无法弄清是真是假，因此可以不承认、不贯彻、不办理。但也有例外，有的机关在特定情况下发出的文件可以不盖印而同样有效，如中共中央、国务院和省委、省政府发出的具有固定版头的铅印“红头”文件，由于是大量印发，由于有了代“印”作用的版头，并由专门的传递途径递送，发文时一般不盖印。

公文用印一般有两种方法:一是国家行政机关普发性文件，一般使用专用印模，在公文印制过程中套印在公文上;二是由秘书人员在印好的公文上加盖印章。

加盖印章应与发文的名义相一致。如党委、党组的发文，不能加盖行政机关的公章;反之，行政机关的发文，不能加盖党委、党组的公章。

盖印的位置，应盖在公文末尾发文机关和日期上，骑年压月。两个以上机关联合发文，要分别加盖各自机关的印章。有些以机关领导人名义发的文，可以不盖公章，但应加盖机关领导人个人名章或由其个人亲笔署名，其作用与加盖公章一样。

盖印要求端正清晰，位置准确。

要建立用印登记，严禁私自动用公章。

四、登记与发出

（一）登记

发文登记的形式，主要用簿册式，其他形式如卡片式、联单式等很少用。登记项目主要有：顺序号、发文日期、发文字号、文件标题、密级、份数、发往机关、归卷日期、归入卷号、备注等。登记后，可装封发往受文单位。

当然，在办公自动化环境中，也可在电子计算机中建立发文数据库。

（二）发出

在设有内外两种收发的机关单位，发文时，由内收发装封后，交由外收发对外发出。当然，也可由内收发直接向外发出。

第四节　文件处置

文件处置是针对办理完毕（或处理完毕）文件而言的。所谓办毕文件，是指已经完成了文件处理程序，而并不一定意味着文件内容已经实际办完，或者说不一定意味着文件失去了现实执行效用。办毕文件的处置，是指对已经发出或承办完毕的文件，根据其内容或价值，对其分门别类，确定其归宿的活动。机关单位对办毕文件的处置，具体有四种方法：整理归档、销毁、清退、暂存。

一、整理归档

文件整理,就是文件工作人员将已经办理完毕、具有查考保存价值的文件,按照一定的原则和方法组成组合体的过程。组合体可以是“卷”也可以是“件”,可以是实体的也可以是虚拟的。文件归档,是指根据国家有关规定,将整理完毕的文件定期向本单位档案机构或档案人员移交。具体内容见下一章。

二、销毁

文件销毁,就是对经过鉴定确认已不具备保存价值的文件,采取妥善的方法进行毁灭性处置。

凡无保存价值的文件材料均属销毁范围。具体包括:重份文件、多余副本;外机关抄送本机关参考的文件或本机关内部机构之间互相抄送的一般性文件;临时性、事务性文件;外出参加会议带回的无保存价值的文件;一般文件的草稿、校样与其他已使用过的会议讨论稿、征求意见稿等;一般性的人民来信来访记录;无保存价值的信封;不销毁即会失密或泄密造成严重损失的各种文件材料;失去保存价值的统计报表、登记簿册、简报等。

销毁文件,必须经有关领导批准后方可进行。未经审查批准,任何部门或个人都不得私自销毁文件。销毁文件的审批权限如下:

一般文件的销毁,由文秘部门与业务部门负责人审核,定期销毁;机密文件或重要文件的销毁,必须填写文件销毁清单(包括文件标题、字号、份数、密级、审批人、销毁日期等),由文秘部门负责人审核,机关保密部门与分管领导人审查批准。

文件销毁方式可视具体情况而定。对于纸质文件,可以采用销毁机具销毁、送造纸厂制作纸浆、用火焚毁等方式;对于电子文件,则应从电脑硬盘或软盘上永久删除。

销毁文件时,应至少有两人监销并直至文件确已彻底销毁后,方可离开现场,并须履行相应的签字手续以示负责。

三、清退

文件的清退，是指文秘部门按照有关规定或要求，将办结文件退还原发文机关或由其指定的其他机关。其目的在于保证重要文件或机密文件信息内容的安全，避免文件的丢失或失密、泄密现象的发生；保证文件的郑重性、严肃性、权威性与有效性，避免无用或错误文件信息扩散，给各项工作造成负面影响。

清退文件的具体范围：绝密文件；指定限期清退的文件；限定在一定范围内讨论修改或征求意见使用的文稿；需清退的会议文件；调离岗位的工作人员在原职位中保存的文件；供本机关内部领导传阅的文件；发文机关明确要求退还的文件材料；有重大错漏情况或被明令撤销的文件等。

清退办法：填写文件清退单（表），注明清退文件的基本情况，包括发文机关、文号、标题、密级、份数等项目；按照发文要求清退文件，如来文中已写明清退要求则直接按要求退回；对未注明清退要求但属不宜在收文机关久存的重要文件材料，收文机关文秘部门应及时主动与发文机关联系，按其意见处理；需清理的会议文件（包括征求意见稿、讨论稿），由会务组负责找持件人清退。本机关内部征求意见稿，由承办部门的承办人或文件管理人员直接清退；外机关征求意见的文件（文稿），由本机关文秘部门定期或不定期统一清退。交接双方履行交接手续，清退人、收文人双方均应在文件清退单（表）上签注姓名和时间，以示负责。

四、暂存

是指对既不应整理归档或清退，又暂时不宜销毁的文件，暂时留存一定时间以备查用，日后再做处置。

凡不需整理归档或清退，对本机关仍具有一定参考价值的文件材料，均可列入暂存文件范围。具体包括：频繁查阅的已整理归档文件的副本；需要反复利用的简报、报表等；一时难以判定是否留存或销毁的文件等等。

暂存文件由机关的文秘部门统一、集中保管，并按一定的方法加以管理，编制简便的检索目录，以便日常查找利用。

第六章　文件工作流程管理(二)：文件的整理与归档

第一节　文件整理的原则、要求与组织

一、归档文件整理原则

中华人民共和国档案行业标准《归档文件整理规则》(DA/T 22　2000)(以下简称《规则》)确定的文件整理原则为:遵循文件的形成规律,保持文件之间的有机联系,区分不同价值,便于保管和利用。

《规则》对归档文件整理原则的这一表述,同我们以前确立的立卷原则"保持文件之间的历史联系,区分保存价值,便于保管和利用"是一致的。也就是说,归档文件整理的这一重要原则,是我国文件档案工作者经过长期的工作实践探索总结出来的,是比较正确、完整、科学的。它是我国文件立卷及归档文件整理工作所必须遵循的基本原则。

1. 遵循文件形成的规律,保持文件之间的有机联系。

文件在形成过程中有其自身的规律。每一个机关单位,在工作活动中形成的文件材料,记述和反映了这个机关单位的全部活动和全部历史。同时任何一个机关单位的工作活动都不可能是孤立地进行的,必须同自己的上下级机关以及其他有关机关单位发生各种各样的联系。在一个机关单位内部的各个部门之间,各项工作之间,以及每项工作各个发展阶段之间,也都有着密切的联系。机关单位工作活动的客观规律,决定了文件材料的形成规律,文件材料是反映机关单位工作活动的历史记录。机关单位工作活动的相互联

系，也赋予了这些文件材料之间的密切联系。这种联系是客观地、历史地、自然地形成的，是必然的历史联系（或曰有机联系）。例如：进行某项工作，一般要有工作计划，工作计划决定下来之后还要上报、下达，工作过程中遇到的问题需要研究解决，或向上级请示，或提出解决意见，直到工作的最后完成。这些工作的进行直至完成要形成一系列的文件材料，如工作计划、报告、通知、请示、批复、工作总结等；召开一次会议，要有会议通知、日程安排、名单、报告、总结、会议简报、会议记录、会议纪要或决议等，它们如实地记述和反映了开展一项工作、召开一次会议的全过程。在进行文件整理时，不能将它们打乱，必须遵循文件的形成规律，保持文件之间的有机联系，按照规定将文件进行立卷或按“件”进行装订。为了更好地保持文件之间的历史联系，进行归档文件整理的人员要熟悉本机关的工作性质、职能、组织机构、文件来源以及处理情况。在整理时，要认真分析文件之间的内在的、有机的联系，只有这样，才能使归档的文件正确地反映机关工作活动的基本面貌，反映各项方针、政策在本机关的贯彻执行情况和各项工作的发展过程，才能使归档文件成为本机关本系统的历史记录。

2.区分文件的不同保存价值。

文件的保存价值是由文件本身固有的内在的各种因素决定的，文件内容的重要程度不同，所起的作用不同，保存价值也就不同。一般来说，凡是反映社会历史发展和记录机关主要职能活动、反映机关基本历史面貌的重要文件，所起的作用和保存价值就必然要大一些；而机关工作活动中所形成的一般性文件，所起的作用和保存价值相对而言要小一些，有的根本就没有保存的价值。此外，文件制发机关（即法定的作者）的地位、作用不同，反映其工作活动和表达其思想、意图的文件保存价值也不同；文件的正本、副本、定稿、草稿等反映了文件的形成过程和不同作用，标志着不同的可靠程度，其保存价值往往也不同。以上这些不同保存价值的文件材料在整理（立卷）时必须严格加以区分。区分文件的保存价值，应依照《机关文件材料归档范围和文书档案保管期限规定》《文书档案保管期限表》等有关规定进行。

在进行归档文件整理时，将不同保存价值的文件材料区别整理，可以合理使用人力、物力、财力和时间，对不同保存价值的文件进行整理后按其保存价值相对集中，使其玉石分明，也为日后档案馆的整理工作打下了基础。

3.便于保管和利用。

便于保管和利用，是归档文件整理的根本目的，也是衡量归档文件整理质量的重要标准。归档的文件是否便于保管和利用,不但关系到机关各项工作的开展,而且关系到机关档案室、各级档案馆工作有无可靠的基础和保证。《规则》推行文件级管理,正是从便于保管和利用这一原则出发的。过去,在手工模式下实现档案管理和查找利用,“立卷”也是一种很好的方式,它按照一定的逻辑关系,将归档文件组合成一个个案卷,并通过层层目录来提供检索途径,从而限定了检索范围,增强了手工检索的效率。但立卷过程比较复杂,组合案卷和拟定案卷标题等环节立卷人员很难掌握。而《规则》以“简化整理、深化检索”为宗旨,取消“案卷”,推行文件级管理,大幅度简化了整理中的手工操作,也为档案的保管和利用提供了有利条件。归档文件以“件”为单位进行整理、分类、排列和编目,在计算机的参与和操纵下,加快了检索速度,方便了利用者,大大提高了档案利用率,利用的深度、广度、查全、查准等将得到极大提高。

二、归档文件整理的质量要求

归档文件整理的质量要求是:归档的文件应当齐全完整,已破损的文件应予修整,字迹模糊或易褪变的文件应予复制。

1. 归档的文件应当齐全完整,这是归档文件的基本要求。

如果归档的文件有复文没有来文,有正本没有定稿,有附件的文件而附件又不知去向,这就使归档文件的质量得不到保证,也给今后档案的查找利用带来困难。因此,凡是本机关单位在职能活动中形成的,办理完毕,应作为文书档案保存的各种纸质文件材料都应当按照《规则》的要求收集完整,进行整理归档。这就要求,承担归档文件整理工作的部门和人员,在平时应当随时掌握文件的收发运转情况,做好文件的平时积累工作,及时收集、严格登记、严格检查、随办随归、妥善管理。在第二年上半年进行归档文件整理时,应充分发挥其熟悉文件形成、运转的来龙去脉的长处,将应归档的文件材料齐全完整地收集起来进行整理归档。

2. 对破损的文件进行修复,以延长文件的寿命。

对那些有孔洞、残缺或折叠处已被磨损的文件,应按照档案保护的要求加以修补和托裱。

3. 复制字迹模糊或易褪变的文件。

比如传真件字迹耐久性差,有些用纯蓝墨水、红墨水、复写纸、圆珠笔等字迹材料制成的文件材料极易褪变，须复制后才能归档。目前一般采用复印的方式进行复制。复印时，墨粉浓度不宜过大，颜色不宜太深，并且最好采用单面复印。

同时，整理归档文件所使用的书写材料、纸张、装订材料等应符合档案保护要求。

1. 书写材料，指的是笔和墨水的使用，应使用钢笔、毛笔、碳素墨水、蓝黑墨水及墨汁，不能使用铅笔、圆珠笔，不能使用纯蓝、红色墨水等质量低劣的墨水。

2. 纸张，是指应选用国际标准A4型60～80克的胶版印刷纸或复印纸。档案盒和归档文件封套应使用无酸纸制作。

3. 装订材料，是指立卷或以“件”为单位装订时使用的装订材料，如细线、钢夹、塑料夹等，应选用优质材料制成的，以防断线、年久生锈及断裂等情况发生。

三、归档文件整理的组织工作

归档文件整理工作是文件处理工作的最后一个环节，也是档案管理工作的开始，这是一项承前启后的工作，关系到文件材料归档后的安全保管和有效利用，直接影响档案的质量和档案工作的开展，因此对归档文件整理必须进行周密的组织和有效的监督，以确保这项工作能高质高效地完成。

文件归档整理的组织工作包括：确定整理环节，重视归档文件的平时积累，建立相关制度，加强整理工作的指导、监督、检查。

1. 确定整理环节。

确定整理环节也就是确定由哪一级机构、由哪些人员来完成文件归档整理工作。一般有三种组织形式：

集中式：也就是将归档文件整理工作集中在综合部门或档案部门统一进行。这种形式一般适用于小机关和基层单位。

分散式：也就是整理工作分散在形成归档文件的各部门进行。这种形式一般适用于大中型机关单位。

集中与分散结合式：是将整理工作一部分集中在综合部门或档案部门，一部分由业务部门分散整理。此种形式一般适用于中型机关和单位。

2. 重视归档文件的平时积累。

(1)严格收发文登记。通过登记,对来往行文、内部文件、会议文件等做到登记建账,确保文件的齐全完整。

(2)及时收集。只要是办理完毕、属归档范围的文件材料,应做到办完一件收集一件,或者按月或季根据收发文登记定期清理。

(3)严格检查。检查收集的文件是否是办理完毕的,文件材料是否齐全完整,文件材料是否符合归档要求等等。

(4)随办随归。也就是对收集来的经过检查的零散文件进行装订、盖章、整理等,使之系统化,便于日常查阅,为最终整理归档打好基础。

(5)妥善管理。要指定专人、配置装具,对办理完毕经过整理的归档文件材料分类标识、安全保管。

3.建立相关制度。

为了使归档文件整理工作顺利开展,并保证其工作质量,各机关单位必须由档案部门结合本机关单位实际需要建立健全相关的规章制度,并将其纳入有关部门和人员的岗位责任中监督实施。这些制度包括《文件材料整理归档制度》《文件材料归档范围和保管期限表》等。

4.加强整理工作的指导、监督与检查。

机关单位档案部门在做好保管利用工作的同时,必须认真履行对归档文件材料整理工作的指导、监督和检查的职责。首先要时刻做好宣传,提高人们的认识;其次要深入实际,具体指导,发现问题,及时纠正;最后要认真细致,严把质量检查关。

第二节　文件整理的方法

一、文件分类

归档文件的分类是指全宗内归档文件的实体分类,即将归档文件按其来源、时间、内容和形式等方面的异同,分成若干层次和类别,构成有机体系的过程。分类是归档文件整理的重要环节,归档文件经过科学合理的分类,不但能够揭示出文件之间的内在联系,使档案成为一个有序化的整体,而且便于排列上架、编目等后续工作的顺利开展。分类包括选择分类方法、制定分类方案、文件归类等工作。

（一）分类方法

《规则》指出，归档文件可以采用“年度—机构（问题）—保管期限”或“保管期限—年度—机构（问题）”等方法进行分类。同一全宗应保持分类方案的稳定。

归档文件的分类，可按以下的方法及步骤进行：

1. 按年度分类。年度分类法就是根据形成和处理文件的年度对归档文件进行分类。它是目前运用最广泛的一种分类方法。在具体操作时，应注意处理好以下几种情况：

一份文件往往有多个时间特征，如成文日期、签发日期、批准日期、会议通过日期、公布日期、发文和收文日期等等。分年度时，一般说来应以文件签发日期（或成文日期）为准，据以判定文件所属年度。计划、规划、总结、预算、统计报表以及法规性文件等内容涉及不同年度的文件，应统一按签发日期（或成文日期）判定文件所属年度。

跨年度的会议和案件等形成的文件材料，分类时，会议文件材料归入闭幕年，案件等文件材料归入结案年。几份文件作为一“件”时，判定“件”的日期，以排列在前面的文件日期为准，如跨年度的请示与批复，按批复在前请示在后的装订顺序，以批复的所在年度为准。

没有标明落款日期的文件材料，应对文件内容及特征进行考证，以推断文件材料的形成日期并据以划分年度。

专门年度中形成的文件材料，应按照专门年度进行分类。

2. 按保管期限分类。保管期限分类法就是根据对归档文件规定的不同保管期限进行分类，即将同一年度的归档文件按永久、30 年、10 年三种保管期限分类，这种分类方法能够将不同价值的归档文件从实体上区分开来，使档案部门能够有针对性地采取整理和保护措施，同时，为库房排架管理、档案移交进馆和到期档案鉴定等管理工作提供便利。

3. 按机构（问题）分类。机构（问题）分类法是指将文件按其形成或承办机构（问题）进行分类。这种分类法的实质就是根据本单位内部机构的职能性质或文件内容所说明的问题来设置类别。又可分为机构分类法和问题分类法两种。

(1)机构分类法。机构分类法是按文件形成和处理的承办单位进行分类。原则上是一个机构设置一个类,机构名称就是类名。各类的次序可按照立档单位机构序列表的规定或习惯上的顺序来排列。一般是将领导机构、综合性机构排在前,再依次排列各业务部门。

归档文件采用机构分类法进行分类能够体现出全宗内文件在来源方面的客观联系,从而反映出立档单位的历史面貌。同时,由于每个机构都有其特定的职能与任务,按机构将归档文件分类可在一定程度上集中反映某一方面的工作内容,便于档案的查找和利用。

采用机构分类法时不能同时采用问题分类法。

(2)问题分类法。问题分类法是按文件内容所说明的问题对归档文件分类。按问题分类要求各类特点明确,不能互相包容。问题分类法的类别与类名,原则上设置为"党群工作""行政工作""业务工作"等类。

归档文件采用问题分类法,可以避免或减少同类问题文件分散的现象,便于按专题查找和利用档案。但问题分类法在实际操作时,受人为因素的影响较大,不便划分。因此,一般基层单位较少采用。

采用问题分类法时,不能同时采用机构分类法。

4.几种分类方法的结合运用。在实际工作中,当归档文件较多时,分类工作需要分层进行。单纯采用一种分类方法的情况是比较少见的,一般是将几种方法结合起来使用。《规则》提供的年度、保管期限、机构(问题)三种分类方法,不同类型、不同层次的单位可按实际需要组合成多种复式分类法。采用复式分类法时,其中的年度、保管期限是必选项,机构(问题)一般为选择项。具体地说,那些内部机构较多,职能分工明确、形成文件数量较多的单位可采用"年度—组织机构—保管期限"或"机构—年度—保管期限"三重分类法;那些内部机构设置简单,归档文件数量较少的单位则采用"年度—保管期限"二重分类法就可以了。

(二)分类方案

分类方案(也叫立卷类目、归卷类目)就是在确定了分类方法的基础上,标列各级类目名称,固定全宗内分类体系的分类纲要。分类方案是机关档案室工作的基础,是档案室规范化管理的起点,任何一个档案室都必须具备切合实际的分类方案,并且保持其相对稳定,以使分类体系具有连续性,便于查找利用。

分类方案一般由文秘部门和档案室共同研究编制或修订，并经文秘部门负责人最后审阅定稿。由于文件整理归档工作主要由文件工作者承担，他们比较熟悉收发文件情况，因此，编制分类方案主要应以文秘部门为主。

分类方案由类和目（条款）组成。具体编制方法是：

1.设类。

类名，就是概括文件材料分类的名称，也称类别。类的设法常用的有两种：

按组织机构设类。即按本机关单位内部组织机构设类，有几个机构就设几个类，各机构的名称就是类的名称。

按问题设类。即按文件材料内容所反映的问题进行设类。按问题设类时，应注意根据本机关单位业务的具体情况分类，问题之间要注意划分清楚。划分应对称，划分应只按同一个标准，划分出来的子项必须互相排斥，划分应按层次逐级进行不能跳跃。按问题设类，类名含义要明确清楚，不能互相包括，如设了政工类，就不要再设组织类、宣传类。

立卷类目设类应注意以下问题：

(1)根据实际情况选用合适的设类方法。

如果机关单位内组织机构稳定，就按组织机构设类，这样虽然各类下有些条款会重复，但这种分类很容易，符合机关单位文件工作的规律。机关内文件整理都是由各个内部机构独立完成的，即使是由文秘部门集中整理，也要把各机构的文件分别整理。一个机构的文件自然形成一个类别，利用起来也很方便。如果整理（立卷）分工搞得好，也可避免归卷文件的重复问题，对分别指导各个组织机构的文件整理工作也有利。所以，凡是有比较稳定的内部组织机构的机关单位，一般应按组织机构设类，但在机构发生变化时要注意调整。

如果内部组织机构不稳定，则不如按问题设类好。这种分类既可避免条款重复，又不受组织机构变动的影响，只是编制条目比较困难。

(2)设类应具有相对稳定性。

分类方案的分类方法一般应与档案室的档案分类方法相呼应，有一个比较稳定的长期打算，这样不但便于归档后档案室的编排整理，而且适应机关单位工作稳定性的规律，所以说每个年度的文件分类方案必须根据形势的变化有所增减，但一次编定后就可作为今后的基础，变动只是增减或局部修改，不能改变太多，但也不能不改，完全不改就不能反映机关单位工作的实际面貌。

(3)设类应遵循分类的一致性。

不论采用哪种设类方法,在同一层次的分类应该一致,不可以同时采用两种以上的分类方法。

2.设条款。

条款就是"类"下预计形成立卷的一组文件标题。条款是分类方案的主要组成部分,要正确反映和体现立卷的方法和特征,照顾到文件材料的不同作用、保存价值和历史联系,做到条款名称真正反映和体现内容,文字简明扼要。

条款的设置要适当,既不能太粗(概括),也不能太细(具体)。如果条款设得太粗,会造成该条款下的文件积累过多,增加年终调整立卷的工件量;如果条款设得太细,又会使该条款下积累的文件太少或根本没有文件,年终立卷仍需花费时间进行调整。总之,条款的设置要适中,即视机关单位形成文件的多少来确定。

3.类和条款的排列、编号。

排列类和条款的原则有三:

(1)保持类与类、条款与条款之间的内在联系。

(2)根据重要程度分清主次。

如先排综合性文件的条款,再排各项业务文件的条款;先排上级机关文件的条款、本机关文件的条款,再排平级、下级机关文件的条款;先排重要领导指导性文件、法规性文件的条款,然后再排一般来往文件的条款等。反映时间特征的条款,可按时间先后排列;反映地区特征的条款,可按行政区划的逻辑顺序排列。

(3)条款内容大致相近的要尽量排在一起。

条款顺序排定后,即可依次编上顺序号。条款的顺序号又叫文件(书)处理号(即在文件处理阶段保管文件的卷号),或简称条款号。

编号的方法有两种:

(1)流水编号法。即将立卷类目的所有条款统一编排顺序号,但应在每类之后适当留出两三个空号,以备在使用中增加补充的条款。如第一类为1至17号,第二类可从20号编起,其余类推。

(2)分类编号法。即为立卷类目的每一类给一个代字或代号,只在每一类里面编顺序号。如第一类的条款为1-1、1-2、1-3……,第二类的条款为2-1、2-2、2-3……。

（三）文件归类

文件归类主要是做好文件的平时归卷工作，也是文件平时管理的一种有效方法。

1. 坚持平时归卷的重要性。

平时做好归卷工作很重要。它是把文件收集齐全和提高立卷质量的有效措施，是巩固和健全文件部门立卷制度的关键。如果此项工作不做好，就不可能做到便于文件的随时利用，承办人也就不乐于将已经办完但还必须使用的文件交给文件工作人员，这不但不能发挥文件部门立卷制度的优越性，使文件部门立卷制度流于形式，而且会造成文件堆积、年终突击立卷的混乱局面。

2. 平时归卷的一般程序。

（1）根据文件分类方案的条款，为每一条款准备一个卷皮或文件夹，写上条款号和条款名称，按序排列，以便放置文件。如果用橱柜，隔成一格一格的，按格写上条款号和条款名称，使用也很简便。

（2）将已经处理完毕的文件按照条款“对号入座”，归入一定的卷宗或文件夹。

文件的归卷工作必须及时，坚持平日做好。对于领导性文件、工作计划、工作报告等，当文件发出后，就可把草稿（重要文件的）、定稿、存本归卷；会议文件在会议结束后归卷；对于机关的收文，经领导审阅后，不需办理的可及时归卷，需办理的待办完归卷；处理一个案件的材料，可在结案时归卷。归卷工作亦可定期进行，归卷期限可根据具体情况决定。

文件归卷时，要分析文件的内容性质，准确归卷，并用铅笔在文件上注明条款号，同时在收发文登记簿上也注明条款号，以示文件归入何条何卷，便于查找利用。注明后把文件归入相应的卷宗里。

（3）在平时归卷的过程中，可以定期或不定期地进行检查，以熟悉文件，并根据文件的实际情况对分类方案作若干修改、补充（因为事先编制的分类方案难免会与实际形成的文件有出入），把归错条款的文件调整过来。检查中，如发现文件材料不齐全，应及时收集补充，以保证文件材料的完整。

（4）在平时归卷的基础上，根据文件积累的情况，可进行一些整理立卷工作。如一次会议结束了，一项工作完成了，一个案件办结了，不会再产生新的文件，就可以把文件收齐整理，立成案卷。这样既可以减少年终立卷的工作量,又便于平时的保管和利用。

二、案卷级整理方法

案卷级整理方法,就是我国沿用至今的“文件立卷”方法。

文件立卷就是文件部门(或文件工作人员)将已处理完毕的具有查考保存价值的文件按照它们在形成过程中的联系和一定的规律组成案卷,也叫文件组卷。其含义是:

(1)处理完毕的文件才能立卷。

一般地讲,在文件处理程序上已处理完毕的文件才算处理完毕。必须是处理完毕的文件才能立卷归档。如一些较长时期需要执行的文件,尽管文件内容在实际工作中不一定都完成或要长期执行,但只要文件处理完毕告一段落就算处理完毕的文件。

(2)有查考保存价值的文件才能立卷。

不是机关里所有的文件都有文必档,立卷的文件有一定的范围和条件,即要有查考保存价值,故立卷前要对文件进行初步的鉴定,没有查考价值的无需立卷,由文件部门或业务部门销毁或短暂保存。此外,必须是文件才能立卷,为工作参考收集来的图书资料、内部刊物等不能立卷。

(3)按文件在形成过程中的联系和一定规律立卷。

要使案卷成为某一问题或某一项工作活动的系统的有密切联系的文件组合体,而不是任意拼凑起来的、杂乱无章的一堆文件。一个案卷要能够反映出某一方面工作或某一个具体问题的处理情况。整个机关或一个部门的案卷,要能够系统地、完整地反映出一个机关或一个部门的工作活动面貌,并有一定的便利查找的规律。

(4)案卷是文书档案的基本保管单位之一。

文书档案是可以以案卷为基本单位进行保管的。特别是《规则》推出之前,文书档案数量的统计、日后编制检索工具、提供利用等,基本上都是以案卷为基本单位。

(一)立卷前提

1. 正确选择立卷地点。

所谓选择立卷地点,就是确定本机关单位的立卷工作到底放在哪一级机构来进行。在小机关，因为仅一层机构，文件处理都由办公室经办，立卷工作自然也集中在办公室。大中型机关则不同，或许有二层、三层或四层机构，到底在哪一级立卷，就要加以选择，这是正确地组织立卷工作的关键。

一般说来，立卷地点的选择应与文件工作的组织形式相适应，把立卷地点放在最能掌握文件的形成和处理情况的地方。确定立卷地点，要以便于及时归卷和调卷，节省人力、时间，提高机关工作效率为前提；以能熟悉和掌握文件的处理情况和形成过程为条件；以各个机关单位不同的具体实际情况为依据，绝不能千篇一律。同时，要随时根据机关单位工作情况的变化而有所改变。

立卷地点与文件工作的组织形式相适应很重要。通常，文件工作的组织形式分集中和分散两种，立卷工作亦应是集中和分散两种。集中立卷即集中在机关单位办公室立卷，承办人把文件办理完毕后都退回到办公室，由办公室的专职或兼职文件工作人员统一立卷。分散立卷即由机关单位办公室与各组织机构分担立卷工作。中型或大型机关一般有两层以上机构，可以根据驻地、业务分工、文件数量、文件工作组织等情况，采取分散或部分集中、部分分散的办法。如机关单位各组织机构驻地比较分散、文件数量较多、业务分工比较明确，可以各自定为立卷地点；如其中有一部分机构驻地比较集中，文件数量不太多或相互间业务交叉，也可以集中在办公室立卷。有特殊业务的机构，如财会、人事、信访、保卫部门等，一般都自己单独立卷。

具体的立卷工作，一般应由专兼职文件工作人员负责，即由机构内担任文件的内收发、运转、催办等工作的人员来负责立卷，因为这些人熟悉文件的来龙去脉，熟悉文件之间的联系。另外，有些部门由于工作的特殊性，也可以采用先由承办人初步立卷的办法，如法院的诉讼案卷。

2.明确立卷范围。

文件立卷的范围，就是确定机关单位工作活动中形成并处理完毕的文件材料哪些应该立卷，哪些不应该立卷。搞清这一问题，就能保证那些有保存价值的文件材料，能够齐全完整地保存下来，便于以后的查找利用。

概括说来，凡是本机关单位工作活动中所形成的，已经办理完毕，具有查考价值的收发文件、电报、会议文件、电话记录、会议记录，本机关编印的刊物、图表、簿册，有关照片、录音带、录像带等，均需立卷。这里有几点需作说明：

(1)本机关单位工作活动中形成的文件材料。

主要指本机关单位按照法律和行政的有关规定，行使自己主要职能活动中所形成的文件材料，包括收文、发文和其他内部文件等。有人认为，只有本机关单位制发的文件(发文和内部文件)才能反映本机关工作活动，其他机关的来文不能反映本机关工作活动，这种认识是片面的。如果只保存本机关单位制发的文件，对其他机关单位重要来文不予保存，就看不出本机关单位是怎样贯彻执行上级机关的指示精神，以及如何根据下级机关工作情况进行指导工作的。因此，本机关单位工作活动中所形成的文件应包括上级机关的指示、规定、通知和下级机关的请示、报告，以及其他与本机关工作活动有重要联系的文件材料。

(2)已经办理完毕的文件材料。

主要是指文件材料已按文件处理程序办理完毕，至于在实际工作中的贯彻执行不一定已经全部完成，有的还可能要长期执行。例如，请示与批复、问函与复函，这样一来一往的文件，在复文发出或收到之后，从文件处理上就算办理完毕；不必办复的收文，经本机关单位有关领导阅批或传阅后就算办理完毕；本机关单位发文，当文件印发以后，就算办理完毕；有些指导性文件，在贯彻执行上需要经过一段时间甚至很长时间，如法规文件、重要决议等，这类文件在发文机关印发后也可算办理完毕。重要工作、重大问题，需要经过一年、几年时间才能完成，只要其中某一项工作或某一个问题完成了就算办理完毕，不必等到整个工作结束和整个问题处理完毕后再立卷归档。

(3)具有查考价值的文件材料。

这主要是指文件转化为档案的条件。已经办理完毕的文件材料有两种情况：一种是纯粹事务性或其他只有临时作用的文件材料，处理完后，对日后的工作没有查考利用的价值。这种文件材料，无需立卷归档，也不会转化为档案。另一种是办理完毕后对日后工作有查考利用价值的文件材料，这些文件材料必须立卷归档保存起来。

因为各机关单位的工作情况、职责范围和在工作活动中形成和使用的文件材料的内容和成分不同，所以不可能确定相同的文件立卷范围。国家档案局 2006 年 12 月 18 日颁发的《机关文件材料归档范围和文书档案保管期限规定》指出，机关文件材料的归档范围是：反映本机关主要职能活动和基本历史面貌的，对本机关工作、国家建设和历史研究具有利用价值的文件材料；机关工作活动中形成的在维护国家、集体和公民权益等方面具有凭证价值的文件材料；本机关需要贯彻执行的上级机关、同级机关的文件材料；下级机关报送的重要文件材料;其他对本机关工作具有查考价值的文件材料。并进一步指出,重份文件、未成文的草稿和一般性文件的历次修改稿、事务性及临时性的没有查考价值的文件材料、与本机关或本部门主管业务无关的文件及非隶属机关送来的参考性文件等,均无需立卷归档。各机关单位应根据以上规定结合自身实际情况确定本机关单位文件立卷范围。

3. 机关单位内的立卷分工。

当一个机关单位将内部各组织机构形成的文件材料分开按部门立卷,由于某些文件需要经过几个部门传阅处理,或部门产生有业务相互交叉的文件,需要划清文件的归属时,便需考虑机关单位内各个部门间的立卷分工。

(1)一个机关单位内部的各种组织的文件,应当分开立卷。如党委党组的文件、工会的文件、团委的文件、妇联的文件等,均应分别整理。

(2)机关单位内部的各个组织机构的文件,如各司、局,各处、科、室的文件,无论立卷地点是分散还是集中,一般亦应分别立卷,以反映出机关单位内各个组织机构的工作活动情况,便于查找利用。

(3)有时同一份文件经过两个以上部门传阅或处理,为了避免重复立卷,还需要正确划分机关单位内部分工立卷的范围。原则上以什么名义发的文件就放在那里立卷,是哪个部门承办或主办的文件就放在那里立卷。

(二)立卷方法

1. 主要根据文件本身的特征组卷。

一个机关或部门形成的文件,名称各异,时间不同,内容繁复,要把具有共同特征和联系紧密的文件组合在一起立卷。要科学地区分和整理文件,就必须根据文件本身的特征进行组卷。由于一份文件主要由文件名称、文件内容、发文单位、成文时间等部分构成,据此我们将文件自身的特征概括为:问题特征、时间特征、名称特征、作者特征、通讯者特征、地区特征,通常简称为“六个特征”。这六个特征是从文件的基本结构中抽象出来的,可以作为立卷的基本依据。

(1)问题特征与按问题特征立卷。

问题特征是指文件内容所反映的主题,即文件内容所反映的事件、人物、事物、问题或工作性质。按问题特征立卷,就是把反映同一事件、人物、事物、问题、工作性质的文件组合在一起立卷。

问题特征应用较广,是一种常用的、主要的立卷特征。机关单位内的案卷按问题特征或按问题特征结合其他的特征组成的占绝大多数。这是因为文件都是为了处理一定的事务而形成的,围绕一个问题的解决过程,往往会形成一定数量的文件,它们之间具有直接的、紧密的联系,而查找文件时,利用者也往往首先提出文件内容所叙述的中心问题而记不清其他的特征,故按问题特征组卷成为一种很自然的习惯方法,它既可以保持文件之间的联系,又便于查找利用(无论是查找有关处理某一问题、某项工作的某一份文件,还是因研究总结某项工作的全面情况而需要系统地查考每一份文件,都非常便利)。

问题特征运用灵活。因为问题的概括可大可小,能粗能细,具体立卷时还须考虑文件数量的多少和具体利用的方便。

按问题特征立卷,虽是常用的、主要的,但不是唯一的方法。因为有些文件不适合也不便于按问题特征立卷。如一项会议的文件,可涉及好几个问题,不能按问题拆开而与其他收发文中相同问题的文件合并组卷;综合性的计划、总结、报告等,都不能按问题分开组卷。另外,虽属同一问题,但由于保管期限相差很大,也应适当分开立卷。

(2)时间特征与按时间特征立卷。

时间特征是指文件内容所针对的时间和文件形成的时间。按时间特征立卷,就是把属于同一时间的文件集中在一起立卷。

机关单位工作是随着形势的发展而变化的,不同的年度,工作的重点和中心任务有所不同。按时间特征立卷,可反映出一个机关单位在不同时期的工作特点,便于查考该机关单位在不同发展阶段的工作面貌。

现行机关单位的文件分开年度立卷。一般情况下,文件的形成年度与文件内容所针对的年度是一致的,但也有些文件的形成年度与内容针对的年度不完全一致,这时就要进行具体分析研究,确定合适的立卷年度。如跨年度的或多年的计划,应放在开始的年度立卷;跨年度或多年的总结,应放在最后的年度立卷。还有些文件是按专门年度(如兵役年度、粮食年度、会计年度、教学年度等)形成的,则应按专门年度立卷。

(3)名称特征与按名称特征立卷。

名称特征是指文件的名称。按名称特征立卷,就是把属于同一名称的文件集中立卷。

文件的名称一般是反映文件的效能和作用的。因此,按文件的名称特征立卷,可适当地区分文件的重要程度和保存价值。

有的文件名称使用范围广，就会碰到虽然名称相同（例如都是“通知”），而实质却有区别（有的是具体事项的通知，有的是指示性质的通知等）的情况。因此，立卷时不能只根据文件名称，还须具体分析文件内容、性质及保存价值，分别与有关文件合并或单独立卷。

（4）作者特征与按作者特征立卷。

作者特征（或叫责任者特征）是指制发文件的机关、单位或个人。按作者特征立卷，就是把属于同一机关、单位或个人的文件集中立卷。

由于作者的地位和职能不同，按作者特征立卷，也可适当区分文件的重要程度和保存价值。

在实际工作中，有时可灵活运用，将收文按隶属的上级机关、下属机关及平级的有关单位分别立卷，这实质上也是按作者类型区分的。

（5）通讯者特征与按通讯者特征立卷。

通讯者特征是指文件的收发文机关。按通讯者特征立卷，就是把本机关与某一机关之间，双方就某一问题或几个问题进行工作联系而形成的来往文书，集中起来立卷。

按通讯者特征立卷可以反映单位之间对有关问题的协商情况或上下级之间的领导关系。

必须注意：通讯者特征与作者特征不能混同使用。因为通讯者特征虽然也是对两个作者的归纳，但它是双方就某一问题或几个问题相互往复的文件，不应包括这两个作者其他方面的单独发文。

（6）地区特征与按地区特征立卷。

地区特征（或叫地理特征）一是指文件内容所针对或涉及的地区，一是指文件作者所在的地区。按地区特征立卷，就是把涉及同一地区的文件集中立卷。

按地区特征立卷便于反映该地区的工作情况或有关该地区问题的处理情况。

在一般情况下，作者所在地区与文件内容涉及的地区是一致的，但有时作者可能针对某一特定地区的问题发文。

地区特征一般多用于下属单位的来文、调查统计材料和某些专门文件。至于本单位的发文、上级机关的来文，则很少按地区特征立卷。

2.结合运用“六个特征”立卷。

结合运用“六个特征”组卷，即在一卷之内结合使用两个以至几个特征立卷,使卷内文件之间有更紧密的联系,便于查找利用。

对于“六个特征”的理解和运用,不能看做是六种立卷方法。因为,一般来说,单纯按时间、按作者、按地区、按名称等立卷,往往是不科学的,不便于保持文件之间的紧密联系,卷内文件往往是比较杂乱的。正确的立卷方法,通常是根据文件的实际情况,灵活地运用两至三个特征来组合一个案卷,有时甚至可按四个特征组卷,如《××市档案馆2016年各季度档案利用工作统计表》。

一个特征可以反映卷内文件在一个方面具有的共同点和联系,如果结合几个特征立卷,则卷内文件就具有几个方面的共同点和联系。这样立成的案卷,文件之间的联系就会更加紧密。但六个特征不可能同时在一个卷中反映出来。由于各个机关单位的职能、业务、地位和作用不同,形成与使用的文件在数量、成分与内容上都各有不同,不可能设想有一个万灵的公式或机械固定的方法可供各机关一律套用。因此,必须从本机关单位文件的实际情况出发,具体灵活运用立卷方法。

实际立卷时,对于某一部分文件,可以先抓住它们的主要特征(共同点),例如都是某次会议形成和使用的文件材料,都是有关同一个问题、同一项工作、同一项工程或同一个作者的文件材料等。然后再根据文件数量多少、保存价值、文件之间的联系等情况,结合运用其他特征细分。例如,都是一个大型会议的文件,可按会议的主要文件(报告、主要发言、决议等)、记录、简报、组织材料(开会通知、代表签到册、分组名单)等分别组成几个卷。

在结合运用立卷特征时,必须注意分析文件之间的主要联系。如针对某一具体问题的处理形成的文件,联系十分紧密,不能拆开来再按其他特征立卷。又如,有关同一问题的问文与复文、请示与批复、报告与批转等,不宜再按名称或作者特征分开立卷。至于一般同类问题、同类作者或同类名称的文件,联系并不十分紧密,为了使查找文件有一定规律可循,可以酌情考虑立卷。

3.适当照顾文件的重要程度(保存价值)和数量立卷。

照顾文件材料的保存价值组卷,即由于文件内容的重要程度不等,以及在本机关工作中所起的作用的区别,它们的保存价值(需要保存的期限的长短)也就不同,为了日后管理与鉴定工作的方便,必须适当分别不同保存价值组卷。

立卷工作中常在照顾文件保存价值时会遇到一些问题。如有些文件的保存价值，根据保管期限表上有关条款的规定还难以具体判定，这时最好向文秘部门、业务部门和档案部门的人员请教，共同研究和鉴别，对确实难以判定的，还可将保管期限适当放长一些。再如，有时也会感到保持文件之间的联系与照顾保管期限、文件的数量有一定的矛盾。这时就要求在判定文件的保存价值时，不能只孤立地从单份文件出发划分很细，应当从有密切联系的一组文件来考虑，同时应将保持联系与照顾保管期限结合起来权衡，求得比较合理的解决。例如，虽然文件之间有一定联系，但因保存价值悬殊，又有相当数量，在分开立卷并不妨碍对主要文件的查找利用时，可以适当分别立卷；如果文件之间联系紧密，分开后就不便于说明问题，不便于利用的，它们的保管期限就应当统一看待。

至于卷内文件的数量与案卷的厚度，只能作大体要求。一般在几十张至两百张以内，不宜对每个卷要求过死，如个别重要文件也可以一份或两三份组成一卷。

总之，保持文件之间的联系，照顾文件的保存价值和数量，不可能从原则上确定必须这一方面服从那一方面，而应从实际文件的具体情况来全面分析和权衡利弊。可以这样考虑：本着就高不就低、少数服从多数的原则，历史联系比较紧密的，期限应统一；联系不大的，可分开期限；主要文件在，具体的没有价值的文件可以不要；期限低的，少数可往多数随；期限高的，少数不能往多数随。

（三）立卷程序

一年的工作结束，为了便于移交及日后的管理和利用，就必须在平时归卷的基础上，进一步系统整理与编制目录，也就是进行立卷的具体操作。这项工作比较细致，需要在年终和次年年初花一段时间做好。

1. 调整定卷。

按照文件分类方案归入各个卷皮或文件夹内的文件在立卷以前要进行检查，发现问题时还要进行必要的调整，然后才能确定组卷。检查调整的内容是：

(1)检查卷内文件成分。

检查已归卷的文件是否齐全完整，根据实际情况，提出需要转入下年度立卷的文件，剔除多余的重份文件及没有保存价值的不需要立卷归档的文件材料。

(2)检查卷内文件联系。

检查每一条款内的文件是否保持了文件之间的联系,并注意纠正条款之间文件归卷不统一、互相混淆重复或拆散文件联系的现象,如正件与附件分离、请示与批复不在一起等。

(3)检查卷内文件保存价值。

检查各条款内文件的保存价值是否相差悬殊,并初步确定保管期限。

(4)检查卷内文件数量。

检查各条款内文件的数量,对文件数量太多的条款,宜酌情适当分卷;对文件数量太少的条款,可考虑适当合并组卷。

2.拟写案卷标题。

案卷标题又叫案卷题名,是对卷内文件的主要内容与成分的概括和揭示,它是案卷封面的主要登记项目。

拟写案卷标题的方法,可以文件分类方案中的条款为基础,加以修改、补充和具体化,并符合以下三点要求:

(1)对问题的概括必须注意政治上的正确性,符合有关方针政策,不要乱写简称,不能歪曲原件内容或令人费解。如“落实政策改正错划右派问题”不能简写成“右派摘帽问题”。

(2)文字简练通顺,对卷内文件的成分与内容要概括得全面准确,避免过于抽象笼统或具体罗列文件标题。一般在三四十个字以内标出为宜,最好不要超出50个字。案卷标题太长,不能一目了然。许多冗长的案卷标题常常缺乏概括,是用连接卷内各份文件标题的办法形成的,例如:

中共中央批转共青团中央关于干部子弟学生情况,中学生生活与健康情况,全国共青团积极分子大会情况,当前少年儿童读物缺少问题,培养青年共产主义道德,青少年教育,在职青年业余文化、业务学习问题的报告

这是由若干份批转文件组成的案卷,拟写案卷标题时对于文件的内容未作概括,而是罗列了许多份文件的事由,使案卷标题长达90余字,很不醒目。可以改拟为:

中共中央批转共青团中央关于青少年学习、生活、健康、思想教育等问题的报告

如果将文件内容概括为“青少年问题”,则又显得太笼统。

(3)案卷标题的基本结构应力求完整,并使排列顺序统一。

案卷标题一般均应标出卷内文件的作者、问题、名称三个基本部分,必要

时还应加上地区、时间或通讯者。排列的顺序通常是：

(地区)作者——(时间)——(地区)问题——名称

(通讯者)　　　　　　(人物)

在作者(或通讯者)与问题部分之间，常用介词“关于”或“有关”来连接，在问题和名称之间加一个“的”字。并列成分中间用顿号隔开，也可用“和”“及”等连接，列举不全的可在后面加“等”字。两个通讯者中间多习惯用“与”字相连。标题较长的，中间可用逗号。标题末尾均不用句号。

以下分别讲讲标明各个部分的要求与方法：

(1)标明卷内文件的作者。

①作者一般应写全称，如机关名称很长可写通用的简称。作者是本机关或本部门时，不可写“本部”“本局”“本厂”或“省委”“校党委”等。

②卷内文件作者有若干个的，可列举两三个为代表，在后面加“等”字；同类型或同一地区的机关，可概括写为“××、××等八县人民政府”“××市所属各县县委”“××部所属各厂、矿、院、校”等，不能笼统使用“各机关”来代替。

③卷内文件属某人名义的，应标明其所在机关和职务。如“××省委书记×××”“××局××处干部×××”。

④某些属于特定职能活动的机关的文件，可不再标出作者。如“××省××××年国民经济计划”，它的作者虽未标出，但读者也可知道是“××省计委”。

(2)标明卷内文件的内容(问题)。

一般说来，按问题特征组成的案卷，由于内容单一比较易于标明。对于并非按问题组成的案卷，或由一个范围更大的问题归纳了几个具体问题组成的案卷，进行概括时就会困难一些。写时必须注意全面准确，既不要只揭示一部分文件的内容，使另一部分文件因而被埋没，造成难查，也不要概括得过于笼统，使读者难以捉摸或造成错觉。有些问题表述的词语全称很长，也可以写通用的简略叫法，如“四个现代化”“五讲四美”“两个文明”等。

(3)标明卷内文件名称。

对于反映名称特征的案卷，名称部分很容易标出。不具有名称特征的案卷，须标出几种主要的、有代表性的文件名称，如列举出比较重要的两三个文件名称后面加“等”字。对于某些案卷标题的名称部分，还可以使用以下几个专门术语来概括：

案卷——只限于对某一案件或某人问题的调查处理过程中形成的文件材料,如“关于处理×××、×××贪污盗窃国家资财问题的案卷”。

来往文书——限于机关之间商洽一般工作问题形成的公函、电报等,通常同时标出通讯者。对于重要问题的请示与批复、报告与批示,一般不应与来往函、电混合组卷,而且应在标题中具体标出文件名称。

材料——主要用于正式收发文以外的辅助材料、参考材料及其他有关的材料等,例如“××××会议学习、参考材料”“表彰××先进工作者的事迹材料”。

文件——只用于某次会议形成的文件材料,如“××××年××省××工作会议文件”。如果一次会议的文件多,分立两卷以上的,应分别标出文件名称。

(4)标明卷内文件的针对时间。

由计划、报告、预算、决算等文件组成的案卷,应标明文件的针对时间。年度应写得准确,不要随意简化。如不要写成“16 年”,应写“2016 年”;不要写“三年规划”,应写明“201×年至 201×年规划”。各季度和月份的计划、总结等,不能概括写成“2016 年计划(或工作总结)”,这样写就变为年度的了,应具体写明,如“2016 年各月份(缺一月)工作计划”。

(5)标明卷内文件的通讯者。

按通讯者特征组成的案卷,可写成“甲与乙关于……的来往文书”或“甲关于……与乙的来往文书”。

(6)标明卷内文件涉及的地区。

对于同属一个较大地区范围的若干作者,可以用大的地区概念加以概括,如“××市所属各县县委关于……问题的报告”。

文件内容涉及两三个具体地区的,可以具体列出;涉及地区较多,又不便于概括时,可以列举一两个后加“等”字,如“××市工商行政管理局关于××、××等七个区、县集市贸易情况的调查报告”。

3.卷内文件的排列与编号。

卷内文件排列,就是文件组合成案卷后,将卷内文件按一定的规律进行系统的排列,保持文件之间的联系和条理性,使每一个文件在卷内都有固定的位置。

卷内文件的排列方法,一般地说,有如下几种:

(1)按时间先后顺序排列。适用于按照单一的作者、问题、名称立成的案卷。

(2)按问题—时间排列。卷内文件是一个作者几个问题的，先按问题的重要程度分开，在每个问题内再按时间先后排列。

(3)按地区—时间排列。卷内文件是几个地区的，先按地区分开，在每个地区内再按时间先后排列。

(4)按作者—时间排列。卷内文件是几个作者的，先按作者分开，在每个作者内再按时间先后排列。

(5)按问题—作者—时间或作者—问题—时间排列。适用于有几个作者、几个问题的案卷。

(6)按通讯者—时间排列。适用于由一个机关与几个机关的来往文书立成的案卷。

(7)按姓氏笔画排列。适用于由个人文件所立的案卷，如某些人事案卷及人民来信等。

此外，在排列中还应注意：来往文书的问文与复文、正文和附件、同一份文件的不同稿本，均应排在一起。问文在前，复文在后；正文在前，附件在后；存本在前，定稿在后，历次草稿(只保存重要文件的)依次排在最后。

卷内文件经过系统排列之后，为了统计、保护文件和固定卷内文件的排列顺序，应当对卷内文件每一页进行编号(页号)。

编号时应注意：

(1)每一张文件编一个号(背面不编)，编号的位置在文件的右上角，照片或图例的编号在背面的左上角。

(2)文件是折叠的(即筒子页)，只作一张，编一个号；如果卷内有信封，则信封及信封内的文件均须分别编号；卷内有印刷的小册子，可以只编一个号，另在备考表中注明“本卷第×页为一册，共××页”。

(3)编号宜使用铅笔，以区别于文件原有页码并便于编错时修改，必要时也可使用编号机。

(4)编号时务须耐心细致，编好后宜检查一遍，发现有漏编、编重页时，可采取补救办法。如第 15 页后漏编一页跳到第 17 页，可将第 15 页改为第 15—16 页，并在备考表中注明“第 15、16 页共一页”；如第 15 页编重，则可改为第 15(1)页、第 15(2)页，并在备考表中注明“第 15 页共两页”。

4. 填写卷内文件目录与备考表。

案卷必须在卷首附上卷内文件目录。

根据《文书档案案卷格式》(GB/T 9705—2008)的规定,卷内文件目录项目包括顺序号、文号、责任者、题名、日期、页号、备注。

顺序号:以卷内文件排列先后顺序填写的序号,亦即件号。

文号:文件制发机关的发文字号。

责任者:对文件内容进行创造或负有责任的团体和个人,亦即文件的署名者(或称文件作者)。

题名:即文件的标题,一般应照实抄录。没有标题或标题不能说明文件内容的文件,可自拟标题,外加“[ ]”号。

日期:文件的形成时间。填写时可省略“年”“月”“日”字,在表示年、月的数字右下角加“.”号。如2016年11月30日可写成2016.11.30。

页号:卷内文件所在的页号。前面的文件只填开始的页号,最后一份文件填起止页号。

备注:留待卷内文件变化时作说明之用。

卷内文件目录除一份放在卷首外,还可以再复制两三份,填上卷号和案卷标题,汇集成册,就是全引目录,是一种很好的检索工具。

案卷的备考表放在全卷文件的最后,用来说明卷内文件情况。

《文书档案案卷格式》规定,卷内备考表项目包括:本卷情况说明、立卷人、检查人、立卷时间。

本卷情况说明:填写卷内文件缺损、修改、补充、移出、销毁等情况。案卷立好后发生或发现的问题由有关的档案管理人员填写并签名、标注时间。

立卷人:由责任立卷者签名。

检查人:由案卷质量审核者签名。

立卷时间:填写立卷完成的时间。

5.填写案卷封面。

《文书档案案卷格式》规定,案卷封面项目包括全宗名称、类目名称、案卷题名、时间、保管期限、件、页数、归档号、档号。

全宗名称:相同于立档单位名称,必须用全称或通用简称。

类目名称:指全宗内分类方案的第一级类目的名称(即组织机构或问题的名称)。

案卷题名:即案卷标题。

时间:卷内文件所属的起止年月。

保管期限:填上立卷时划定的案卷保管期限。

件、页数:装订的案卷要填写总页数,不装订的案卷要填写本卷的总件数。件、页数要用汉字书写,不能用阿拉伯数字书写。

归档号:即文书处理号。

档号:封面档号由全宗号、目录号、案卷号组成。全宗号是档案馆指定给立档单位的编号,目录号是全宗内案卷所属目录的编号,案卷号是目录内案卷的顺序编号。档号由档案馆、室填写。

6.案卷装订。

案卷装订主要是为了固定和保护文件,以免卷内文件混乱和散失。

案卷装订的要求是整齐、牢固,不影响阅读。

对于图片、照片以及其他一些不便于装订的文件材料,可以不装订,用卷盒或卷袋来保管。

7.案卷的排列、编号与编制案卷目录。

案卷整理装订完毕后,即可进行系统化排列。排列的方法:

(1)为了便于将来向档案馆移交档案,省级以上机关应将永久保管的案卷与只在本机关档案室保存的定期保管的案卷,分别进行排列与编制目录;省辖市(州、盟)和县级以下机关应将永久、30年保管的案卷与只在本机关保存的10年案卷,分别进行排列与编制目录。

(2)绝密的案卷需单独排列与编制目录,以利于保密。

(3)每类内案卷的排列方法与前面所讲的卷内文件的排列方法类似,可以按各卷的责任者、问题、名称、通讯者的重要程度和问题之间的联系排列。

案卷的排列顺序确定以后,即可依次编卷号,以固定各卷的排列位置。卷号一经编定,不宜再作改动。但卷号的编排方法与案卷目录(或移交目录)的编制方法有直接关系。

案卷目录需编制一式二份或三份,一份存文书部门,另一份或二份交档案室。

案卷目录的组成部分有封面、目次、案卷目录表和备考表。

封面应填注机关名称、案卷目录号、目录中档案的起止年代。因为是分开保管期限编制的,所以在封面上还应注明"保管期限"一项。

目次标明每年度的案卷在该案卷目录中所在的页码。

案卷目录表是案卷目录的主体部分,其项目有顺序号、案卷标题、起止日期、卷内文件页数、保管期限、备注。顺序号是案卷的编号,通常称作"案卷号",也简称"卷号";案卷标题必须与案卷封面上的标题一致,不能随意改动和缩减;起止日期是指卷内最早的文件日期与最迟的文件日期;卷内文件页数是指卷内文件实有的页数;备注用来说明个别案卷的某些特殊情况(如案卷的移出、销毁和卷内文件数量的增减等)。

备考表附在全部案卷目录之后,带有总结性地记载案卷目录的基本情况,如案卷数量、目录张数、编制日期以及案卷移出、销毁、损坏情况说明等。

三、文件级整理方法

文件级整理方法是指将归档文件以"件"为单位进行装订、分类、排列、编号、编目、装盒,使之有序化的过程。

以"件"为单位进行文件整理,是文件工作和档案工作的一项重大改革,是对传统文件整理立卷工作的否定。比之于传统的立卷方法,新的整理方法不需要考虑文件材料的"六个特征",不必进行组卷、拟写案卷标题、编制案卷目录及案卷装订等项工作,也无须顾及案卷的厚薄,节省了诸如对归档文件的具体内容进行综合、分析的技术劳动,适应了计算机管理的需要。由于"案卷"概念的消失,简化了归档文件整理工作的程序,大大提高了工作效率,符合经济、高效的原则。

《归档文件整理规则》(简称《规则》)是国家档案局于 2000 年 12 月 6 日发布,2001 年 1 月 1 日正式实施的。由于《规则》属于行业推荐标准,只能调整、规范 2001 年以后的文件整理行为,对 2001 年以前的文件整理行为不具有约束力。因此,对 2001 年以前整理好的案卷,只要整理方法及规则符合当时的标准,有规可循,有目可查,就应保持原有的整理体系,不必拆卷重新整理。如果对已经整理好的案卷推倒重来,既不利于档案保护,又浪费了人力、物力资源,违背了经济、高效的原则。

同时,归档文件的整理方法由卷改为件,不只是整理形式上的变化,它需要一系列的业务标准、规范、制度、措施与之配合,如文件材料归档制度的修订与更新、计算机软硬件设施的配备,全宗内分类方案的调整以及编号方法的变革等。各机关单位在实施新的整理方法时应事先做好以上工作。此外,还要注意加强与当地档案主管部门以及档案馆的联系,争取其多给予业务上的指导,少走弯路,并随时研究工作中出现的新情况、新问题,使各项制度与措施逐步完善起来。

(一)装订

立卷改革取消了案卷这一实体保管单位,将归档文件整理的基本单位还原到文件本身,就是以"件"为整理单位,进行文件级整理,从而达到简化概念、简化操作的目的。

"件",一般以每份文件为一件。文件的正本与底稿为一件;正文与附件为一件;正文与文件处理单为一件;复制件与原件为一件;转发文与被转发文为一件;报表、图册、名册等按本来的装订方式一册或一本为一件;来文与复文可作为一件,也可分别为一件。

以上对"件"的概念的界定,说得明白具体,使人一看就懂,也便于掌握。把"件"作为归档文件整理的基本单位,是从检索的实际需要及减轻立卷工作量出发的。只有理解和掌握了"件"的概念,在实际进行文件整理时,就可以将文件按"件"装订,然后再进行后续程序的工作。

文件在装订前必须进行修整。文件修整一般包括对破损文件进行修裱,对字迹模糊或易褪变的文件进行复制,去除文件上易锈蚀的金属物,对过大的文件进行折叠等。

归档文件材料修整完毕,对它们进行排序后,要使用符合档案保管要求的装订材料重新加以装订,以从实体上最终确定"件"的形态,同时也可以起到固定文件页次,防止文件张页丢失,便于归档后保管和利用的作用。

一般来说,采用左上角装订的,应将左、上侧对齐;采用左侧装订的应将左、下侧对齐。

装订方式可采取传统的线装,也可采用不锈钢订书钉装订,或用糨糊、胶水粘贴。

(二)分类

分类是归档文件整理的重要环节。合理选择分类方法,在很大程度上决定了分类的质量。文件的分类方法很多,《规则》规定选择年度、组织机构(问题)和保管期限作为通用的分类方法。文件分类的具体方法和步骤前面已经说明。

应特别注意《规则》中分类的以下变化:

1. 取消原来"针对年度"归类的做法,统一按文件"成文时间"判定文件所属年度。

2.提出“机构(问题)”两种形式的分类法,但不能同时采用,应根据归档文件实际情况选择其中一种方法。

3.明确提出将保管期限作为一种分类标准,不限年度、保管期限、机构(问题)在组合成复式分类法时的先后顺序。规定年度、保管期限是必选项,机构(问题)可作为选择项。

(三)排列

归档文件的排列,是指在分类方案的最低一级类目内,根据一定的方法确定归档文件先后次序的过程。

《规则》指出:“归档文件应在分类方案的最低一级类目内,按事由结合时间、重要程度等排列。会议文件、统计报表等成套性文件可集中排列。”这里说的“最低一级类目”是指分类时所确定的类目体系中设在最低层次的一级类目,例如按照“年度—机构—保管期限”分类的,“保管期限”就是最低一级类目。“事由”是指一件具体的事,或一个具体的问题,或一段较紧密的工作过程。一项工程、一次活动、一次会议,均可分别视为一个事由。对归档文件按事由进行排列,遵循了文件形成的客观规律,能够保持文件之间的有机联系,使归档文件进一步系统化,充分体现了文件的价值,便于检索和利用。

归档文件按事由结合时间、重要程度排列的具体方法有:

1.对同一事由的归档文件,即一个作者、一个问题的文件,可按文件形成时间的先后排列,或者按文件的重要程度排列。

2.对不同事由的归档文件,可采用以下方法排列:

(1)按不同事由形成时间的先后排列。所谓事由的形成时间,即事由的办结时间,这种方法只要求将不同事由的文件,按其办结时间的先后顺序排列就可以了,而不考虑其他因素。这种方法比较容易掌握,一般适用于“随办随归”的机关。

(2)按事由的重要程度排列。将主要职能或重要活动形成的文件材料排在前面,其他工作形成的文件材料排在后面,或将综合性工作的文件排在前面,具体业务工作的文件排在后面。会议文件可将会议通知、开幕词、闭幕词、工作报告、代表提案、大会决定等重要文件排在前面,其他文件排在后面。综合性文件可将计划、总结、规章、领导讲话等排在前面,其他材料排在后面。

3.对具有保存价值,但因故没有及时归档的零散文件,其排列方法是:可将零散文件排列在相应类别归档文件的最后或与相关的某件归档文件装成一件，然后在归档文件目录备注栏或备考表中加以说明。不过，这种情况在实际整理工作中应当尽力避免。

（四）编号

归档文件编号是指将归档文件在全宗中的位置标识为符号，并以归档章的形式在归档文件上注明。

编号的目的之一是固定归档文件在全宗中的位置。“编号”是包括全宗号、年度、保管期限、机构或问题、件号等分类、排列要素在内的一组数字和字符的集合，统称编号项目。

编号项目可分为必备项目和选择项目。

必备项目包括全宗号、年度、保管期限和件号等。全宗号是档案馆对其接收范围内各立档单位所编制的代号；年度指归档文件的形成年度；保管期限是指整理归档文件时按照保管期限表划定的保管期限，分永久、30 年、10 年；件号即归档文件的排列顺序号，包括室编件号和馆编件号；页数是指一份文件的总页数；盒号指档案盒的排列顺序号。

选择项目主要指机构或问题等。

编号项目确定后，要以归档章的形式逐件标识在每一件归档文件上。归档章的项目设置与编号项目相同。需要注意的是：

1. 填写归档章项目的字迹材料要符合档案保护要求，采用耐久性字迹材料。

2. 加盖归档章及填写相关项目的时间一般须在归档文件编号后。

3. 归档章一般加盖在归档文件首页上方空白处。

（五）编目

编目是指编制归档文件目录。

归档文件目录的项目包括件号、责任者、文号、题名、日期、页数和备注等。

件号是指室编件号。

责任者是指制发文件的组织或个人。

文号即发文的字号，一般由机关代字、年度、顺序号组成。

题名即文件标题，由责任者、问题、文种三个部分组成。

日期即文件的形成时间。

页数指一份文件的总页数。

备注主要用于填写归档文件需要补充和说明的情况。

填写归档文件目录时应使用符合档案保护要求的字迹材料。

归档文件目录应单独装订成册,并编制封面。

(六)装盒

装盒时需要注意的几个问题:

1.归档文件要按件号的先后顺序装入档案盒。

2.归档文件目录、备考表、档案盒封面及盒脊项目要填写清楚、规范,字迹材料要符合要求。

3.同一事由的归档文件尽量装在同一盒内。

4.不同年度、不同保管期限的归档文件不能放入同一档案盒。

5.档案盒应采用无酸纸制作。

第三节　文件的归档

所谓“归档”,是指文件在机关工作中处理完毕,其中有保存价值的,由文件部门或文件工作人员按一定的原则和方法进行整理后,按归档制度向档案室移交的工作。简单说,归档就是归入档案保存。

根据国家的有关规定,我国的档案实行集中统一管理的原则,各个机关均应建立归档制度,任何人不得私自保存与销毁文件,这样才能保证档案的完整与安全。

归档制度的内容包括归档范围、归档时间和归档的质量要求。

1.归档范围。

归档范围,也就是前面所讲过的文件立卷的范围,即凡属立卷范围的文件,一律归档;不属于立卷归档范围的,在立卷前剔除,剔除的文件材料经机关领导批准后方可销毁。

2.归档时间。

即向档案室移交的时间。文件部门或业务部门一般应在第二年上半年向档案室移交。一些专门性文件或驻地分散的个别业务单位的文件,为了便于日常应用亦可另定切合实际的归档时间。

3.归档的质量要求。

(1)归档文件系统性方面的要求是,遵循文件材料的形成规律和特点,保持文件材料之间的有机联系,区分不同价值,便于保管和利用。其中,党政文件应分别整理;文件和电报应按其内容联系统一整理;绝密文件和电报应单独整理;不同保管期限的文件一般应分别整理。(2)归档文件技术加工方面的要求是,封面、目录和备考表的各个项目应填写清楚,特别是案卷题名要确切简明;要注明归档文件的保管期限;文件要排列有序并进行编号。

第七章　文件的档案管理阶段

第一节　档案概论

一、档案的定义

目前国内外对档案的定义有许多不同的表述。正如美国著名档案学者T·R·谢伦伯格在其《现代档案——原则与技术》一书中所指出的："'档案'一词显然并没有一个不可更动而必须优先采用的、最终的、最完备的定义。它的定义可以在不同的国家作不同的修改，以适应不同的需要。被采纳的定义都应该提供一个基础，使档案工作者能够在这个基础上有效地应付他们为之服务的政府所产生的各种材料。"目前，我国对档案的一般定义可以表述为：

档案是机关、组织和个人在社会活动中直接形成的，保存备查的文字、图像、声音及其他各种形式的历史记录。

这一定义的基本含义有四个方面：

1. 档案是各机关、组织和个人在其特定的社会活动中形成的。

档案是各机关、组织和个人在其自身的活动中形成的。档案的形成者大致上可以概括为三种类型：一是官方性质的各种机关；二是半官方或非官方的各种社会组织（社会团体、宗教组织、公司等）；三是一定的个人（著名人物、著名家庭和家族）。这三种类型的形成者，既包括法律意义上的法人，又包括自然人。档案又是来源于形成者特定的实践活动。机关、组织和个人在其实践活动中，为了相互交往，上传下达和记录事情，必然产生和使用许多文件。

日后经过整理保存起来，就成为档案。丰富的社会实践活动，决定了档案来源和内容的广泛性，一定来源和内容的档案又具有内在的联系性。

2.档案是保存备查的历史文件。

“文件”一词有广义和狭义的理解。广义的“文件”，不仅指常规的机关文件，还包括技术文件、文艺手稿及其他各种文件材料。

档案是由文件转化而来的，然而，文件转化为档案是有条件的，不是所有文件全都需要和可能成为档案。文件转化为档案一般需要具备三个条件：

(1)办理完毕(或叫处理完毕)的文件才能成为档案。正在承办中的文件不是档案，文件具有现行的效用，档案一般是完成了现行使命而保留备查的历史文件。所谓办理完毕是相对而言的，主要是指完成了文件处理程序，不能理解为一切文件都要把文中所说的事情全部办完才算“办理完毕”。从这个意义上说，文件是档案的前身，档案是文件的归宿。

(2)对日后实际工作和科学研究等活动具有一定查考利用价值的文件，才有必要作为档案保存。办理完毕的文件，一部分随着现行功能的结束因失去存在的社会价值而被淘汰，另一部分则因仍有查考价值而被选留起来成为档案。从这个意义上说，文件是档案的基础，档案是文件的精华。

(3)按照一定的规律保存起来的文件，才能最后成为档案。只有将办理完毕的文件按照一定的程序和条理集中保管起来，它们才能转化为档案。从这个意义上说，文件是档案的因素，档案是文件的组合。

3.档案的形式是多种多样的。

档案的形式基本上包括两个方面：档案信息的载体形式，档案信息内容的记录方式。从档案信息的载体形式看，有龟甲兽骨、竹木板片、金石、贝叶、缣帛、纸张、磁带、磁盘、胶片等。从档案信息的记录方式看也是各种各样的，它大致可以分为两个层次：(1)记录信息的方式很多，就其基本方法来看可归纳为三种，即文字的、图像的、声音的；就其具体的载录方法来看，有手写、刀刻、印刷、晒制、摄影、录音、录像等多种。(2)传达信息的文体表达方式也相当繁多，如管理性文件中就有法律、条例、章程、决定、决议、命令、通知、通报、请示、报告、会议记录、协议书、合同等各种形式，科技文件中有零件图、总图、平面图、剖面图、竣工图、设计任务书、技术任务书等多种类型。需要指出的是，档案的形式也可分为外部形式和内部形式两种，外部形式包括载体形式和记录信息的方式，内部形式是指信息的文体表达方式。

4.档案是历史的原始记录。

档案是历史的原始记录，或说原始的历史记录，这是档案的本质属性。档案不同于一般的历史遗物，它是以具体内容反映其形成者特定活动的历史记录物，具有很强的记录性；档案不同于一般的文献资料，它是特定的形成者在当时当地直接使用的原始文件的转化物，不是事后编写或随意收集的材料，因而具有原始性的特点。社会上的信息资料种类繁多，具有原始性或记录性的材料也不乏其物，档案则以兼具原始性和记录性的特点，区别于其他图书文献资料。

值得说明的是，《中华人民共和国档案法》第二条规定："本法所称的档案，是指过去和现在的国家机构、社会组织以及个人从事政治、军事、经济、科学、技术、文化、宗教等活动直接形成的对国家和社会有保存价值的各种文字、图表、声像等不同形式的历史记录。"这一条款从法律上明确了国家管理档案的范围，专指"对国家和社会有保存价值的档案"。它概括了档案定义的基本要素，揭示了档案的本质属性，具有档案定义的性质，但它不完全等同于档案的一般定义。即使不属于国家直接管理的并非对国家和社会有保存价值的档案，也是档案。否则，便把事实上存在的某些档案排除在档案范围之外。

二、档案的一般属性

档案有与其他文献资料不同的本质属性，又有与其他文献资料共同的一般属性。档案的知识属性和信息属性，就是档案一般属性的重要表现。

（一）档案是贮存和传播知识的一种形式

档案是人类认识和改造世界的智慧的结晶，它记载了人们社会实践活动中大量有知识价值的事实、数据、成果和理论。这些饱含古今政治、经济、科学、文化等各种知识的材料，是由个人、机关、单位以至整个国家逐步积累起来的，所以档案是贮存知识的一种重要手段，成为历史知识的宝库。在人类社会文明的发展史中，如果没有档案，便失去了连续地、全面地直接记录和积累知识的原载体。

档案不仅有贮存知识的功能，当它被人们利用时还可以发挥传播知识的功能。它的知识传播功能不但有空间扩散性，而且有历史的延续性，它可以将人类知识世代相传，使之连绵不断。从古代史官守藏档案，他们的知识子孙相传，到打破“学在官府”制度，将档案中积累的知识在民间传播，以至在近现代文化科学技术发展中对档案文献的广泛利用，都证明档案是人们获取知识的重要途径之一。因此，学术界有专家说档案是“历史文明之母”“文化之母”。

（二）档案是一种重要的信息资源

任何档案中都承载着一定的信息，档案是一种重要的信息资源。档案信息作为信息家族中的一员，具有信息的一般属性，如可扩充性、可压缩性、可替代性、可传输性、可扩散性、可共享性等，同时档案信息又具有自身的某些特性，主要表现为原始性和回溯性。

1. 档案信息的原始性。按照信息的特征和机能，信息可分为原始信息和加工信息。档案是人们当时社会活动的原始记录，它与图书、资料等其他信息相比，具有显著的原始性特征。档案信息的这种原始性，使它具备了一种其他信息形式无法替代的证据作用，从而获得了珍贵的价值。

2. 档案信息的回溯性。从文件到档案的转化是有一个过程的，因此档案信息与其所反映的社会活动内容及该项活动的真实过程必然有一定的时间距离，使档案信息具备了回溯性的特征。档案信息的这种回溯性特征，使之成为贯通古今的信息流，不但成了今人了解过去、后人了解今人的中介，而且又是为现实服务和预测未来的系统的信息。

三、档案的作用和价值

（一）档案的一般作用

人类社会的历史是延续的，生产和科学研究活动都具有一定的继承性。人们在各种社会活动中，需要查考过去的工作与生产情况，研究事物的发展规律，继承已有的成果，那么档案就具备查考利用的价值，具有广泛的社会作用。

档案的一般作用具体表现在以下几个方面：

1. 行政管理的查考凭据。档案记录了各种机关、单位过去活动的状况，其中包括行使行政职权的法律依据，处理行政事务的过程与结果以及管理活动的经验教训，它是机关、单位连续工作必须查考的凭据。

2.生产建设的参考依据。档案中记载了各种生产活动的情况、成果、经验和教训。从自然资源、生产手段到生产过程以及计划管理和生产技术等各方面的信息，可以作为工农业生产和经济管理的科学依据和参考材料。当今日益增多的科学技术档案，更是进行现代化生产管理和科学技术管理的重要条件。

3.政治斗争的必要工具。档案中记载了社会、阶级、政治、法律等各方面的状况，这些原始材料，历来都成为阶级统治和进行各种政治斗争的工具。

4.科学研究的可靠资料。无论是自然科学，还是社会科学、思维科学的研究，都必须详细地占有材料，才能据以潜心研究，探索事物发展的规律。档案记录了前人的研究成果和历史史实，可以为科学研究提供丰富的历史资料，是科学研究的必要条件。至于编史修志，更必须以大量的档案作为依据，才能准确地阐明历史事件，科学地总结历史发展的规律。

5.宣传教育的生动素材。档案翔实地记录了人们同自然和社会反动势力作斗争的英雄业绩和反动势力的罪恶事实。利用档案写回忆录、著书立说、演讲报告、进行文艺创作、举办各种展览等宣传教育活动，都富有强烈的说服力和感染力。

6.维护国家、集体和个人权益的法律书证。档案能够以其内容、涵义和外形特征如实地说明历史上的某些事实，作为证实国家、集体和个人正当利益的书面文件。

（二）档案的基本价值

档案的具体作用是多方面的，而就其诸多作用的性质来说，概括起来有两个方面：一是凭证作用，二是参考作用，或称情报作用。因为这是档案作用的主要特点和档案价值的基本结构，所以也称为档案的基本价值。

1.档案的凭证价值。

档案是历史的原始记录，决定了档案是历史的真凭实证。档案的这种凭证作用，构成了档案的凭证价值，它是档案不同于和优于其他各种资料的作用之最基本的特点。

档案之所以具有凭证价值，是由档案的形成规律和档案自身的特点所决定的。首先，从档案形成的过程及其结果来看，它是从当时当事直接使用的文件转化而来的，并非在现今使用之际临时编造的，它客观地记录了以往的历史情况，是令人信服的历史证据。其次，从档案本身的物体形态上看，文件上保留着真切的历史标记。如当事人的亲笔手书或亲笔签字，机关或个人的印信，有的还是原来形象的照片、录像和原声的录音。所以，档案是确凿的原始材料和历史证件，它可以成为查考、研究、争辩和处理问题的依据，可以作为对敌斗争和教育人民的工具。

2.档案的情报价值。

档案不但记录了历史活动的事实经过，而且记录了人们在各种活动中的思想发展、生产技术和政治斗争的经验教训以及科学研究和文化艺术中的创作成果等。因此，它对于人们查考以往情况，掌握历史材料，研究有关事物的发展规律，批判地继承历史遗产，具有广泛的参考作用。档案这种可靠的广泛的参考作用，构成了档案的情报价值。

（三）对档案真实性和可靠性的辩证理解

档案是历史的原始凭证和可靠的参考材料，所以人们把档案称做是真实的历史记录。这是从大量的实践中得出的理性认识。但应该指出的是，对档案的真实性和可靠性，要辩证地理解。

从总体上说，档案在反映历史活动的客观过程方面是真实的，在反映史实内容方面也较其他资料可靠。但从具体的档案材料来说，由于人们认识水平的局限性和政治斗争的复杂性，以及其他各种原因，有些档案所记述的内容并不完全符合客观实际与历史事实，有的甚至是歪曲和诬陷。然而，档案是历史上形成的，即使内容不够真实，它还是表达了当事人的意图，留下了当事人行为的痕迹，反映了当时的历史情况，就此而言，档案仍不失为真实的历史记录，仍然是有用的，因为档案是可以从正反两个方面进行研究和利用的。由此可见，我们必须坚持辩证唯物主义和历史唯物主义的观点，既要辩证地看待档案的真实性和可靠性，又不能因为某些档案内容不真实或有问题，就把档案销毁掉，也不能认为档案内容有错误，就用现实的观点去加以“改造”。对内容有问题的档案，必要时应以卷内备考表或其他形式另外加以说明。总之，档案形成的真实性，并不等于档案在反映社会史实真相上的真实性；档案的可靠性，就是要从档案形成的真实性与档案内容的真实性的相互关系中去考察。

四、档案价值实现的规律性

档案的价值是客观存在的，档案价值的实现也有一定的规律可循。研究和掌握档案价值实现的规律性，有助于科学地组织档案工作和进行业务处理，充分发挥档案的作用。

（一）档案价值的扩展律

对于大部分档案来说，档案的价值是可以扩大和发展的，它的扩展也有一定的规律性。档案价值的扩展主要表现为两种形式：

1.因档案价值主体的扩展而导致的档案价值扩展。

这是指随着时间的推移，可能与档案发生关系的人群逐渐扩大，档案利用者需求的范围呈拓宽趋势，由此导致档案价值的扩展。

造成档案价值主体扩展的主要原因有：

(1)档案的作用从形成机关扩展到全社会。

根据档案形成规律，档案形成以后在一段时期内，作为机关工作和生产的必要条件，它发挥作用的对象主要是本机关(包括各类企事业单位)。档案对于档案形成者的这种首要作用，构成了档案的第一价值。经过一段时间，档案作为一种社会财富，其长远价值和全面作用会突破形成机关的范围，而使社会各个方面的利用需求突出出来，利用者的范围从档案形成机关扩展到全社会。档案对于档案形成者之外的这种社会作用，构成了档案的第二价值。

(2)档案机密程度的递减。

档案因为具有一定的机密性，所以就存在着保密的问题。所谓保密，就是限制利用，档案的保密程度实质上就是档案准许利用的范围和利用程度的问题。档案的机密性不是一成不变的，它随着时间的推移和条件的变化而变化，有的档案在若干年后仍有机密性，有的降低了机密程度，有的则失去了机密性，但档案机密程度的逐渐减低是一种规律性的趋向。一般来说，档案机密程度的强弱与保存时间的久暂成反比。档案机密性的逐渐减弱，意味着档案的社会性相应地增强，对档案利用的限制逐渐放宽，档案利用者的范围得到扩大，解密的档案还可以向社会开放，从而使档案的价值得到更广泛的实现。

2.因档案作用性质的扩展而导致的档案价值扩展。

随着时间的推移和条件的变化,不但利用者的范围得以扩大,而且档案的作用性质也会发生变化,呈现出档案价值的多元性特征。

一般来说,档案形成之初主要发挥行政或业务方面的作用,但随着时间的推移,档案与现行事务的联系越来越少,档案的作用从单纯的行政或业务方面的查考扩展到科学、文化、教育等各个方面。具体说,档案作用性质的扩展表现为,档案不仅可以用于与其相应的活动,如行政档案用于行政工作查考,基建档案用于房屋维修等,还可以发挥多种作用,有些甚至超出档案形成者的预想,如行政管理活动中形成的档案可为人口学研究提供微观数据,技术图纸可作为边界谈判等政治斗争的证据等等,从而增加了档案价值实现的领域、形式与可能性。

了解档案价值扩展律,对于处理好档案管理中当前与长远、局部与整体、保密与开放的关系具有科学的指导意义。具体表现为:一是有利于正确认识单位档案室与国家档案馆的服务方向和职能定位,档案室一方面要服务于本单位,促进档案第一价值的实现,同时要积极积累具有长远利用价值的档案,为档案第二价值的实现创造条件;国家档案馆要采取各种措施,扩大服务范围,促进档案价值的扩展。二是有利于确定合理的档案的归档、移交时间,建立合理的馆藏结构,以适应不同时期档案价值实现的特点和要求。三是有利于在档案鉴定工作中以全面的历史的发展的观点来分析档案的价值,避免片面性。四是有利于坚持正确的保密观念,对具有保密要求的档案采取相应的保密措施,同时制定和实施降密、解密制度,根据实际情况的变化适时调整档案密级,扩大利用范围。五是有利于树立服务观念,依法积极开放档案,并通过研究不同时期档案的作用领域,适时推进档案价值的合理扩展,最大限度地开发档案信息资源,为社会各方面服务。

(二)档案价值的时效律

档案价值的时效性是指档案对社会的有用性是有时限的,某些档案在一定时期内对利用者是有价值的,超过这个时间限制后则降低或丧失了价值。档案价值的时效性主要表现在两个方面:

1.档案与利用者需求的时效性。

不同种类档案的时效性有不同的特点。文书档案的时效期通常取决于人们对其记录内容的认知和需求程度,有一定的不确定性、弹性或跨度,其中一些类型档案的时效性比较明确，如一般事务性通知在通知事项被执行后其作用基本消失，合同、协议类文件的时效性与其有效期直接相关等；科技档案的时效期因其门类有所不同，如天文、水文、勘测、气象等类档案积累越多越容易找出其中的规律，因而时效期长；而相当一部分工程技术档案的时效期与其记录和反映的实体（如某一建筑物、构筑物、设备等）寿命是直接相关的，如果实体对象一旦报废或不复存在，这些档案的凭证价值就大大降低甚至消失了，其所含的科技情报价值也会因科技的飞速进步而快速降低甚至微不足道。

利用者的某些需求也具有时效性。如果档案不能适时满足利用者的这些需求，那么有些档案价值就会失效，或变得毫无意义。如人们需要利用某些档案信息进行决策、判断而未能获得，一旦作出错误决断，有些后果是难以挽救的，这些本来可资为凭的档案也就错过了实现凭证价值的时机。

2. 档案价值形态的时效性。

从档案价值扩展律可知，档案对于利用者有多方面的作用，因而具有各种不同的价值形态。而这些作用往往是在不同的时间段中发挥出来的。如档案形成之初以行政、业务作用为主，以后逐渐转向科学、文化等其他作用，不同作用的此消彼长说明档案在不同的时间内可与不同的利用者需求形成不同的价值，社会政治、经济、文化状况对于不同形态档案价值的实现也具有直接的影响。因此，我们在了解这种变化趋势的同时，也应把握变化的时间和阶段性，以防错失某些价值实现的最佳时机。如文书档案中一些反映行政和业务管理活动的原始记录，如果及时加以整理研究，也许可以从中总结出不少经验教训，供现实工作借鉴，但如果等到几十年后再去研究，它的资治作用已基本消失，剩下的主要是史料作用了。

了解档案价值时效律，有利于我们以辩证的思维认识时间对于档案价值的影响，正确地判断不同档案的时效性，不失时机地开发档案信息资源，积极地提供利用，防止本应被适时利用的档案因提供过晚而丧失部分或全部价值。

（三）档案价值的条件律

档案在日常存放的静态中其价值是潜在的，档案的潜在价值只有在利用过程中它参与了社会实践活动才能转化为现实价值。可见，档案利用活动是档案价值实现的必要条件。但档案利用活动的可能性、广泛性及其效果取决于一定的条件。这些条件涉及的因素很多，主要有以下三个方面：

1. 社会环境。

社会制度和国家有关法规、政策、政治经济形势等对于档案利用需求和档案部门可能提供档案的程度有很大的制约作用，从而对档案价值的实现具有直接的影响。

2. 社会档案意识。

人们对档案的认识水平以及社会上对档案的普遍认识程度可称为“社会档案意识”。社会对档案的需求程度和档案部门能够满足社会需求的程度都与社会档案意识密切相关。社会档案意识对于档案价值实现的影响主要表现在三个方面：档案利用需求、档案利用政策和档案服务观念。在社会档案意识较强的地区和单位，档案需求较大，档案利用政策明确，档案价值作用发挥的就较好；反之，档案价值作用就很难得到实现。

3. 档案管理水平。

档案管理水平的高低，直接影响到档案部门提供档案服务满足社会需求的能力以及利用者获取所需档案信息的可能性。因此，不断提高档案的科学管理水平，深入开发档案信息资源，提供优质高效的利用服务，是促进档案价值实现的重要条件。

五、国家档案全宗

（一）国家档案全宗的概念及实质

国家档案全宗，在我国又称国家全部档案。它的基本含义是：归国家所有的、由国家统一管理的一切档案财富的总和。它包括一个国家的各个历史时期、各个机关、社会组织和著名人物形成的各种内容、形式和载体的档案材料。

所谓“国家档案全宗”，不只是个数量概念，不仅仅表示国家的全部档案总共有哪些的意思。它的实质是档案的所有权和档案的管理原则的问题。在我国，《中华人民共和国档案法实施办法》将档案所有权划分为国家所有、集体所有、个人所有和非国家所有。全民所有制性质的机关、团体、企事业单位所形成的档案属于国家所有；集体或个人所有的档案在必要、自愿和合法的基础上，可以通过向档案馆捐赠、出售等途径，将档案所有权转让给国家。

属于集体和个人所有的具有保密或一定价值的档案，必须妥善保管。对于保管条件恶劣，或者其他原因被认为有可能导致档案严重损毁或不安全时，国家档案行政管理机构有权采取保护措施。因此，国家档案全宗里也包括一部分原为集体或个人所有的档案。属于国家档案全宗内的档案，必须根据国家档案工作制度的规定，由国家统一管理。

（二）我国国家档案全宗的基本构成

根据党和国家有关文件的规定，我国国家档案全宗的基本构成，按历史时期划分为两大部分：

1. 中华人民共和国成立后的档案。包括成立以来党和国家的中央及地方的各级机关、部队、团体、企事业单位的档案，以及由国家征集或个人捐赠的某些著名人物的档案。它是我国国家档案全宗中最完整的、还在不断产生的、主要的组成部分。

2. 中华人民共和国成立前的档案。这部分档案，按其所属的政权性质大致划分为革命政权档案和旧政权档案两种类型：(1)革命政权档案，也称革命历史档案，是我国新民主主义革命时期档案的简称。它主要是 1919 年五四运动到 1949 年新中国成立以前整个新民主主义革命时期内，中国共产党及其领导的人民政权、军队、企事业单位、青年团和其他革命团体、革命活动家所形成的档案。(2)旧政权档案。它包括中华人民共和国成立以前，历代王朝、中华民国、北洋军阀和日伪政权时期所有的机关、军队、企事业单位和反动党、团、会道门的档案，以及一般社会团体、私营企业、私立学校，为国家所接收的外国在华的侵略性机关、团体、企事业单位的档案。

（三）我国国家档案全宗内档案的多元分类

档案分类，就是依据一定的标准，按照档案来源、时间、内容和形式特征的异同点，对档案进行有层次的区分，并组成一定的体系。

对于我国国家档案全宗内所有的档案，除上述按历史时期划分为两大类以外，还可以从不同角度进行多元分类，即按照若干不同的标准，对国家档案全宗进行高层次的划分。比较常见的有：

1. 按档案的来源划分，分为机关档案、企业档案、事业单位档案、党派团体档案、名人档案等等。

2. 按档案的内容划分，一种分为普通档案和专门档案。普通档案，即一般所说的文书档案,包括党务档案、政务档案、事务档案等等。专门档案包括科技档案、诉讼档案、人事档案、会计档案、公安档案等等。另一种分为文书档案、科技档案和专门档案。

3.按档案的形成时间划分,分为古代档案、近代档案、现代档案。古代档案和近代档案常被通称为历史档案。

4.按档案的载体形式划分,分为纸质档案和非纸质档案。非纸质档案又可分为影片档案、照片档案、录音档案、录像档案、电子档案等等。

我国国家档案全宗内档案的多元分类,对于档案馆网的建设和档案的收集、整理和利用等工作具有一定的参考价值。

第二节 档案工作概述

一、档案工作的内容和性质

(一)档案工作的内容

档案工作,从广义上说,包括档案管理工作、档案行政管理工作、档案教育工作、档案科学研究工作、档案宣传工作、档案国际交流与合作工作等。通常所说的档案工作,是指档案管理工作,即用科学的原则和方法管理档案,为社会各方面服务的工作。它的内容包括档案的收集、整理、鉴定、保管、检索、利用、编研和统计工作。

1.各机关组织使用的文件,往往是分散形成的,数量也很多;而机关组织和社会上利用档案,则要求一定的集中。为了解决文件形成后的分散状态和利用要求集中的矛盾,就需要将分散的文件经过挑选集中保存起来,这就形成了档案的收集工作。

2.收集起来的档案数量很大,成分复杂,如果不加以条理化,它们还是相对零乱的材料;而档案的日常管理和实际利用,则需要的是系统化、条理化的档案。为了解决档案的零乱状态与系统管理及查找利用的矛盾,就需要对这些档案进行分门别类,逐步条理化,这就形成了档案的整理工作。

3. 随着时间的推移，社会实践的继续和各项工作的发展，档案的数量日益增多，档案在保存了一定时间后，有些档案失去了保存价值，有些档案仍需保存，致使库存档案庞杂起来；而人们实际利用的是那些有价值的档案。为了解决档案庞杂和实际利用只需要有价值的档案的矛盾，就必须对档案进行审查鉴别工作，将失去价值的档案剔除销毁，这就形成了档案的鉴定工作。

4. 由于自然的和社会的各种因素，档案总是处于渐变性的自毁过程，或者可能遭到水、火、地震、战争等突变性破坏；而社会利用的需要，则要求长久地拥有完好的档案。为了解决档案的不断损毁与需要长远利用的矛盾，就必须采取各种保护措施防止和延缓档案遭受损毁，尽量延长档案的寿命，保证档案的完整和安全，这就形成了档案的保管工作。

5. 数量庞大的档案，通常是根据它的形成规律，按照基本的体系整理和存放的；而社会利用档案的需要是具体的、特定的和多种多样的。为了解决浩瀚的档案和利用者的特定需求之间的矛盾，推动着人们从不同角度采用各种方法来揭示档案的内容和成分，编制各种检索工具，这就形成了档案的检索工作。

6. 档案工作的目的是为了提供利用，而收集、整理、鉴定、保管、检索等工作，只是为提供利用奠定了基础和可能性。为了使可能性变成现实性，满足社会利用档案的各种需要，就要通过各种方式和方法实际地提供档案为利用者服务，这就形成了档案的提供利用工作。

7. 利用者来档案馆、室利用档案，受到利用地点和范围的限制，影响了档案作用的充分发挥；同时，利用中往往形成你要我找，要什么提供什么的被动局面，而且提供的档案材料多是分散的、零碎的，很不系统。而社会上需要的是集中的、系统的档案材料。为了做到主动的系统的服务，就需要编辑、公布、出版档案材料，在更大的范围内发挥档案的作用，这就形成了档案的编研工作。

8. 在档案管理过程中，如果只进行了收集、整理和提供利用等工作，那么，对档案的基本情况还可能处于不完全清楚的状态；科学地管理档案，还需要对档案及其有关情况进行全面调查了解，做到“胸中有数”。为了解决数量不清的状态与客观要求需要胸中有数的矛盾，就必须对档案工作的各个环节及有关情况，进行定量观察统计和分析研究，这就形成了档案的统计工作。

从档案工作各个环节的作用中，可以看出它们之间一种最基本的关系：档案的收集、整理、鉴定、保管、检索、统计等各个环节都是为档案提供利用创造条件的，因而它们都属于基础工作范畴；档案的提供利用和编研是直接发挥档案作用的工作，它们属于利用工作范畴。这样，整个档案工作的内容可以划分为两个方面，即基础工作和利用工作。基础工作为利用工作提供物质基础，创造工作条件，没有基础工作便无法开展利用工作；利用工作直接体现档案工作的目的和方向，它既反映基础工作的成果，也向基础工作提出要求，没有利用工作，基础工作则失去存在的意义和工作目标。

（二）档案工作的性质

档案工作就其基本性质来说，可以概括为管理性、服务性和政治性。

1.档案工作是一项管理性的工作。

(1)档案工作是负责管理档案的一项专门业务。档案工作从宏观上讲，就是要管理好全国的档案工作，为社会各方面服务；从微观上讲，就是要管理好一个单位的档案，为本单位各项工作服务。所以，档案工作确切地说是档案管理工作，它有特定的工作对象和整套管理档案的原则和方法。

(2)档案工作在一定的机关单位，是机关单位工作的组成部分。机关单位的档案工作，具有双重性：一方面它是国家档案事业的组成部分，另一方面又是某种管理工作的组成部分。例如，人事管理离不开人事档案工作，财务管理离不开会计档案工作，人事档案工作和会计档案工作分别是人事管理和财务管理的一个重要组成部分。

(3)档案工作是专门管理档案的科学性工作。它不仅仅是对档案的一般管理，还用一整套科学的理论原则和技术方法管理档案，对繁杂的档案进行研究、考证、系统管理；它不仅仅是对档案实体的管理，还需要对档案信息进行管理，并开发利用。

2.档案工作是一项服务性的工作。

档案部门管理档案是为了满足社会对档案利用的需要。档案工作虽然也是一项研究性的工作，但是档案部门研究档案、进行编著等活动，其目的还是为了更好地适应各界的利用需要，为党和国家各项工作准备资料。因此，档案工作属于资料后勤性的服务工作，它是其他各项工作的条件。服务性不是贬低档案工作的重要性，而恰恰反映了它的社会地位和作用。档案工作的服务性是档案工作赖以存在和发展的基础。

3.档案工作是一项政治性的工作。

(1)档案工作的服务方向是档案工作政治性的集中表现。档案工作历来都为一定的阶级所掌握，为一定的社会制度和一定的路线、政策服务。

（2）档案工作的机要性也是档案工作政治性的表现之一。因为一个国家的档案，记载了这个国家的政治、经济、军事和科学技术等各方面的情况，其中许多内容涉及国家利益，是属于机密范畴的。机密档案一旦泄密，就有可能危及国家安全，损害国家利益。因此，对机密档案，要在一定时间和范围内做好保密工作，以保证档案在政治上的安全。

（3）档案工作的政治性还表现在维护档案的真实性方面。档案是历史的见证，所以历来就存在着维护档案的真实性同篡改档案之间的斗争。在历史上和现实社会中，经常有人出于政治目的和种种原因而企图篡改档案，歪曲历史，也有人为捍卫历史真相而据实立档。

二、档案工作的基本原则

目前，我国档案工作的基本原则已用国家法律的形式确定下来，即《中华人民共和国档案法》第五条规定："档案工作实行统一领导、分级管理的原则，维护档案完整与安全，便于社会各方面的利用。"

我国档案工作基本原则的内容结构，由以下二个部分组成：

1. 统一领导、分级管理档案工作。

统一领导、分级管理是我国档案工作的组织原则和管理体制。它包括三个方面的内容：

（1）国家全部档案由各级、各类档案保管机构分别集中管理。

机关、团体、企事业单位形成的档案，均先由各单位设立的档案室集中管理，不得分散保存；各单位形成的已经保存若干年的需要长远保存的档案必须移交到各级、各类档案馆集中管理。

（2）全国档案工作在各级人民政府领导下，由各级档案行政管理机构统一、分级、分专业进行管理。

所谓统一管理，就是由国家档案局对全国档案工作实行全面规划和统筹安排，制定统一的档案法规和业务标准，提出统一的方针政策，实行统一的指导、监督和检查。所谓分级管理，是指全国档案工作由各级档案行政管理机构分层负责地进行管理。各地方档案行政管理机构，可按照国家有关档案工作统一的规定和要求，结合本地区情况，制定本地区的档案工作规划、制度和办法，指导、监督和检查本地区档案工作。所谓分专业管理，是指中央和地方专业主管机关，可按照国家关于档案工作统一的规定和要求，结合本专业系统情况，制定本专业的档案工作规划、制度和办法，指导、监督和检查本系统各单位的档案工作。

(3)实行党政档案和党政档案工作的统一管理。

从1959年起，我国实行党政档案工作统一管理。这是我国档案工作管理体制区别于世界各国的显著特点之一。其内容是：机关的党、政、工、团档案，由机关档案室集中管理；各级党、政机关形成的具有长远保存价值的档案，由中央和地方综合性档案馆集中管理；党的系统、政府系统的档案工作，由档案行政管理机构统一进行指导、监督和检查。

2. 维护档案的完整与安全。

维护档案的完整与安全是档案管理工作最起码、最基本的要求。

(1)维护档案的完整。

档案的完整，包括档案数量的完整和档案质量的完整两个方面。在数量上，要求将所有有保存价值的档案收集齐全，不残缺，能全面反映一个单位、一个系统、一个地区乃至整个国家基本活动的历史面貌；在质量上，要求将收集起来的档案，按照它们的内在联系，系统地整理，组成有机整体，不零乱，能真正系统地反映一个单位、一个系统、一个地区直至整个国家基本活动的历史面貌。

(2)维护档案的安全。

档案的安全，包括档案物质的安全和档案政治的安全两个方面。档案物质安全，就是在档案管理过程中，要求采取一切手段尽量延长档案寿命，不使档案遭到损坏；档案政治安全，就是对机密档案要采取保密措施，不使档案机密泄露出去。

3. 便于社会各方面对档案的利用。

便于社会各方面的利用，这是检验档案工作的主要标准，它体现了档案工作的根本目的。全部档案管理工作，最终都是为了提供档案给社会主义事业的各项工作利用。因此，便于社会各方面利用，便成为档案工作的出发点，并且支配档案工作的全过程。整个档案工作的好坏，也主要应从是否便于利用去验证。

我国档案工作基本原则的三个组成部分，是辩证统一的关系。档案工作实行统一领导、分级管理，维护档案的完整与安全，都是为了便于社会各方面利用档案；要做到便于利用，必须实行统一领导、分级管理和保证档案的完整与安全。从这个意义上说，前两者是手段，后者是目的。没有统一领导、分级管理和档案的完整与安全，就没有便于利用的组织保证和物质基础；离开了便于社会各方面的利用，前两者就失去了意义和方向。

三、档案机构

（一）档案室

档案室是机关（包括团体、企事业单位）统一保存和管理本机关档案的内部机构。

1.档案室的性质。

（1）机关档案室工作，是机关工作的组成部分，是提高行政工作效率的必要条件。统一管理本机关档案和主要为本机关服务，是档案室区别于档案馆的本质特征。

（2）档案室是国家档案事业组织系统中最普遍、最大量、最基层的业务机构，是档案馆工作的基础。档案室肩负有为国家档案馆积累和输送档案文化财富的职责，档案室工作是国家档案工作的基础。

2.档案室的任务。

档案室的基本任务是：集中统一地管理本机关各部门形成的各种门类和载体的全部档案，为本机关各项工作服务，并为党和国家积累档案财富。

档案室的具体任务是：（1）对本机关文书部门或业务部门文件材料的立卷归档工作进行指导和监督；（2）接收和保管本机关各部门交来的档案材料，进行必要的整理、鉴定、统计、编目和研究，积极开展利用工作，同时收藏和管理一些有关的内部书刊等资料，配合档案提供利用；（3）定期把具有长远保存价值的档案向档案馆移交。

3.档案室的类型。

（1）普通档案室。通常也称机关档案室、文书档案室，它是主要管理普通档案（即文书档案）的，即负责管理本机关党、政、工、团组织的档案。

（2）科技档案室。它是管理科技档案（一般也管科技资料）的专门档案室，在工厂、矿山、设计院、科研院所等科学技术部门一般设有这种档案室。

（3）声像档案室。即影片、照片、录音带、录像带、唱片等特种档案室，电影公司或制片厂、新闻摄影部门（如报社、通讯社）、广播电视部门、唱片公司等设有这种档案室(有的也叫资料室)。

(4)人事档案室。它是机关在人事部门设立的专门管理人事档案的机构。

(5)综合档案室。它是指统一管理本机关全部档案的档案室,负责对普通档案、科技档案、各种专门档案和特殊载体的档案进行统一的综合管理。目前已在全国范围内普遍建立起来。

(6)联合档案室。同一地区,特别是同一市镇内的一些机关联合起来设立一个档案机构(或称档案服务中心),负责保存和管理这些机关的档案。

(7)档案信息中心。一些大型企事业单位建立的统一管理档案、图书、情报、资料的机构,实行一体化的管理,为单位综合利用信息服务。

(二)档案馆

1.档案馆的性质。

档案馆是党和国家的科学文化事业机构,是永久保管档案的基地,是科学研究和各方面利用档案史料的中心。这说明档案馆的基本性质是科学文化事业性质。同时,档案馆所保存的档案,有些是有机密性的,因而档案馆又具有一定的机要性。

2.档案馆的任务。

档案馆的基本任务是:集中统一管理党和国家需要长远保管的档案和有关的资料,维护历史的真实面貌,为现实的社会主义现代化建设和历史的长远需要服务。

档案馆的具体任务是:(1)接收与征集本级机关、团体及其所属单位具有长远保存价值的档案以及有关资料,科学地加以管理。(2)通过多种方式,积极开展档案资料的利用工作。(3)参与编史修志的工作。

3.档案馆的类型。

在我国,档案馆基本上是按地区并结合专业、时期等其他特点来设置的。目前我国已经建立了从中央到地方的综合性档案馆和专门性档案馆相结合的档案馆网。综合性档案馆,指馆藏档案来源于许多机关或单位,档案内容涉及政治、经济、军事、科学、文化等各个方面的档案馆。如中央档案馆、中国第一历史档案馆、中国第二历史档案馆和各省(直辖市、自治区)、地区(市、自治州、盟)、县(市、旗)档案馆。专门性档案馆指部门性的或专业性的档案馆,它们分别收藏某一方面的、某一专业的、某种载体形式的档案和资料。如中国人民解放军档案馆、中国照片档案馆、中国电影资料馆、中国现代文学馆、中国地名档案资料馆、外交部档案馆、地质档案馆、测绘档案馆、气象档案馆、城市建设档案馆等等。此外，有一些大型企事业单位也建立了自己的档案馆。

（三）档案行政管理机构

1. 档案行政管理机构的性质。

档案行政管理机构，如各级档案局、处等，是党和国家指导和管理档案工作的部门。我国的党、政档案工作实行统一管理，因而各级档案行政管理机构既是党的机构，又是国家的机构。

2. 档案行政管理机构的任务。

档案行政管理机构的基本任务是：在统一管理党、政档案工作的原则下，分层负责地掌管全国档案事务，对全国档案工作进行监督、检查与指导。

档案行政管理机构的具体任务是：(1)拟定档案工作的规章、办法，建立国家档案工作制度。(2)指导和监督各机关、部队、团体、企事业单位的档案工作，规划和筹建档案馆，在业务上指导档案馆工作。(3)研究和审查有关档案保存价值、保管期限的原则和标准，监督和审议有关档案的销毁问题。(4)组织和指导档案工作业务经验的交流、档案干部的专业教育和档案科学的研究。(5)组织和参与档案工作的国际交流。

（四）档案机构之间的相互关系

上级档案行政管理机构，对下级档案行政管理机构具有业务指导和监督关系；档案行政管理机构，对同级档案馆和档案室等档案业务机构具有业务指导和监督关系；机关档案室和档案馆之间，具有档案交接关系；各级各类档案馆、室之间，均无隶属关系，但有一定的协作关系。

第三节　文书档案管理

一、文书档案概述

文书档案是指机关、团体、企事业单位在行政管理和社会事务活动中产生的，由通用文件转化而来的那一部分档案的习惯称谓。文书档案泛指科技档案和其他专门档案之外的一切档案，因而有时也称为“普通档案”“一般档案”。在一个机关单位内部，无论是文书档案，还是科技档案和各种专门档案，都是本机关单位工作活动的历史记录。但是，文书档案和科技档案、专门档案又是不同门类性质的档案，具有自己的特殊性。

从档案产生的领域来看，文书档案是机关单位在行政管理和社会事务活动领域中产生的，而科技档案是机关单位在科技生产活动领域中产生的，专门档案则是机关单位在专门业务活动领域中产生的。这是机关单位区分文书档案、科技档案、专门档案的基本方法。

从档案反映的内容来看，文书档案的内容主要反映机关单位各种行政管理、事务管理活动，具有较强的管理性；而科技档案的内容主要反映科技生产活动，具有较强的专业性；专门档案的内容主要反映各种专门业务活动，具有较强的业务性。但是机关单位在区分文书档案、科技档案、专门档案时，不能仅仅从内容上来加以区分，而主要应从产生领域加以区分。如科技管理方面的文件、财务管理方面的文件等就应归入文书档案而不能归入科技档案、会计档案。

从档案形成的规律来看，文书档案往往以机关单位或部门自身作为活动主体，围绕该机关单位或部门形成一个密不可分的档案有机整体；科技档案往往以特定对象作为活动主体，围绕特定对象形成一套完整的档案；而专门档案往往以某一项连续的专门业务作为活动主体，围绕该项专门业务形成一个档案整体。

二、文书档案的收集

档案室的收集工作是建立在归档制度基础上的。机关单位在工作活动中形成的文件材料，处理完毕后，经由文件部门或业务部门整理，定期移交给档案室集中保存，称为“归档”。在我国，这是党和国家规定的一项制度，即通常所说的“归档制度”。

文件整理归档属于文件部门的任务，它是文件工作的最后一个环节，又是档案工作开始的一个环节，可以说归档是文件工作和档案工作的“结合部”。机关单位内文件的归档是档案室档案的主要来源，也是档案室收集工作的经常任务。档案室所从事的档案保管、统计、鉴定、利用、编研等工作，都与归档工作的质量有关。所以，建立和健全归档制度是非常重要的，它是档案室工作的起点。实践证明，没有归档制度，或归档制度不健全，就没有完整的档案，也就没有健全的档案工作。

三、文书档案的整理

（一）整理工作的内容和原则

档案整理工作，就是将零乱的和需要进一步条理化的档案，进行基本的分类、组合、排列和编目，组成有序的体系。档案整理工作的目的，就是使档案能够全面、系统地反映立档单位的工作活动面貌，揭示文件之间的相互关系，便于档案的保管和利用。

档案整理工作的具体内容包括区分全宗、分类、立卷、案卷的排列和案卷目录的编制。

档案整理工作的原则是：保持文件之间的历史联系，便于档案的保管和利用。

1. 应该保持文件之间的历史联系整理档案。

整理档案，必须根据档案形成的特点，保持其固有的本质联系——历史联系。所谓文件之间的历史联系，就是文件在产生和处理过程中所形成的内部相互关系，主要表现在文件的来源、时间、内容和形式等几个方面。文件之间的这种自然联系，是由文件形成规律所决定的客观联系，不能随意打乱。只有维护这种本来的联系，才能把文件科学地组成有机体系，如实地反映出文件的历史背景和系统的内容。

（1）文件在来源方面的联系。文件是以一定的机关单位及其内部机构为主体有机地形成的，构成了文件来源方面不可分割的联系。文件来源方面的联系是文件之间首要的联系、最重要的联系。只有在保持了文件来源方面联系的前提下，文件在时间、内容、形式等方面的联系，才能更深刻地反映机关单位工作活动的历史面貌。

（2）文件在时间方面的联系。档案是历史活动的产物，档案形成者的具体活动有一定的阶段性和时间性，从而使文件之间具有了一定的时间联系。比如，一个历史阶段或一个年度的文件，记述和反映了这一历史阶段或这一年度的工作活动，整理这些文件，在保持文件来源联系的同时，还应注意保持文件之间的时间联系。

(3)文件在内容方面的联系。文件是一定机关单位在一定时期内的特定活动中,为了解决一定的问题而产生的,因而构成了文件之间内容上的密切联系。文件内容方面的联系往往是最紧密的联系,整理档案时必须保持这种密不可分的联系。

(4)文件在形式方面的联系。文件的形式标志着文件产生时的特定作用,在一定程度上反映了文件的来源、时间和内容的性质。比如,命令来自上级机关并反映了它对本单位的领导关系,批复则反映了本机关的职权范围及其与请示的具体联系,文件的格式和印章等也都和文件产生的机关、时间、表达的内容密切相关。因此,在需要的情况下,可以按文件形式方面的联系进行整理。

2.档案的整理必须便于保管和利用。

这是档案整理工作的出发点和目的,也是检验档案整理工作质量的标准。一般说来,恰当地保持文件之间的历史联系,也就能便于档案的保管和利用,这二者基本上是一致的,但有时也有矛盾,如同一时间、内容的文件,由于价值不同就要分开立卷,或由于某些文件载体比较特殊而要分别进行整理。可见,如果保持文件之间的某种联系,不便于保管和利用,就应适当地调整,以适应档案保管和利用的需要。但是,也要看到,便于保管和利用不是万能的,要求档案的整理完全达到便于保管和利用,能够解决档案保管和利用中的一切问题,是不可能的。

(二)区分全宗

1.全宗的含义。

全宗是一个独立的机关、组织或人物在社会活动中形成的档案有机整体。

全宗的基本含义包括三个方面:

(1)全宗是一个有机整体。它说明全宗具有不可分割性,某一机关、组织或人物形成的档案反映了它们的各种活动及其相互之间密切联系的整个过程。因此,同一全宗的档案不能分散,不同全宗的档案不能混杂。

(2)全宗是在一定的历史活动中形成的。它说明全宗这种整体具有客观性,而不是纯粹人为的,即任意的。全宗的整体性,是由其内部成分中多维的历史联系所决定的。具有历史联系的全宗整体,虽然经过人们的组合,但从其本质来说，全宗是在社会活动中“自然形成的”。

(3)全宗是以一定的社会单位为基础而构成的。它说明了特定的档案整体的来源和界限，以及全宗单位的相对稳定性。全宗是以产生它的机关、组织和个人为单位而构成的，这就为档案全宗这种整体确定了一个时空范围以及纵向和横向间的区分标志。

2.档案必须以全宗为单位进行整理。

(1)按全宗整理档案，能够揭示档案内容的实质，从而正确评价档案的价值，为档案的提供利用奠定了科学基础。按照全宗来整理档案，能比较完善地反映机关或个人活动的面貌，从而便于对档案的利用，使人们有可能通过档案全宗全面地、系统地去研究历史上各个机关或著名人物在工作活动中所积累下来的丰富的历史经验和教训。

(2)按全宗整理档案，对档案管理有重要的组织作用。在档案管理的全过程中，要以全宗为基本单位进行分类、编目、鉴定、统计等管理工作，避免造成某种不必要的混乱。区分全宗是档案整理中的第一步。

(3)按全宗整理档案，不仅仅是个方法问题，还是一个理论问题。按全宗管理档案，是档案管理区别于图书管理和其他文献管理的重要特点之一。同一全宗的档案不能分散，不同全宗的档案不能混淆，应该按照档案的来源把全宗内已被分散的各部分档案集中起来，从而维护全宗的完整性以及挖掘全宗内档案作用的潜力。

3.立档单位及其构成条件。

立档单位是构成档案全宗的机关、组织或人物，又称“全宗构成者”。

确定一个机关、组织是不是立档单位，它的档案能不能构成一个全宗，这是有条件的。构成立档单位的具体条件是：

(1)可以独立行使职权，并能以自己的名义对外行文；

(2)是一个会计单位或独立的经济核算单位，自己可以编造预算或财务计划；

(3)设有管理人事的机构或人员，并有一定的人事任免权。

上述三个条件是互有联系的，在一般情况下通常是统一的，它们从不同的侧面反映了立档单位的构成因素。但第一个条件是主要的，其他两个条件是参考条件。

分析和判断一个单位是否是立档单位，不能以一个单位人数众寡、权力大小、地位高低为依据，一般应从规定该单位职权的法规性、领导性文件和该单位的实际活动两个方面去进行考察。此外，还可以考察该单位的文件处理工作、印信和单位名称等，因为一个独立行使职权并能以自己名义对外行文的单位，往往有自己一套文件处理工作的方法、制度和法定的印信等等。

（三）全宗内档案的分类

全宗内档案的分类，就是把立档单位所形成的档案，按其来源、时间、内容和形式的异同，分成若干层次和类别，使全宗内档案构成一套有机的体系。

1. 文书档案常用的分类方法。

文书档案最常用的分类方法有年度分类法、组织机构分类法和问题分类法。

年度分类法，就是根据形成和处理文件的年度将全宗内档案分成各个类别。按年度分类，要准确地判定文件的时间。文件有写成日期、发出日期、收到日期、批准日期、公布日期等等，对于一份同时有几个日期的文件要妥善处理，把握最主要的日期。如内部文件和一般发文，应以写成日期为主；收文以收到日期为主；法令、条例等法规性文件，以批准日期、公布日期或生效日期为主；跨年度的计划、总结和来往文书等，以文件内容针对的时间为主。

组织机构分类法，就是按照立档单位的内部组织机构将全宗内档案分成各个类别。按组织机构分类，一般只分到立档单位第一层内部组织机构，没有必要按机构一分到底，主要是使组织机构之间界限分明，职责清楚。在排列类别时，一般应按组织机构的重要程度排列，如将立档单位的领导机构或综合机构（如党委、党组、办公室等）排在前面，业务机构排在后面。在实际工作中，许多单位还按党、政、工、团的顺序排列机构。关于涉及几个机构的文件，在一个单位内应有统一规定，以便将文件合理地有规律地分入相应类别，查找起来有规可循。如经过机关党组或党委讨论而以机关行政名义发的文件，一般应归入行政某机构内；业务机构起草而以机关名义发的文件，一般应归入机关的中心机构（如办公厅、室等），也可归入有关业务机构；几个机构联合办理的文件，一般应归入主办机构，也可归入批示“退存”的机构或最后承办机构。

问题分类法，也称事由分类法，就是按文件内容所反映的问题将全宗内档案分为各个类别。按问题分类时，设置的类、项要力求符合档案的实际状况，如实反映立档单位的主要活动面貌，通常是根据本单位的职权范围和基本工作任务来设置。分类体系应力求简明，合乎逻辑，类、项设置要概念明确，层次简明，同一级内各类、项之间要相互排斥，不能彼此交叉，更不能虚设。每个全宗可以设总类（或综合类）作第一个类，在这个类后面再按重要程度排列其他各类。对于涉及几个内容难以确定归属的文件，要制定统一的规定，做到归类有依据，查找有规律。

2.文书档案复式分类方法的选择。

全宗内文书档案分类的方法，在实际工作中，单纯采用一种分类方法是比较少的，多是两种方法结合使用，有下列四种复式分类法：

(1)年度—组织机构分类法。就是首先把全宗内档案按年度分开，然后在每个年度下面再按组织机构进行分类。这种分类方法适用于立档单位内部组织机构时有变化但不复杂的全宗。它一般不受历年机构变动的影响，每年归档的案卷依次上架，不需要留空，所以现行机关的档案，采用年度—组织机构分类法更为适宜。

(2)组织机构—年度分类法。就是首先把全宗内档案按组织机构分开，然后在每个机构下面再按年度进行分类。这种分类方法适用于立档单位的内部组织机构多年一直固定，或在比较稳定的基础上有所调整的全宗，一般多用于撤销机关档案和历史档案。

(3)年度—问题分类法。就是首先把全宗内档案按年度分开，然后在每个年度下面再按问题进行分类。这种分类方法多用于组织机构变化复杂，或由于机构之间分工不明确、文件工作不正规等难以区分文件所属机构，以及没有内部机构或内部机构非常简单而无必要按组织机构分类等情况。总之，在不可能和不适于按组织机构分类时，往往采用年度—问题分类法。有些现行机关的档案，采用这种复式分类法是比较适宜的。

(4)问题—年度分类法。就是首先把全宗内档案按问题分开，然后在每个问题下面再按年度进行分类。这种分类方法多适用于撤销机关档案和历史档案。

（四）立卷

一个全宗的档案经过分类后，各类都有相当数量的文件，必须进一步系统化，将类内的文件组成许多案卷。立卷工作的内容包括：组合案卷、拟定案卷标题、卷内文件的排列与编号，填写卷内文件目录与备考表、填写案卷封面与案卷的装订。

以“件”为单位整理的档案则按《归档文件整理规则》进行分类排列。

四、文书档案的鉴定

(一)鉴定工作的内容和原则

档案界通常所说的档案鉴定,是对档案价值的鉴定。档案价值鉴定工作就是按照一定的原则、标准和方法,甄别和判定档案的价值,确定档案保管期限,剔除失去保存价值的档案予以销毁的一项业务工作。

档案鉴定工作的内容主要包括:(1)制定档案价值鉴定的有关标准,包括单行规定和档案保管期限表等。(2)具体判定档案的价值,确定其保管期限。(3)拣出本无保存价值和保管期满的档案,按规定进行销毁或作相应的处理。(4)围绕上述工作而开展的一系列鉴定组织工作。

档案鉴定工作的原则是:必须从国家和人民的整体利益出发,用全面的、历史的、发展的观点判定档案的价值。

1.从国家和人民的整体利益出发去衡量档案的价值,是鉴定工作总的指导思想,也是档案价值评价的基本标准。即必须站在全体人民的立场上,从国家的整体利益出发,去研究档案的内容实质及其他各种因素,充分估计档案对整个社会发展所起的作用。

2.用全面的、历史的、发展的观点判定档案的价值,是鉴定原则的主要内容。

所谓全面的观点,就是全方位、多层次地预测档案的利用需要,从各方面全面审视档案的内部特征和外部特征,从国家和社会的全局出发,全面分析、衡量档案的作用。所谓历史的观点,就是鉴定档案价值时,必须尊重历史,坚持历史唯物主义的观点和方法,根据档案形成的时代背景、历史条件来具体分析档案的内容和形式,以及档案文件之间的相互关系,从而衡量、判定档案的社会作用。所谓发展的观点,就是随着社会的进步,社会需要利用档案的因素也在随之而变,这就要求我们必须用发展的眼光去认识、估计档案的价值,既要分析档案对当前的作用,又要估计档案对将来的长远作用。

(二)鉴定工作的基本方法

档案鉴定工作的基本方法,就是直接、具体地审查档案,通常称为直接鉴定法。直接鉴定法要求档案鉴定人员逐件审查档案材料,从它的内容、责任者、名称、可靠程度等方面,全面考查分析确定其价值,而不能只根据文件题名、名称、卷内文件目录、案卷题名、案卷目录等判断档案的价值。因为有的文件题名、文种使用不当,有的案卷内容比较复杂,立卷不够合理,在这些情况下,若根据题名和目录去判定文件价值,就可能发生错误。

(三)档案保管期限表

档案保管期限表,就是用表册的形式列举档案的来源、内容和形式并指明其保管期限的一种指导性文件。它是档案馆、室鉴定档案价值和确定档案保管期限的依据和标准。

1.档案保管期限表的作用。

(1)能够保证鉴定工作的质量和提高鉴定工作的效率。鉴定人员可以根据档案保管期限表来统一进行鉴定工作,避免个人认识上的局限性和片面性,确保准确地判定档案价值,提高鉴定工作的质量。同时由于标准明确,认识一致,可以加快鉴定工作的速度,提高鉴定工作的效率。

(2)能够有效地防止任意销毁文件。档案保管期限表明确规定了什么样的文件要保存,什么样的文件不保存,能够有效地防止有意或无意而错误地销毁文件。

(3)便于更好地立卷。立卷时可以考虑文件的价值,把价值不同的文件分开立卷,并根据保管期限表注明每个案卷的保管期限,为以后档案馆、室的鉴定工作打好基础。

2.档案保管期限表的类型。

(1)通用档案保管期限表。它是由国家档案行政管理机构编制的,供全国各机关、团体、企事业单位鉴定档案时通用的保管期限表。

(2)专门档案保管期限表。它是由国家档案行政管理机构会同有关主管部门编制的,供各机关、团体、企事业单位鉴定专门档案时使用的档案保管期限表。

(3)同系统机关档案保管期限表。它是由主管领导机关编制的,供同一系统内各机关、单位鉴定档案时使用的档案保管期限表。

(4)同类型机关档案保管期限表。它是由档案行政管理机构或主管领导机关编制的,供同类型机关(如学校、医院、政府机关等)鉴定档案时使用的档案保管期限表。

(5)机关档案保管期限表。它是由各机关编制的,供本机关鉴定档案时使用的档案保管期限表。

以上各种类型的档案保管期限表之间具有一定的相互制约关系。通用档案保管期限表对其他几种期限表具有指导意义;机关档案保管期限表,又必须以通用的和其他的保管期限表为依据。

五、文书档案的保管

(一)档案保管工作的内容

档案保管工作是指对档案的日常维护、保护性管理。

档案保管工作的内容主要包括:(1)档案的库房管理,即库房内档案科学管理的日常工作。(2)档案流动过程中的保护,即档案在各个管理环节中一般的安全防护。(3)保护档案的专门措施,即为延长档案的寿命而采取的诸如纸张去酸、字迹恢复、修裱等各种专门的技术处理。

(二)档案保管工作的要求

1. 库房和装具要坚固适用,并配备必要的设备。库房是保管档案的最基本的物质条件,直接关系到档案的保护和安全。档案室库房必须专用,不能与办公室合用,不能同时存放其他物品;库房至少应是正规的建筑物,不能是临时建筑;库房应远离火源、水源和污染源并符合防火、防水、防潮、防光等基本要求。装具即用以存放档案的柜架箱。一般而言,封闭式的柜箱比敞开式的架子更有利于对档案的保护;柜架箱的制成材料最好为金属物,这样更有利于防火;为充分利用库房空间,可以考虑使用密集型活动档案柜(密集架)。库房内可配备相应的技术设备,如去湿机、加湿机、空调、通风设备,温湿度测量及控制设备,防盗、防火报警器,灭火器,等等。

2. 建立健全库房管理制度,定期或不定期检查档案的保管状况。检查时应把有关情况(如遗失、损坏等)记载清楚,并采取有效措施加以补救,对破损或变质的档案应及时修补、复制或做其他技术处理。

3. 认真落实“八防”措施。档案保管工作中常说的“八防”,一般是指防火、防水、防潮、防霉、防虫、防光、防尘、防盗。这“八防”囊括了对档案实体可能造成的自然和人为的因素,是库房管理工作的重要内容。做好“八防”工作需要采取一系列防护性措施,并在工作中注意一切与此有关的问题。

六、文书档案的提供利用

(一)档案提供利用工作的含义和内容

档案提供利用工作,简称档案利用工作,是指通过一定的方式、方法,直接提供档案或档案信息为社会各方面服务的工作。

“利用档案”和“档案利用工作”是两个既有联系又有区别的相关概念。“利用档案”是指利用者为了研究和解决一定的问题而实际地使用档案或档案信息,“档案利用工作”是指档案部门为了满足利用需要向利用者提供档案或档案信息并为其服务的工作。可见,两者的区别在于行为的主体和行为的目的不同,即利用档案的行为主体是各类利用者,行为目的是为了解决或研究社会实践中的有关问题;档案提供利用工作的行为主体是档案工作者,行为目的是向利用者提供其所需档案或档案信息,最大限度地满足其利用需求。两者的联系是:有了利用档案的需要,才会有档案利用工作存在;有了档案利用工作,才能实现对档案的利用;这两种行为往往先后或同时发生,表现为一个过程的两个方面。因而档案利用工作是利用档案的必要条件,利用档案发挥档案的作用,是档案利用工作的直接目的。

档案提供利用工作的基本内容,包括了解和熟悉收藏档案的内容和成分、各种档案检索工具的使用方法;分析和预测档案利用需求,把握其发展规律;向利用者介绍和报道有关档案信息线索,积极开展档案咨询服务;向利用者提供他们所需要的档案或档案信息。

(二)做好档案利用工作的要求

1.明确服务方向,端正服务态度。

档案工作的服务性集中表现在档案提供利用工作上。要做好档案提供利用工作,首先取决于服务方向的明确,服务态度的端正。以服务于社会主义现代化建设事业为中心,全面地为党和国家各项工作服务,这是档案提供利用工作的服务方向。在明确了服务方向以后,档案工作人员还必须树立坚定的服务思想和良好的服务态度,才能做好档案提供利用工作。

2.熟悉档案,了解和研究利用者的需要。

熟悉档案,对于做好档案提供利用工作是十分必要的。熟悉档案,主要是熟悉馆、室藏档案的数量、成分、内容及存址，熟悉每一全宗的形成和整理状况，以及全宗与全宗之间的有机联系，熟悉各全宗的利用价值，特别是对重点全宗和珍贵的档案更应了如指掌。了解和研究利用者的需要，就是做好档案提供利用的预测工作，即对一定时期内可能会大量利用档案的部门、利用档案的内容有一个预测性估计。

3.正确处理档案提供利用和保密的关系。

国家保存档案的目的是为了利用。如果长期把档案禁锢起来不准利用，就失去了保存档案的意义。但是，有些档案属于党和国家机密，在提供利用中必须对利用范围严加控制，这是档案工作政治性的要求。因此，在开展档案提供利用工作时，既要积极提供档案为各项工作服务，又要坚持保密原则。首先，保密不是不准利用，只是将利用档案的单位和个人限制在一定范围之内。利用与保密，从根本上说，两者是一致的，都是为了合理地发挥档案的作用。保密的目的，也是为了更好地利用。其次，保密是动态的，即现在的机密随着时间推移与主客观条件的变化将来可能降密解密。一般地说，档案机密程度与保存时间成反比例关系。总之，凡是档案提供利用有利于坚持四项基本原则，有利于促进安定团结和四化建设，就积极大胆地提供利用；凡是在一定范围内需要限制使用的档案，就应严格坚持“保守机密，慎之又慎”的原则。在具体处理档案提供利用和保密的关系时，要深入审查档案的内容，根据时间的推移，地点和条件的变化，调整档案的密级，逐步扩大利用范围，更好地发挥档案的作用。

（三）档案提供利用的方式

1.档案提供利用的基本方式。

档案提供利用的具体方式是多种多样的，但归纳起来有以下几种基本方式：

（1）以档案原件提供利用。如档案馆、室开辟阅览室，利用者在馆、室内阅览一般文件原件；在某些情况下将档案原件暂时借出馆、室外使用等。但比较珍贵的档案原件及容易损坏的历史档案，不宜通过这种方式直接提供给利用者使用。

（2）以档案复制品提供利用。如制作各种形式的档案原件复本，代替原件在馆、室内阅览或提供馆、室外利用；编辑出版文件汇编和在报刊上公布档案；举办档案展览等。

(3)综合档案内容编写书面资料提供利用。如编写各种参考资料，制发档案证明，函复查询外调，依据档案材料撰写专门文章和著作，向社会提供加工的档案信息。

2. 档案提供利用的几种主要方法。

(1)档案阅览服务。

档案阅览服务，是指档案馆、室在特定的场所，开辟阅览室，向有关利用者提供档案信息的一种服务方式。

档案是历史记录的原始材料，一般多是单份、孤本或稀本，有的内容具有一定的机密性。这些特点，决定了档案一般不宜外借。档案馆、室收藏的档案，又不能也不必要全部复制多份广为传递，而应主要采取馆、室内阅览的方式。建立阅览室接待利用的方式，优越性很多：有专门设施，有专人监护和咨询，既便于档案的保护和保密，又能为利用者提供较好的阅览条件；可以提高档案的周转率和利用率，避免因一人借出馆、室外而妨碍多人利用之弊；便于了解和研究利用档案的情况，从而改进和提高档案利用工作。

(2)档案外借服务。

档案外借服务，是指档案馆、室为满足某些需要档案原件或副本作证据的利用需求，暂时将档案借出馆、室外使用的一种服务方式。

在档案馆，档案一般是不借出馆外利用的。机关档案室将档案原件外借给本单位的领导和有关业务部门的情况比较多些，有时，如认为必要，档案室还可采取“送卷上门”的主动服务方式，充分发挥档案的作用。当然，档案的外借利用必须建立、健全有关的制度。

(3)档案展览与陈列服务。

档案展览与陈列服务，是指档案馆、室按照一定的主题，以展出档案原件或其复制品的方式，系统地揭示和介绍档案馆、室藏中有关档案的内容与成分的一种具体服务方式。

档案展览与陈列的作用是：第一，档案展览与陈列本身就是提供档案信息的现场，利用者可以从中得到较为集中系统的档案信息内容与线索，甚至发现从未见过的、难得的珍贵史料信息；第二，机关和档案馆能在一定范围内组织较多的观众参观，服务面较广泛；第三，经过精心选择和组织展出的有代表性的、典型的档案信息材料，能够以其原始性、真实性和形象鲜明见长，给参观者留下深刻的印象，起到生动的宣传教育作用；第四，档案展览与陈列可以展示档案馆、室所藏档案内容之丰富及档案的特殊作用，引起人们的注意和兴趣，从而宣传了档案事业的重要性。

(4)制发档案复制本服务。

制发档案复制本服务，是指档案馆、室根据利用者的合理需要，以档案原件为依据，通过复制(包括静电复印、拍照、晒印、摹写、抄录等)、摘录等手段，向利用者提供档案复制本的一种服务方式。

制发档案复制本提供利用具有较多的优点：一方面，利用者不到档案馆、室即可获得所需要的档案材料，既方便用户，又可在同一时间内满足较多利用者的需要，使档案更充分地发挥作用；另一方面，有利于档案原件的保护和流传。制发档案复制本提供利用也有局限性，如利用者总想看到原件，有的还要作为凭证，对复制本感到不满足；档案复制本的印发，不利于保密，容易辗转翻刻、复印或公布，档案部门不易控制。因此，在制发范围和批准权限方面应妥善处理。

(5)制发档案证明服务。

档案证明，是指档案馆、室根据机关、团体或个人的询问和申请，为核查某种事实在馆、室藏档案中记载情况(有无记载和如何记载)而摘抄编写的一种书面证明材料。

制发档案证明的过程和手续：利用者提出申请—领导审查批准—查找材料—综合编写—校对—寄发。档案证明必须根据机关、团体或个人的申请才能制发，申请书中应写明申请发给档案证明的原因、所要证明的事件及其发生的时间、地点等情况。领导审查批准，主要是看其申请的理由是否充分，所需档案有无密级和能否供利用者使用，本馆、室有无职权和能力制发档案证明等。承担制发档案证明任务的工作人员，在接受任务后，应根据立档单位、时间、人物、内容、地点等线索查找档案材料，综合编写证明材料的内容，并在仔细校对的基础上，写明本馆、室名称，档案证明编号，制发日期，制发人，材料出处，最后经领导审批后加盖档案馆、室专用印章发出。

(6)档案咨询服务。

档案咨询服务，是指档案馆、室答复利用者询问，指导其利用档案信息资源的一种服务方式。

档案咨询服务的步骤：第一，接受咨询问题。档案馆、室首先要审查核实利用者询问有关问题的目的、内容、范围及需要解答问题的程度，以便选择咨询服务的具体方式与途径。第二，分析咨询问题。接受咨询问题后，要进行较为深入细致的分析、研究，确定查找档案文件的步骤，做好查找档案文件的相关准备工作。第三，查找档案材料。根据档案咨询问题的分析研究结果，确定查找档案文件的范围，选定档案检索工具，明确解决问题的方法和途径，并据实查找有关的档案文献。第四，答复咨询问题。其具体方法和形式主要有：为利用者直接提供有关咨询问题的答案，如按利用者要求提供有关事实、数据，介绍检索工具的使用方法；为利用者提供相关档案的信息线索，如文件的责任者、形成时间、档号、文件字号；对于无法确定准确答案的咨询问题，也可以为利用者提供选择性的答案或档案资料，由利用者决定取舍等。第五，建立咨询档案。对已经答复的或未能答复的咨询问题，档案馆、室应有目的地建立相应的咨询档案。凡是具有长远的、重要保存价值的，或者今后有可能重复出现的，以及未能解答的咨询问题材料，包括各种咨询服务记录、反映解答咨询问题过程及其结果的材料等，均应归档保存。

第四节　科技档案管理

一、科技档案概述

科技档案（即科学技术档案）是保存备查的直接记述和反映科技、生产活动的科技文件。

科技档案产生于工矿企业、高等院校、科研单位和设计部门，以及建筑施工、地质、测绘、气象、水文等单位。随着生产建设和科学研究的飞速发展，特别是新的科技领域的不断开拓，科技档案的种类在不断增加。目前，科技档案的种类大致有以下几种：工业生产技术档案（即工业产品档案）、农业科技档案（如种子档案、作物栽培档案、植物保护档案、林业档案、畜牧档案、水产档案、农业生态环境和农业区划档案）、基本建设档案（即基建档案）、设备档案、自然科学研究档案（即科研档案）、医药卫生档案、自然现象观测档案（如气象档案、天文档案、水文档案、地震档案）、地质档案、测绘档案、环境保护档案等。

科技档案是档案的一大门类，且有自己的形成规律和特点。它的特点是：(1)专业性。科技档案产生于各个不同的科技生产领域，具有各不相同的形成过程和规律，反映不同的专业性质和成果，其内容和形式有很强的专业性。(2)成套性。科技生产活动的开展都是以一个独立的科技生产项目为对象进行的，如一个课题的研究、一个工程项目的设计和施工、一种型号产品的研发和生产、一个气象过程的观测等等，围绕该项目的进行所形成的一系列相关的科技文件，记载和反映了该项目活动的全过程和成果，构成了一个密不可分的有机整体。(3)现实性。其他文件归档后基本上完成了现行功能，而科技文件在归档后则往往仍具有很强的现实使用性，并将在相当长的时期内继续发挥这种现行功能。

科技档案是科学技术资源储备的一种形式，是发展生产和科学技术，进行现代化建设的依据和条件。充分利用科技档案，能取得技术效用和经济效益。科技档案具有工作查考、科学研究、经验总结和技术交流等多方面的作用。

二、科技文件的积累和整理

科技文件的积累、整理是科技档案管理的基础工作，对于保证科技档案的完整、准确、系统具有重要意义。科技文件的积累和整理工作，应在档案部门的指导、协助下，由科技业务部门负责承担，成为科技人员的本职工作。

(一)科技文件的积累

科技文件的积累工作，贯穿在从科技文件形成、流通到归档前的全过程，是贯穿科技生产活动始终的工作。这既是科技档案工作的需要，也是科技管理工作的要求。

科技文件积累的一般方法有：

1.科技人员个人积累。即科技人员个人将自己在科技生产活动中形成的科技文件自行积累。具体做法是：由部门领导或科技项目负责人下达积累工作的要求，科技人员按规定进行具体的积累工作，并将积累文件的数量、内容等进行登记，在适当的时候交由部门或科技项目组的兼职资料员统一整理立卷归档。

2.兼职资料员积累。即在科技生产部门或科技项目组设立兼职资料员，由兼职资料员负责日常科技文件的积累和管理工作。

3.科技档案部门积累、保管。基层科技档案部门也负责某些类型的科技文件的积累、保管工作，主要是产品或工程设计的底图、蓝图。因为，产品或工程设计的底图、蓝图，在一般情况下，数量较多，且需复制、传递，为便于管理，一般由科技档案部门暂时保管，待产品定型或工程设计完成后正式归档。

（二）科技文件的整理

归档的科技文件应经过系统整理，组成案卷。组织案卷是科技文件整理工作的核心内容，这项工作由有关的科技部门承担，科技档案部门履行监督、指导的职责。

1. 科技文件的立卷。

科技文件的立卷就是将一组内容上具有有机联系的、数量适度的、价值和密级基本相同的科技文件组合在一起，形成一个保管单位。保管单位的形式有卷、册、袋、盒等。科技文件的立卷工作具有很强的技术性，不同种类的科技文件应采用不同的立卷方法。

（1）按结构立卷。即根据产品、设备的结构，按其内部的不同组成部分，将科技文件分别组成案卷。如机械产品，可按其组件、部件、零件等结构分别组成若干案卷。

（2）按子项或子课题立卷。即根据基本建设工程的了项或科技研究课题的子课题将科技文件分别组成案卷。如某学校的基本建设工程由行政楼、教学楼、实验楼、学生宿舍、图书馆等子项构成，各子项的科技文件即可分别组成案卷。

（3）按工序或阶段立卷。即根据科技生产活动的程序或工作过程，把反映不同程序或过程的科技文件分别组成案卷。如工艺文件可按加工的不同工序分别组成案卷，科研、设计文件可按科研、设计的不同阶段分别组成案卷。

（4）按专业立卷。即根据科技文件内容所涉及的专业分别组成案卷。如一个机械产品的工艺文件，可按铸造、锻造、热处理、焊接、电镀、油漆等不同专业分别组成案卷。

（5）按问题立卷。即根据科技文件反映的不同问题分别组成案卷。如某项综合调查或考察、某个专业讨论会，可按调查或考察、讨论中的不同问题将科技文件分别组成案卷。

（6）按名称或文件性质立卷。即根据科技文件的不同名称或不同性质分别组成案卷。如设计任务书、计算书、说明书、工程预算或决算、学位论文等可按名称分别组成案卷，或将科技文件按不同性质如原始基础性文件、中间过程性文件、成果性文件分别组成案卷。

(7)按地域立卷。即根据科技文件所反映或形成的地域特征分别组成案卷。如地质勘探文件、地形测量文件和水文、气象观测等文件等均可按地域组成不同案卷。

(8)按时间立卷。即根据科技文件所反映或形成的时间特征分别组成案卷。如自然现象观测活动中形成的文件，可按不同时间分别组成案卷。

(9)按作者立卷。即根据科技文件形成的不同作者分别组成案卷。如将不同专家形成的考察报告、论文、专著手稿等分别组成案卷。

2.卷内科技文件的排列。

卷内科技文件的系统排列也是组织案卷的一项工作内容，其目的是为了更好地保持和正确反映卷内科技文件之间的有机联系，便于日后的管理和查找利用。

(1)按科技文件目录或编号顺序排列。科技文件中的图样，一般在形成时已有图纸编号和图样目录，这些图号或目录本身就反映了图样合乎实际的排列顺序。因此，按目录或编号排列的方法对图样的排列是非常适用的。对没有目录或编号的图样，机械产品图样可按隶属关系排列，如按照总图—组件图—部件图—零件图顺序排列，如是按组件立卷则可按照组件图—第一部件图及其所属零件图—第二部件图及其所属零件图—……—直属组件的零件图排列；基本建设工程图样可按总体和局部关系排列，如按照总体布置图—系统图—平面图(或立面图、剖面图)—大样图等排列；地形测绘、测量图样可按图幅比例排列；地质勘探、地震观测图样可按地区特征排列；自然现象观测图样可按时间顺序排列等。

(2)按科技文件特征排列。卷内科技文件如果单纯是文字材料，则可按其重要程度、问题、时间、作者、地区等特征排列。按重要程度排列，就是按照科技文件的重要程度依次排列，重要的在前，次要的在后；按问题排列，就是先将科技文件按不同的问题分为若干部分，然后再按此问题与彼问题之间的逻辑关系进行前后排列；按时间排列，就是按照科技文件形成的时间或其内容所反映的时间进行排列；按作者排列，就是将科技文件按作者进行划分后，再结合其他特征如时间先后等进行排列；按地区排列，就是按照科技文件形成的地区或其内容所反映的地区，并结合其他特征进行排列。

(3)凡文字材料和图样混合立卷的，如果文字材料是对整个对象(如产品、工程、课题)或整个案卷(如部件、专业等)或多份图样进行的总说明,则文字在前,图样在后;如果文字材料只是对卷内某份图样进行补充或局部性说明,则图样在前,文字在后。

3. 案卷编目。

案卷编目,是以案卷为对象,通过一定的形式固定案卷系统整理的成果,揭示案卷内科技文件内容与成分的工作。案卷编目的内容包括编页号、填写卷内科技文件目录和备考表、填制案卷封面和脊背标签等。

三、科技文件的归档

科技文件经过系统整理后,必须移交给档案部门集中保管。科技文件归档是科技文件转化为科技档案的必要过程,是科技档案形成的关键环节。为了保证归档科技文件的完整和质量,必须建立、健全科技文件归档制度。

科技文件归档制度的内容包括归档范围、归档时间、归档份数、归档要求和归档手续等。

(一)归档范围

凡是直接记述和反映本单位科技生产活动的,具有现实和长远参考价值的科技文件,都应列入归档范围。但是,在具体确定归档范围时,应当全面了解和掌握本单位各项科技生产工作的范围和工作程序,各种科技生产工作在不同阶段都形成哪些科技文件,以及各种科技文件的组成、用途和价值,以便正确确定科技文件的归档范围。

在确定科技文件归档范围时尤其应注意:1. 几个单位共同承担的项目,主办单位归档保存项目的全套科技文件,协作单位只需保存所承担部分的有关科技文件。2. 蓝图和底图均须归档;已存有原底图,仅仅为了供复晒蓝图使用而形成的二底图,一般不需归档,但国外引进技术项目的二底图必须归档。3. 暂定或中断的科技项目和负结果项目的有关科技文件应归档保存。4. 正确划分科技档案与科技资料、其他档案的界限。

(二)归档时间

科技文件的归档时间,要从各种科技文件形成过程和特点出发,不能强求一律。科技文件归档时间大致可以分为以下几种类型:

1. 按项目结束时间归档。即在一项科技生产活动(如一项工程设计、一个产品研制或一项课题研究等)结束后归档,主要适用于周期不太长的科技生产活动或专业性技术会议、学术会议等形成的科技文件。

2. 按工作阶段归档。周期较长的科技生产活动形成的科技文件可以按形成阶段归档。如在一项重点工程或一个复杂的新产品设计活动中,其科技文件可按可行性研究阶段、初步设计阶段、施工图或工作图设计阶段等,分别进行归档。

3. 按子项结束时间归档。大型项目或研究课题,不但设计、施工和研制的周期较长,而且每个项目往往由若干子项(单项工程或子课题)组成,当一个子项结束后,即可将其形成的科技文件先行归档。

4. 按年度归档。即在每年年初,将上一年度形成的科技文件整理归档。主要适用于年度特征明显的气象、水文等自然现象观测活动中形成的科技文件,以及作为文书档案归档保存的科技管理性文件。

5. 随时归档。如机密性强的科技文件、外购设备的随机文件、委托外单位设计的文件等等,都可随时归档。

(三)归档份数

原则上,凡是需要归档的科技文件,一般归档一份;但重要的、使用频繁的、需要汇总上报的或移交科技专业档案馆的、原件不允许外借的,则应酌情多归档几份。

(四)归档要求

1. 由科技业务部门或有关科技人员负责归档工作,科技档案部门进行指导和协助。

2. 归档科技文件应质地优良,书写规范,字迹工整,图样清晰。

3. 归档科技文件必须经过系统整理,组成案卷。

4. 凡需要归档的科技文件,都应经过项目负责人审定和有关领导人审批签字,以确保归档科技文件的完整和系统。

(五)归档手续

科技文件归档时,应编制移交目录,一式两份,由交接双方履行点交手续,经清点无误后,双方签名盖章,各执一份备查。

四、科技档案的分类

单位科技档案部门接收科技业务部门归档的科技文件后，必须进行进一步的整理工作，即通过对科技档案的分类与归类，确定其在科技档案库藏体系中的位置，并以编号的形式将其固定下来。其中分类是科技档案整理的核心。科技档案分类，就是根据科技档案的内容性质和形成特点，把一定范围内的科技档案划分成不同的类别层次，从而使库藏全部科技档案形成一个具有一定从属关系和平行关系的不同等级的系统。科技档案的分类具体分两步进行：第一步是对全部科技档案按种类划分大类，如一个企业可将全部科技档案划分为产品档案类、基建档案类、科研档案类、设备档案类等；第二步是对每类科技档案进行分类。以下阐述的是第二步分类。

（一）科技档案分类的基本方法

科技档案种类很多，科技档案的形成单位的性质和情况也千差万别，因此科技档案的分类方法较多。但最基本的分类方法可划分成两类：

1. 对象分类法。这是以一个实物对象的研究、设计、生产等活动形成的整套科技档案为单元进行分类的方法，具体有型号分类法、工程项目分类法和课题分类法。这种分类方法的特征是：(1)以套为分类单元，维护了科技档案的完整性。(2)外部界限明确，便于进行归类。(3)保持了科技文件之间的有机联系。对象分类法适用于以一定实物为对象的科技生产活动（如产品、设备的生产制造活动和基建工程的设计、施工活动等）所形成的科技档案。

2. 特征分类法。这是以科技档案的内容特征为依据进行分类的方法，具体有专业分类法、时间分类法和地域分类法。特征分类法适用于针对各种自然现象和自然规律进行的研究活动（如气象观测活动、地震监测活动等）所形成的科技档案。

（二）科技档案分类方法的综合运用

1. 基建档案分类。

基建档案的基本分类方法是工程项目分类法，即以工程项目作为分类单元进行分类的方法。具体到不同单位和不同基建项目，主要有以下两种分类方法：

(1)性质—工程项目分类法。即以工程项目为基础，结合工程项目的使用性质或专业性质进行分类。如一个工厂的基建档案，按建筑物的使用性质和档案内容可以划分为厂区综合性建筑类、生产性建筑类、辅助生产性建筑类、办公和生活性建筑类等，其下再以单项工程划分。

(2)流域(水系)—工程项目分类法。即以工程项目为基础，结合其所在流域(水系)进行分类的方法。这种方法适用于水利、水电设计部门及其管理部门档案的分类。如辽宁省内分布着辽河、浑河、太子河、鸭绿江等较大的河流，分别构成若干流域(水系)，各流域中分布着若干水利工程，这里的水利部门即可按这种分类方法对水利工程设计档案或水利工程建设档案进行分类。

2.产品档案分类。

产品档案的基本分类方法是型号分类法，即以一个型号产品的科技档案为分类单元，对产品档案进行类别划分。由于产品种类繁多，具体的分类方法很多，比较常用的有两种：

(1)性质—型号分类法。即以型号为基础，首先将产品档案按产品的使用性质进行类别划分，然后再按型号分类。如船舶产品档案分类时，首先按船舶性质划分成客货轮类、油轮类、拖船类、驳船类等，其下再以每条船舶作为分类单元。

(2)系列—型号分类法。产品的生产，往往是围绕某一基型产品形成不同规格或参数的一组产品即系列产品。对系列产品档案可采用系列—型号分类法，即以型号为基础，首先将产品档案按不同系列划分类别，然后再按型号分类。

3.设备档案分类。

设备的标识也是型号，因而设备档案的基本分类方法也是型号分类法。根据生产组织形式和设备类型的不同，设备档案具体的分类方法有以下两种：

(1)性质—型号分类法。即按照设备的使用性质结合设备型号，对设备档案进行分类。该方法适用于独立性较强的单体设备档案的分类。如工矿企业的设备可首先按使用性质分为金属切削设备类、锻压设备类、起重运输设备类等，其下再以型号为单元划分类别。

(2)工序—型号分类法。即以型号为基础，按生产或工艺过程对设备档案进行类别划分。该方法适用于生产连续性较强的设备或装置档案的分类。如毛纺厂的设备档案，首先可按工序分为原毛加工类、毛条加工类、绒线加工类、染整类等，然后每类下再细分（如原毛加工类分成开毛、洗毛、烘毛等设备），最后以型号为单元划分类别。

4.科研档案分类。

科研档案的基本分类方法是课题分类法。常用的科研档案分类方法有：

（1）学科—课题分类法。即以课题为基础，结合所属学科进行分类。该方法一般适用于基础科学研究档案的分类。

（2）专业—课题分类法。即以课题为基础，结合专业分工进行分类。该方法一般适用于应用研究和开发研究档案的分类。

五、科技档案的提供利用

科技档案的提供利用，是指科技档案部门采用多种有效的方式，直接提供科技档案及其信息加工材料，及时、准确地满足利用者的需求。

科技档案提供利用的方式如下：

1.借阅。

开展科技档案借阅，是科技档案部门提供利用的基本方式，包括内部借阅和外部借阅两种形式。内部借阅是指本单位科技人员借阅档案，其借阅方式有阅览和借出两种。外部借阅是指在某些特殊情况下，外单位因工作需要可暂时外借，但这种外借应有严格的制度规定并办理相关手续。

2.复制供应。

复制供应是指以晒印蓝图、静电复印件、缩微胶卷（片）等复制材料为利用者提供利用。它是科技档案提供利用的一种重要形式，包括对内复制供应和对外复制供应两种。

3.科技咨询。

科技咨询是指科技档案部门以科技档案为依据，通过综合、分析，研究科技档案信息，为利用者解答有关科技档案状况或有关科学技术内容的一种服务方式。

4.陈列展览。

陈列展览是指把科技档案中的一部分，按照一定的专题予以陈列展出，让科技人员自行阅览，获取其所需科技档案信息。

5.信息交流。

信息交流是指科技档案部门通过印发目录和编辑出版编研成果，报道和交流科技信息。

第五节　人事档案管理

一、人事档案概述

人事档案是指机关、团体、企事业单位在人事管理活动中形成的记述和反映某人经历和德才表现，以个人为单位组合起来，以备日后查考的文件材料。

一般我国各行各业均有人事档案，但人事档案的主要成分是干部（公务员）档案、工人（职员）档案和学生档案。

人事档案作为专门档案中的一个门类，有自己的形成规律和特点。它的特点是：(1)材料来源广泛，即材料来源涉及不同时期的有关组织、单位和人员。(2)材料专一，即每一份人事档案只反映一个人的情况。(3)内容机密，即人事档案的内容不但记述了个人的情况，而且反映其家庭情况和社会关系；不但反映个人与组织的关系，而且记载了知情人的有关情况。(4)反映情况具有动态性，即人事档案必须根据个人情况的变化而不断增加新的内容，补充新的材料。(5)整理统一，即人事档案的整理具有统一性，无论是在整理方法、步骤、要求上，还是在正、副本材料的划分以及注意事项等方面，都有统一规定。

人事档案的作用是多方面的，主要有：(1)人事档案可为澄清个人某些问题提供依据，即人事档案可以为落实人事政策，平反冤假错案，调整工资级别，确定参加工作时间和入党、入团时间，解决个人历史遗留问题等提供可靠线索或依据。(2)人事档案可为搞好组织工作和人事工作奠定基础，即人事档案有助于组织部门、人事部门知人善任，选贤举能。(3)人事档案是开发人才资源，获得人才信息的必要手段，即组织部门、人事部门通过考察人事档案可以更好地发现、培养和选拔人才，并可从中获得大量有助于提高组织、人事工作水平和质量的信息。(4)人事档案可为编写人物传记和专业史等提供大量的第一手材料，即人事档案有较高的史料价值，可以为研究人事工作、党史、地方史、思想史、专业史、编写人物传记等提供丰富而珍贵的史料。

二、人事档案的收集

（一）人事档案的收集来源

人事档案材料的来源极其广泛，要全面、完整地收集当事人的全部材料，必须熟悉掌握材料来源的各种途径，逐一加以收集。目前人事档案材料的收集来源主要有：

1. 通过干部、组织、人事、劳动（劳资）及其他人员管理部门来收集个人的考核、考绩、培训、参加革命工作时间、历史问题审查（复查）、工资升级、出国、晋升技术职称、调动、任免、离休、退休、退职等材料。

2. 通过党、团组织、政府机关、企事业单位的有关部门来收集个人的入党、入团、参加民主党派、党内外表彰等方面的材料以及统一布置填写的各种履历表、自我鉴定、登记表等材料。

3. 通过纪检、监察部门、保卫部门、司法部门来收集个人违犯党纪国法而形成的党内外处分、取消处分、甄别复查平反决定、个人检查以及判决书等材料。

4. 通过人大常委会、政协等有关部门收集的人大代表登记表、政协代表登记表等材料。

5. 通过科技、业务部门收集的反映个人业务能力和技术成果评定等材料。

6. 通过中学、大学的有关部门收集的个人在校期间的学习成绩、鉴定、奖励、处分等材料。

7. 通过部队有关部门收集的地方干部兼任部队职务方面的审批材料等。

8. 通过个人原工作单位收集的有关文件明确规定应归入个人人事档案的材料。

（二）建立健全人事档案的收集制度

1. 移交制度。

人事档案部门应建立健全移交制度，明确规定本单位各部门在日常工作中形成的属于人事档案管辖范围的材料，都应及时移交给人事档案部门，使人事档案能得到及时的补充。

2.催要制度。

人事档案部门应经常与有关单位进行联系，主动催促并索要应当归档的人事档案材料，对于迟迟未交者，应及时发函、打电话或派人登门索要。

3.检查制度。

人事档案部门对所管人事档案的数量状况，应定期(季度、半年或一年)检查核对，将不符合归档要求的材料，退回形成单位重新制作或补办手续；剔出不属人事档案的材料退回原单位处理；发现缺少的材料，应填写补充材料登记表，以便补充收全。

4.补充制度。

组织、人事、劳动(劳资)等部门应根据工作需要和材料缺少情况，统一布置填写履历表、登记表、鉴定表、自传等，以便随时补充人事档案材料。

三、人事档案的鉴别

人事档案的鉴别是指依照一定的原则和规定，对收集的材料进行甄别和价值鉴定，再根据它们的真伪和价值进行取舍，最后将具有保存价值的材料归入人事档案，把不应当归档的材料剔出销毁或转送其他部门予以处理的一项业务工作。

人事档案鉴别工作的内容范围大致有以下几个方面：(1)判断材料是否属于本人。(2)判断材料是否属于人事档案。(3)判断材料是否处理完毕和手续是否完备。(4)判断材料是否真实、准确、完整。(5)判断材料是否重复。

材料鉴别后，对不应归档的材料应作如下妥善处理：(1)转。凡属于其他单位、部门保存、处理的材料，应填写转递材料通知单，及时转往有关单位、部门。(2)退。凡近期形成的应归档的人事材料，不符合要求的，应退回原形成单位、部门，待修改、补充后交回。(3)留。凡不属于人事档案范围又有保存价值的参考资料，整理后由组织、人事部门作为业务资料保存。(4)毁。凡没有保存价值的材料，可按有关规定办理手续，进行销毁处理。

四、人事档案的整理

(一)人事档案的分类

根据工作的需要,各级组织、人事部门可按《干部档案工作条例》规定,将所管的人事档案分别建立正本与副本。正本是由全面反映当事人的历史与现实情况的材料组成,一般是材料的原件。副本概括反映当事人的历史与现实情况,一般是正本主要材料的重复件或复制件。

正本的内容范围包括以下十类:(1)履历材料;(2)自传材料;(3)鉴定、考核、考察材料;(4)学历和评聘专业技术职务材料;(5)政治历史情况的审查材料;(6)参加中国共产党、共青团及民主党派的材料;(7)奖励材料;(8)处分材料;(9)录用、任免、聘用、转业、工资、待遇、出国、退(离)休、退职材料及各种代表会代表登记表等材料;(10)其他可供组织上参考的材料。

副本的内容范围包括以下几方面:(1)近期履历材料;(2)主要鉴定、考核材料;(3)学历、学位和评聘专业技术职务的材料;(4)政治历史情况的审查结论(包括甄别、复查结论)材料;(5)奖励材料;(6)处分决定(包括甄别、复查结论)材料;(7)任免呈报表和工资、待遇、出国审批材料。

(二)人事档案的归类

人事档案的归类就是按照统一的分类规定,将经过鉴别的材料分别归入相应的类别中。归类的方法主要是:

1.按材料的名称归类。凡是材料上有准确名称的,就可以按名称归入所属的类别中。如履历表、简历表归入第一类,自传归入第二类,鉴定表归入第三类。

2.按材料的内容归类。对于只看名称无法确定类目归属的材料,应当根据其内容归入相应的类别。如果材料内容涉及几个类别时,则应当根据主要内容归入相应的类别。

(三)类内材料的排列

人事档案材料归类后,每类中的材料应按一定的顺序加以排列。排列的方法有三种:

1. 按问题结合重要程度排列。即将类内材料按其内容所反映的不同问题分开，同一问题的有关材料再按重要程度排列。正本的第五、六、八类的材料可按此方法排列。如入党、入团的材料，先按入党、入团的不同问题分开，入党材料按入党志愿书、组织转正意见、组织员谈话登记表、入党申请书、入党调查材料这一顺序排列。

2. 按时间顺序排列。即根据材料形成的时间先后，由远到近依次排列。正本的第一、二、三、四、七、十类的材料均可按此方法排列。

3. 按问题结合时间顺序排列。即将类内材料按其内容所反映的不同问题分开，同一问题的有关材料再按时间顺序排列。正本第九类的材料可按此方法排列。

五、人事档案的查阅借用

由于人事档案的内容涉及党和国家的机密与个人隐私，因此，在查阅借用中既要满足组织、人事等工作的需要，又要做好保密工作，确保人事档案的完整与安全。

人事档案的查阅借用中特别要注意：(1)查阅干部档案的利用人员，必须是党员干部；查阅其他人事档案的利用人员，必须是人事、劳动(劳资)等部门的干部。查阅档案时，手续必须完备。(2)凡是只批准查阅部分内容的，利用者不得翻阅全部档案；利用者不得查阅本人或亲属的档案；下级干部不得查阅上级干部的档案。(3)人事档案一般不外借，如必须借用，则要说明理由并经过主管部门领导批准，并严格履行登记手续，限期归还，严禁擅自转借他人。(4)查阅借用人事档案，必须严格遵守保密制度和阅档规定，严禁涂改、圈划、抽取、撤换档案材料。

六、人事档案的转递

人事档案管理的范围与人员管理的范围应该相一致。人员的主管单位发生了变化，人事档案亦应及时转至新的主管单位，这就是人事档案的转递工作。人事档案的转递分为转入、转出两种。

（一）转入

转入是指某一人员在调到新的单位后，该单位的人事档案部门接收其原单位转来或转送的人事档案材料，这是人员调动过程中一个必要的环节。

转入的手续一般为：(1)审查转递材料通知单，看其转递理由是否充分，是否符合转递规定。(2)审查档案材料是否属于本单位所管人员，以免收入同名同姓之人的材料。(3)审查清点材料的数量，看材料是否符合转递单开列的项目，是否符合转入要求，有无破损。(4)确认无误后，在转递单的回执上盖章，并将转递通知单退回寄出单位，同时将转进材料在登记簿上详细登记。

（二）转出

当人员职务变动，跨单位、跨系统调动，离退休异地安置，所在单位撤销或合并等，需要变更人事档案的管理单位时，就应及时将人事档案转出。

转出的方式主要有零散转出和整批转出。零散转出是指日常工作中经常性的数量并不很大的人事档案材料的转出，这是转出的主要方式，一般通过机要交通来完成。整批转出是指向某个单位或部门同时转出大批人事档案材料，经过双方交接协商，一般由专人或专车取送。

转出的手续一般如下：对于零散转出的材料，必须在转出材料登记簿上登记，注明转出时间、材料名称、数量、转出原因、机要交通发文号或请接收人签字；在档案底册上注销并详细注明何时何因转至何处，以及转递的发文号；填写转递材料通知单并密封寄出。对于整批转出的材料，在转出材料登记簿上登记并在底册上注明后，还要编制移交收据，一式两份。收据上应注明移交原因、移交时间、移交数量、移交单位、经办人等，收据后要附上移交清单，注明移交人姓名、职务、材料名称、数量等，以备查考。

第八章　电子文件管理

第一节　电子文件概述

一、电子文件定义

（一）现代文件概念

电子文件（Electronic Records/Documents）是随着计算机与网络的使用而产生并日渐普遍起来的。人们对电子文件的认识是经历了一段过程的，起初它被称为机读文件（Machine-readable Records/Documents），20 世纪 90 年代才开始称为电子文件。因为"机读"是不能真正揭示电子文件特征的，录音带、录像带等传统文件也是机读的。

但什么是电子文件？关于这个问题，国内外专家学者进行了广泛的研究。从现有情况看，电子文件的研究思路，可以分为两类：一类是就电子文件研究电子文件，这是一种直接型的研究思路；另一种是先研究文件，看随着电子文件出现之后，现代文件的概念发生了什么变化，然后再给电子文件下定义，这种研究思路可以说是系统型的研究思路。应该说，后一种研究思路占主导地位。

国际档案理事会电子文件委员会于 1994 年至 1995 年，对 75 个国家和地区的 100 个国家级或州（省）级公共档案馆，就电子文件管理问题进行了专项问卷调查，并对 20 世纪 80 年代至 90 年代国际档案界电子文件研究的文献进行了调研与分析，在此基础上，该委员会起草并出版了《电子文件管理指南》(*Guide For Managing Electronic Records*)，在这一指南中专门讨论了什么是“文件”，然后从文件这一概念出发定义了“电子文件”的概念。

《电子文件管理指南》给文件所下的定义是：“文件是由机构或个人在其活动的开始、进行和结束过程中所产生或接收的记录信息，该记录信息由足以为其活动提供凭证的内容、背景和结构所构成，而不管其形式和载体如何。”

在这个“文件”定义中我们可以看到，文件在构成上主要由三个部分组成，即：能够提供凭证的内容信息；能够提供凭证的背景信息；能够提供凭证的结构信息。

因此，现代文件的基本特点是：

1. 文件是提供凭证的记录信息。

文件属于信息，但并非一般的信息，它是提供凭证的记录信息。信息是被人整合起来供决策参考的资料，文件则是机构或个人记录下来作为证据或证词的信息。因而文件不但具有信息价值，而且还具有证据价值。信息价值只是在证明涉及机构的人、位置或事物方面有用，而证据价值是在证明接收或产生它们的机构的组织、职能与行为方面有用。具有证据价值的信息经鉴定后，可能会长期保留。

2. 文件必须具有内容、背景与结构。

文件是提供凭证的信息，这使它与一般的信息区分开来，同时使它必须包括三种基本成分，以保证其凭证价值。这三种必要的成分是内容信息、背景信息与结构信息。内容信息是指文件所包含的表达作者意图的信息；背景信息是指能证明文件形成过程和文件之间相互关系的信息，包括文件来源与传送目的地的信息以及与内容信息相关的其他信息，如发文者、签署人、文件生成日期、收件者等；结构信息是指文件内容信息的组织表达方式，如文件所使用的字符、文件的页面结构、文件所使用的逻辑格式及载体等。

3. 文件与记录方式无关。

只要符合文件的定义，不管其产生的技术环境如记录的形式或载体如何，都应当称为文件。一般说来，文件可以以模拟记录方式形成，也可以以数字记录方式形成。模拟是传统的记录方法，它使用连续的物理量来表示信息，如书写、绘画、传统的摄影等，传统文件一般都是以模拟方式形成的。这些记录信号在某一信号区间连续变化，因而能精确地表示原始信息，以及原始信息的连续关系。这类连续变化的物理量很容易被检测与鉴别，因而由模拟记录方式形成的文件可以通过技术方法鉴定其真实性与完整性。数字方式是将信息用二进制数字符号表示，这类信息是需要通过计算机进行识别的。由数字记录方式形成的文件称为电子文件，这类文件由于其记录信号的不连续性，是难以通过技术手段识别其真实性与完整性的。

由上所述，现代文件的概念在构成上已与过去大为不同。如 1984 年国际档案理事会主持编纂的《档案术语词典》中将文件定义表述为："文件是由机构或个人在履行其法律义务时或在各种具体事务活动中形成或收到和保管的记录信息，不管其形式或载体如何。"

比较一下现代文件的定义与过去文件的定义，我们可以看出，在文件的形成者与形成原因两方面都没有变化，但明显不同的是，现代文件的定义更强调文件的构成和凭证作用。

由此可见，过去文件在概念的定义上，其构成是一维的，而现代文件在概念的定义上就强调了构成的多维性，即现代文件是由其内容、背景和结构构成的，这三个构成要素贯穿于文件的整个生命周期。

(二)电子文件概念

在定义了文件概念之后，对电子文件进行定义就比较简单了。

国际档案理事会电子文件委员会《电子文件管理指南》给电子文件所下的定义是："电子文件是通过数字计算机进行操作、传递和处理的文件。"

显然，对电子文件如此定义是符合逻辑的。因为电子文件从属于文件，故其上位概念，即其属概念必定是"文件"。这样认识电子文件，比较符合人们认识事物的一般规律。国际档案理事会重新修订的《档案术语词典》第三版中，对电子文件的定义也是将其归属为"文件"的，即"电子文件是存储于电子存储载体上的文件"。世界各国对电子文件这一术语尽管有不同表述，但基本上也都是采用"电子文件是……的文件"这种定义方式。我国国家档案局 2000 年颁布的《档案工作术语》认为："电子文件是以代码形式记录于磁带、磁盘、光盘等载体，依赖计算机系统存取并可在网络上传输的文件。"

总之，对于电子文件尽管可以有不同的表述，但基本含义是一致的，即电子文件必须满足以下两个基本条件：

1. 电子文件首先是文件，必须满足文件的所有条件。

国内外在定义电子文件时，都将"文件"作为电子文件的上位概念，认为电子文件是文件的一种类型，应当具有文件的各种属性。这是电子文件与其他形式文件的共同点，也是电子文件与其他类型数字信息的基本区别所在。

2.电子文件是以二进制代码的形式记录在存储载体上的。

国内外在定义电子文件时，都强调了计算机技术与电子文件的关系，指出电子文件是由计算机生成与处理的，计算机技术是电子文件赖以“生存”“活动”的基础。换言之，或许我们可以将电子文件视作“文件”与“数字信息”两个概念的交集，称之为以数字信息为特征的文件，或称之为具有文件特征的数字信息。

以上两个基本条件，体现了电子文件从属于文件的属性，并表明了电子文件与传统文件的本质区别。电子文件区别于传统机读文件之处在于：电子文件只有使用创建它们的软件或与创建它们的软件功能一样的软件进行浏览或存取时，才能被人理解。

（三）电子文件与传统文件三要素比较

内容信息、背景信息与结构信息是构成文件的基本要素。电子文件是文件的一种，因而也必须具备这三个要素。内容信息是电子文件的核心要素，文件所要传达的对象、表达的意图，以及日后作为参考和凭证，全都需要通过文件的内容信息来获知。而电子文件的背景信息和结构信息则是为保证电子文件内容的真实和可用而必需的。

在传统文档工作中，所谓背景信息是指对有关文件及形成文件、维护文件的管理背景的描述信息，主要有两类：一是与机构有关的背景信息，如文件形成机构的标题或题录，机构的目的，行使职责与立法，机构所在地，机构的历史、发展、内部结构以及与其他机构的关系等。二是与文件有关的背景信息，如文件所属的案卷题录或标题，文件卷宗的日期范围，记录有同样的或类似的职能活动的文件系列等。但到了电子文件时代，文件的背景信息不只是提供文件的来龙去脉和与其他文件的关联，还可能包含有发文与收文机构的沿革和职能描述、文件保管系统的功能要求和系统环境信息等等，于是电子文件的背景信息也便有了更多的意义。

结构是文件内容所依托的载体和所呈现的形式。过去我们可以通过纸质文件的外观、文体格式来识别文件，用各种物理和化学的方法来整理、排列和保护文件，那时文件的结构对于我们是外在的和直观的。但电子文件情况就复杂得多，因为构成文件的不再是肉眼可认的文字，而是磁或光的介质；文件的排列也不再是整齐地排放在文件架上伸手可及，电子文件的物理结构和逻辑结构往往是不一致的,只有通过计算机读取专门的描述信息才能判断其存放的特定位置。

二、电子文件的特性

电子文件某些特性与纸质文件有很大区别,因此要管理好电子文件,就必须了解其特性。综合国内外对此问题的研究,电子文件的主要特性可概括为:

1. 电子文件载体的非直读性。

与纸质文件不同,存储于某种载体上的电子文件,在制作时是把可识别的文字、图形等传输到计算机中转换成二进制数字编码来表示的。计算机内形成的电子文件,记录到载体上的是数字编码序列,因而不能直接观看其内容,必须由相应的计算机软硬件将载体上的数字编码序列读取出来,然后转换成人能识别的形式,显示在屏幕上或打印到纸上,人们才能知晓其内容。

2. 电子文件对系统的依赖性。

对于传统文档的管理,管理人员可以依赖自己的眼睛和手进行分类、排架、调阅等管理工作。但对于电子文件的管理,则高度依赖于计算机系统,包括计算机硬件系统、操作软件系统和其他软件。这里所说的"依赖"有两个方面的含义:一是从电子文件的制作、处理,以至归档后的全部管理活动都必须借助于计算机系统才能实现。离开了计算机系统,人无法识读,更无法对电子文件施加任何影响,管理活动便无从谈起。二是不兼容的计算机系统(主要是应用软件)生成的电子文件在转换使用时会遇到很大的困难。也就是说,不同类型的系统可能对电子文件产生排斥作用。因为大多数电子文件所包含的信息仅仅对生成它的软件来说是意义明确的,如果没有这个程序或相当的软件,那么无法识读。因此,当生成一份电子文件的软件、运行该软件的操作系统和硬件更新换代已与原有系统不兼容时,我们需要保存老系统,或者适应新系统做一系列的转换工作,才能确保该份电子文件的可读性和可管理性。

3. 电子文件的信息和载体之间的可分离性。

在传统文件中,信息被固定在某一载体上,如甲骨、青铜器、缣帛以及纸张等。一般情况下,信息与载体是不能够分离的统一"实体",如果发生了分离,就意味着不再是"原件",原始性受到了破坏,被认为是复制品、赝品。而对电子文件来说，信息不再对记录载体“从一而终”，不再具有物理意义上的固定实体状态，而可以在不同载体上同时存在或者相互转换，可以根据需要随时改变或扩展、缩小其存储空间。它可以改变在硬盘上的存址，可以从硬盘拷入U盘、移动硬盘、磁带或光盘，还可以通过网络传输到其他地方。

4. 电子文件信息的易变性。

电子文件信息的易变性也就是不稳定性，主要表现在它容易被修改、丢失与毁坏。电子文件信息很容易被改变或被巧妙地不留痕迹地处置，被修改的拷贝很容易在网络上广泛传播开来，从而出现多个难辨是非的版本。而在印刷世界中，文件的文本是固定的，如文本页码数、版式、装订纸张等稍有变动，我们就可以判断出来。即使是音响磁带通过音纹鉴定也可以判断是否经过剪接、删改。电子文件的改变不受这些因素的暗示，我们就难以通过表面现象观察到电子文件信息的变化，因而电子文件信息的完整性是电子文件管理面临的一大难题。

5. 电子文件信息存储的高密度性。

人类社会活动的日益复杂使得文件数量不断增长，为此，人们在追求记录方式便捷的同时，也在不断地追求存储密度的提高。从甲骨、金石、竹木到纸张，从刀刻、笔写到印刷，记录方式越来越便捷，文件的存储密度也在逐渐加大，文件数量与存储能力的矛盾处于不断出现与解决的运动之中。进入20世纪以后，文件数量激增，面对“文山”问题，“以密集对付膨胀”成为人类在信息记录和保存方面的重要措施。以往我们曾采取过密集架和缩微胶片等工具来提高传统文件保存的密集程度，但它们对解决问题的作用是有限的。计算机技术的产生，电子文件的出现，为解决这一难题找到了极好的工具。电子文件的存储密度大大高于以往各种信息存储介质，且随着计算机技术的不断进步，电子介质的存储密度还在以难以想象的高速度继续加大。

6. 电子文件多种信息媒体的集成性。

以往的文件是平面的，文字和图形在平面的纸张或其他载体上呈现出来。电子文件则可以是多媒体的，是多维立体的。运用多媒体技术可以把各种形式的信息，包括图文信息、音频信号、视频与动画图像等加以有机的立体组合，使电子文件声像并茂，真实地再现当时的活动情况，从而强化了文件对社会生活的记忆和再现功能。可以说，电子文件是一种全方位的记忆和再现，实现了文件功能的革命性变化。

7. 电子文件信息的可操作性。

电子文件的信息不是静态、固定、消极的，而是动态、可变、积极的。电子文件信息的可操作性主要表现在两个方面：一是电子文件的可转换性。即许多电子文件信息是可以通过适当的软件转换成其他形式的，如将数字文本经扫描转换成数字图像，经光学字符识别（OCR）系统又转换成数字文本；数字文本可以通过电子邮件的语音产生系统转换成数字语音，数字语音通过一定的软件又可转变为数字文本。此外，模拟记录与数字记录之间也可以进行适当的转换，如纸质文本通过数字扫描系统可以转换成数字影像，再由数字影像经 OCR 系统转变为数字文本。模数转换有利于将传统纸质文件转变成电子文件，电子文件之间的转换则有利于多种利用以及数据迁移。电子文件之间的转换最应注意的是，不同格式间的转换有可能带来数据丢失或乱码。二是电子文件的易复制性。电子文件的拷贝十分方便，容易复制，而且不会出现模拟文件复制中其清晰度随着复制代数增加而下降的问题，从而给电子文件的利用带来好处。

三、电子文件的种类

由于电子文件的产生方式、组成方式以及功能不同，形成了不同类型的电子文件。对不同类型的电子文件进行分析有助于我们更好地了解电子文件的特性。

（一）按电子文件的信息格式分类

按电子文件的信息格式分类，可分为记载文字、符号和插图的文本文件（一般电子文件），用扫描仪及数码相机获得的图像文件，用计算机辅助设计等获得的图形文件，用音频设备获得的声音文件，用视频设备获得的影像文件，用多媒体技术制作的多媒体文件，存放结构化或非结构化数据的各种数据库文件，生成电子文件所依赖的操作系统文件和命令文件等。

（二）按电子文件的组成方式分类

众多的数字格式在组成文件时，可以以单一的方式形成，也可以相互链接形成，以至产生简单文件、复合文件与复杂文件等多种形式的文件。

简单文件仅仅由一种格式组成。在数据结构中，每个记录之间没有逻辑关系，如一封简单的信函。传统文件是以纸、缩微胶片等为媒体的简单文件，只能以纸质或缩微胶片存储系统来归档与管理。电子文件中的简单文件能够比较容易地转化为传统文件，从而使其硬拷贝可以使用传统文件系统（例如纸质或胶片方式）来存储。

复合文件是含有多个独立数据流和索引信息的文件。例如，含有图形（如数字签名、标识语等）或数据（如统计数据与表格等）的文件就是一个复合文件。一封信上具有数字签名，或一个公文上具有图形标识，均属于复合文件。复合文件不像简单文件那样容易以传统文件系统来存储（例如文件上的声音）。

复杂文件是含有多种数据类型，并由多个 OLE 服务器（对象链接与嵌入服务器）操作的文件。复杂文件含有除文本以外的对象，该对象的文件链接到某些独立的计算机文件上，这些数字对象是分别被维护与更新的，如含有多个媒体（如声音、动画、视频等）的文件，因而多媒体文件、超媒体文件均属于复杂文件。复杂文件首先是一个复合文件，复合文件有时也可以是一个复杂文件，比如一封信函上有一个可活动的图标（例如动画图标），则这一个复合文件就变成了复杂文件。

复杂文件具有许多优点。它含有多种信息并可由用户控制信息选择，以便按照人们工作和学习的思路组织。也就是使用户可以任意地访问关联的信息主题，而不是只能顺序地依次访问信息。例如，超文本可以使用户从一个主题跳到另一个有关联的主题进行工作与研究。

但复杂文件会给管理带来麻烦，它不可能以传统文件系统来存储。复杂文件内的各种数据对象并不都是可以以纸质方式或胶片方式存储的，或并不是可以同时存储在一个传统媒体上的。更难以提供存储的是文件内的内嵌与超文本方式，舍弃了这些，将复杂文件分割开来存储，就失去了原始文件的特点与内涵了。此外，由于复杂文件的许多对象是从文件上链接到某些其他独立的计算机文件上，而这些对象只能是分别维护与分别更新的，因而当硬件、软件过时而必须对其进行迁移时，就会十分困难。

目前，随着多媒体技术的发展，单纯的简单文件越来越少，公务活动中大量使用的是复合文件。同时，由于信息表达和交流的需要，复杂文件正大量产生，以下三种广为使用的文件类型都属于复杂文件：

多媒体文件：集文本、图形、图像和声音于一体的文件。它把文本、图形、视频图像和声音等多种信息交流手段有效地结合起来，使人机之间关系更融洽，达到自然对话。

超文本文件：超文本作为一种信息管理方法，是指将数据与信息以节点形式组成网络数据库，屏幕上窗口的各种选择皆对应于数据库的客体，用户可在任何时候从任一节点很方便地移到另一节点上去的信息组织方式。浏览器以图形方式给出节点信息间的上下文关系，能在应用时呈现给用户，帮助用户在复杂的超文本网络中找到要查询的信息节点。超文本文件是一个以文本为基础的数据库超媒体文件。

超媒体文件：当一个超文本系统包含了针对非文本信息的参照项时，该系统被称为超媒体系统。也就是说，以超文本方式组织对交互式多媒体系统的控制，就构成了超媒体。因而，超媒体所表现出来的信息不仅是多种类的，如文本、音频、视频、动画、照片或可执行文件等，而且可用于交互环境中，因而应属于复杂文件。

（三）按电子文件的功能分类

电子文件按其功能可分为主文件、支持性文件和辅助性、工具性文件。

主文件是指表达作者意图、行使职能的文件。对于纸质文件而言，任何一份文件都是主文件，可以独立发挥作用。而电子文件生成、运行和存在于一定的软硬件环境中，需要相应的支持性、辅助性、工具性文件作为读取和处理条件。

支持性文件主要是指生成和运行主文件的软件，如文字处理软件、表格处理软件、图形软件、多媒体软件等。

辅助性、工具性文件主要是指在制作、查找主文件过程中起辅助、工具作用的文件，如计算机程序类文件（命令文件）往往附带若干辅助设计文件、图形文件，数据库往往附带辅助数据库和相应的索引文件、备注文件等。

主文件、支持性文件和辅助性、工具性文件是相互作用、相辅相成的。没有主文件，支持性、辅助性、工具性文件不能独立地行使文件的职能，甚至可能失去存在或保存的必要。同样，没有支持性、辅助性、工具性文件，主文件可能无法正常运行和查找，甚至根本不能生成和打开。

（四）按电子文件的产生分类

1. 按电子文件的生成方式分类。

按电子文件的生成方式可分为计算机系统中直接生成的原始文件和将纸质或其他载体（如胶片）文件重新录入生成的转换文件。

2. 按电子文件的产生领域分类。

按电子文件的产生领域可分为两类：一类是记录人们在办理公务、处理一般性工作事务和交流信息过程中产生的电子文件。例如，OA 电子文件、E-mail 电子文件等，它们多以文本、图像、声音和影像等形式存在。一类是记录科研活动的科技性电子文件，例如，CAD、CAM 等活动过程中生成的电子文件，它们多以光栅图或矢量图等形式存在。

3. 按电子文件的产生技术原理分类。

按电子文件的产生技术原理划分，目前最常见的有两类：一类是利用电生磁现象，将文字、声音、图像和数据等变成电信号使磁性材料发生选择性磁化而记录文字、声音、图像和数据等磁记录文件，包括各种数码磁带、磁盘（硬盘）、磁卡、磁鼓等为载体的文件。一类是现代光学技术结合电子计算机而形成的光学记录文件，主要有光盘等。

4. 按电子文件产生的环境分类。

按电子文件产生的环境，可分为一般办公室工作中产生的文件、计算机辅助设计和制造中产生的文件等。

此外，按电子文件的存储载体可分为磁盘文件（硬盘文件）、磁带文件和光盘文件；按电子文件的属性又可分为普通文件、只读文件、隐含文件、加密文件、压缩文件等。

以上各种对电子文件的分类方式中，采用较多的是按电子文件的信息格式分类。对电子文件分类是为了更好地管理电子文件，所以各单位可根据自己的实际情况对电子文件进行合理分类。

第二节　电子文件管理的原则与模式

一、电子文件管理原则

电子文件作为文件的一种形式，具有文件的基本特征。因此，我国文件、档案管理的一般原则对于电子文件的管理同样具有宏观的指导意义。但电子文件又有许多不同于其他类型文件的特点，因而在其管理中还应遵循以下特有的原则。

(一)全程管理原则

电子文件的全程管理是指,对电子文件从产生到永久保存或销毁的整个生命周期进行全程管理。从电子文件生成就开始进行控制,将生成、流转、收集、整理、保管等工作环节有机联系在一起,按照统一的规范和标准进行业务流程重组,并将保证文件属性的需求嵌入业务流程中,使文件流程与业务流程有机地融合在一起。并且在业务流程结束后,能够及时借助信息技术将需要保存的电子文件完整安全地移交到档案部门。

电子文件的全程管理是一种全面管理,涉及电子文件的流程、管理规则、管理方法以及质量要求,要求建立一个涵盖电子文件全部管理活动的目标体系、程序体系和技术方法体系。

电子文件的全程管理是一种系统管理,建立在“大文件”概念基础之上,注重电子文件生命周期内各个阶段所有管理活动和管理要素的统筹兼顾,强调各项管理内容和要求的无缝连接、系统整合和总体效应。

电子文件的全程管理是一种过程管理,是通过过程控制实现结果控制。由于过程的可控性强,过程控制的反馈周期短,因而对电子文件生成、流转、利用、保管等每一项具体管理内容的实施过程进行监控,便于及时发现和纠正失误,调整管理策略。在过程管理中,所有有助于说明电子文件重要属性和有效管理过程的信息都被记录在案,以证实电子文件在管理系统中的运转状况,确保电子文件的管理质量。

电子文件的全程管理原则应该体现在电子文件管理体制与模式的确定,管理系统的设计和运行,管理制度的内容和执行等方面,以保证电子文件在其整个生命周期受到严密的控制。

(二)前端控制原则

前端控制是指档案管理工作提前介入电子文件的生成、运行和归档管理,建立起统一标准、密切相关、互为保证、相对独立的运行模式,从而组成一个严密、完整的电子文件原始性、真实性保障体系。

电子文件具有非人工识读性和对系统的依赖性、信息与载体的可分离性、信息的可变性等特征。这些特征对电子文件的原始性、真实性都有直接或间接的影响,因而对电子文件实施前端控制是非常必要的,具体表现在:

1.保障电子文件信息内容真实的需要。

电子文件的原始性可以通过技术保证来实现。即在电子文件生成时就要鉴定其档案价值，根据需要加上归档标识，以防文件被修改或删除。它从根本上打破了传统的管理模式，打破了文件与档案的界限，使档案部门提前介入文件的形成阶段，如此能有效防止其他环节对电子文件的损坏，杜绝失密泄密事件的发生，最大限度提高工作效率，实现真正意义上的文档一体化管理。因此，前端控制是保证归档电子文件原始性、真实性的重要方法。

2.保障电子文件信息安全的需要。

在“无形的流动”中，电子文件随时都有可能被用户出于各种原因和目的而更改、删除。为了确保电子文件信息的安全性，在电子文件产生之前的设计阶段就应该确定电子文件的归档范围、保存价值、采集的时间和方式，包括哪些文件需要保存“草稿”，哪些动态文件需要定期拷贝，哪些文件需要提前接收，哪些文件可以暂缓提取或删除等。如果档案部门被动等待，某些有价值的电子文件可能流失，接收来的电子文件可能过时或缺少必要的背景信息和“元数据”，这将给认定电子文件的真实性、可靠性，保管和检索电子文件增加难度。可见，前端控制对保证归档电子文件的完整性、准确性具有决定性意义。

3.保障电子文件为用户提供利用的需要。

提供利用是保管电子文件的最终目的。电子文件以其“积极”“动态”的特性改变着长期以来的档案利用方式，在给利用者带来很多前所未有的轻松和方便的同时对其安全性带来威胁。因此，为了确保电子文件的长期可存取性和可利用性，确保电子文件在提供利用时的安全和便利，需要事先设定某些方面的技术指标，如记录载体、记录方式、加密等级、使用权限的控制措施等。此外，系统还应及时采集用于检索以及文件恢复和解读所必需的各种数据。而这些数据的采集必须在电子文件的生成设计阶段就开始，随着文件的运行而不断追加，为电子文件的保管和利用做必要的准备。可见，前端控制是电子文件利用的基本前提。

要将电子文件前端控制思想落到实处，就是使电子文件一经生成便纳入档案管理的范畴，防范因疏于管理或管理不当而导致电子文件失真、失密、分散、不可读等风险的发生，完善电子文件管理系统的功能，保障机构活动记录的真实性、完整性与长期可读性。电子文件实施前端控制的主要环节有：

1.实时归档。

电子文件一经生成，立刻赋予归档标识，纳入保存范围和档案部门的监控之中，防止删除与流失，保证齐全和完整。

2. 提前鉴定，鉴定与鉴别同步。

电子环境中，对档案的鉴定不但要在文件转化为档案之前进行，而且还要将鉴定环节大大提前，在文件生成之际乃至在生成之前就进行鉴定！在从系统中产生的大量电子信息中鉴别截获电子文件的同时，便对其进行同步鉴定，加强控制。在设计电子文件管理系统时，便将电子文件保管期限表嵌入其中，将鉴定需求置于系统流程之中，实现电子文件生成之时的初级鉴定和初次鉴定的自动化。

3. 提前著录。

将档案著录嵌入文件登记环节，在文件形成之时便由形成者或承办人进行著录。融合文件、档案管理的需求，统一设计，将著录数据一并纳入统一的数据库中，为著录工作提速，提高效率，保证质量。

（三）真实性保障原则

电子文件的真实性是指电子文件的内容、结构和背景信息经过传输、迁移等处理后依然保持不变，与形成时的原始状态一致。真实性是保证电子文件行政有效性和法律证据性的基础，是电子文件反映历史面貌，构成社会价值，得以作为社会记忆长久保存的前提。

传统文件的信息透过其载体可直观地表现出来，因而信息载体成为判断传统文件是否真实的重要依据。判断传统文件的真实性主要考虑两方面的因素：一是信息载体的原始性，二是信息形式的原始和真实性。信息形式主要是指文件的具体信息内容、字体、字迹以及具有法定效用的签署、印章等。以上两项，只要其中一项发生了变化，就有理由对该文件的真实性表示怀疑。

用来判断传统文件真实的准则并不适用于电子文件。尽管电子文件的真实性也是由其本质要素（本质内容和属性）决定的，但电子文件载体的不固定性使得电子文件不再存在传统意义上的“原件”概念，因为，数字媒体相对纸质载体来说较为脆弱与不稳定，为保证文件信息的长期留存需要不断进行介质转换。同时，计算机软硬件技术在不断更新换代，为保证电子文件的可读性，必须在不变更文件内容的前提下，将信息迁入新的系统或设备。此外，由于数字技术使电子文件的拷贝与原件完全一致，数字技术也使电子文件的内容信息与原载体完全分离成为可能。因此，在定义电子文件的真实性时，主要关注的应是其本质要素保持不变，“真实的文件即经确认为非伪造的真正的文件，它是指文件的属性是真实的。真实的文件可以是原件也可以是拷贝，只要经确认非伪造文件，则为真实文件。简单来讲，真实文件是指其出处可靠的文件”。

我国国家标准《电子文件归档与管理规范》(GB/T 18894—2002)中，对电子文件的真实性的保证提出了如下措施：

1. 建立对电子文件的操作者可靠的身份识别与权限控制。

2. 设置符合安全要求的操作日志，随时自动记录实施操作的人员、时间、设备、项目、内容等。

3. 对电子文件采用防错漏和防调换的标记。

4. 对电子印章、数字签署等采取防止非法使用的措施。

(四)完整性保障原则

电子文件的完整性包括两方面的含义：一是作为记录社会活动真实面貌的具有有机联系的电子文件及其他形式的相关文件数量齐全；二是每一份电子文件的内容、结构和背景信息没有缺损。完整性是电子文件价值的重要保障，残缺不全的文件留给后人的是残缺不全的社会记忆。

为了确保相关电子文件的齐全完整，必须掌握电子文件的形成规律和分布状况，提前开列属于归档范围的相关电子文件的清单，通过系统功能和人工监控将具有有机联系的电子文件收集齐全，特别要注意在不同应用系统中分散形成的、不同媒体的或通过非正式渠道传递的具有内容相关性的电子文件的收集和捕获。

为了确保每一份电子文件的完整性，应分析电子文件的构成要素，并根据分析结果，形成电子文件的元数据模型。判断电子文件的完整性应通过检测其内容信息、结构信息、背景信息以及元数据是否保存完整，文件创建后有无被非法修改等途径来进行。

(五)可读性保障原则

电子文件的可读性是指文件经过存储、传输、压缩、加密、媒体转换、迁移等处理后能够以人可以识读、可以理解的方式输出，并保持其内容的真实性。

影响电子文件可读性的因素主要有：

1. 媒体的腐坏。

媒体是存储信息的实体或记录信息的材料。与传统文件一样，电子文件的长期保存与其依附的媒体材料有关，造成信息丢失的原因之一就是媒体的腐坏。

2. 技术的进步。

媒体的腐坏脆化对长期保存电子文件存在严重威胁，但事实上，大多数电子文件早在其媒体腐坏之前就可能无法读取了。这主要是由于比媒体腐坏更快的是数字技术的过时。新设备、新的处理方式与新的软件以 2 至 5 年为一个周期更新换代，使得记录、存储与检索数字信息的手段与产品迅速发生变更。因此，电子文件所依赖的软硬件一旦过时就会造成电子文件无法读取。可见，技术淘汰要比媒体腐坏对电子文件的保存与存取具有更大的威胁。

保障电子文件可读性的技术措施：

1. 更新。

即通过复制手段将电子文件信息从一种媒体或一种格式拷贝到新的媒体或新一代格式上。由于数字信息不同于模拟信息，它与其存储媒体、格式、软件与硬件紧紧地捆绑在一起，因而简单的"更新"无法维护电子文件信息的完整性与长期可存取性。如"更新"仅仅是将信息编码到必须使用的硬件与软件的格式上，它对数字信息保护的时间长度与当前使用的软硬件技术的寿命一样长，即只有在该操作软件尚未过时或尚且存在的情况下其数字信息才能维护存取。又如，并不是所有的数字信息都可以被"更新"，"更新"的可能性取决于软件对当前格式与旧格式的兼容性、旧一代硬件对当前硬件的兼容性以及不同厂商提供的各种计算机系统之间的互操作能力。因此，对于保护电子文件而言，"更新"并不能提供一种普遍的、全面的解决问题的方法，它不是电子文件长期存取所普遍采用的方法。

2. 迁移。

迁移是指随技术变化定期地转换数字信息的一种处理过程，它使数字信息从一个硬件、软件的配制向另一个硬件、软件配制转换，或是从旧的计算机技术向新一代的计算机技术转换，这一套定期的整体行为能使数字信息适应技术更新不断地被转换，使信息在将来也可以被存取。

具体说来，迁移涉及将数字信息从已淘汰的技术迁移到新一代技术上，从已经腐坏的媒体拷贝到新媒体上，例如将电子文件从 U 盘或移动硬盘转换到光盘上，或从一种格式转换成另一种格式，以及将信息从一个平台转换到另一个平台，例如 VAX 转换到 UNIX 等。

迁移包括作为保护数字信息的“更新”手段，例如拷贝信息而不更改它，但在某种意义上是不同于“更新”的。“更新”通常并不是与技术淘汰同步，更新到不同的操作系统，拷贝常常并不是原件精确的复制品。迁移即使不可能保持原件格式外观，也会尽量考虑到优先维护原件内容和功能。因而，迁移比“更新”在保护数字信息上具有更深、更广的内涵。

3. 仿真。

数字信息大多数都依赖于特定的软硬件，因此维护原始数字信息的功能性和外观特征的最好方法是将数字信息及其原始软件一起保存，以使其能够在一个可以模仿过时硬件和操作系统的仿真器上顺利运行并得以正确解释。因此，有专家提出了仿真策略。

仿真，或者说仿效，是用一个计算机系统模拟另一个计算机系统，使前者的功能完全与后者相同，即前者接收与后者相同的数据，执行与后者相同的程序。它可以使一个计算机系统执行另一个计算机系统编写的程序，而不必重新编写程序。从维护数字信息可读性角度讲，所谓仿真就是制作一个仿真器，模仿数字信息生成时的软硬件环境，使数字信息能够以原始状态得以重现。因此，通俗地说，仿真器事实上就是升级了的软件。

在当前计算机系统中，虽然仿真已是一个经证明的技术，但对于复杂数字对象的读出，其可行性仍有待证明。有人认为，它只适用于某些被淘汰的系统，作为长期保存数字对象的仿真策略还没有经过广泛检验。实际上，它只是延迟技术淘汰的一种方法，而且实践证明仿真器的兼容性及可靠性仍存在问题，有待改进。况且，在新的软硬件不断涌现的今天，花费人力物力研制一个执行过时软硬件的系统，代价太大，显然不是明智之举，在经济上也难以立足。

二、电子文件管理模式

目前，我国机关单位内部电子文件的管理模式主要有以下几种：

1. 完全采用纸质档案的管理模式，由档案部门统一收集归档。

在制定归档制度时，将电子文件归档纳入其中，由档案部门对业务部门进行指导、监督，将纸质文件与电子文件集中统一管理。电子文件的管理与纸质文件相同。

2.电子文件管理呈分散保存状态。

电子文件保存在各形成部门,没有归档,只注重电子文件的现实效用。管理属短期行为,做法不统一,电子文件自生自灭于形成部门。

3.电子文件由专门部门管理。

一些机关、企事业单位将归档的纸质文件与电子文件分别归口到不同部门保存,纸质文件归口到档案部门管理,电子文件归口到信息技术部门保管,着重对电子文件实施有效的技术管理。

4.全部在线归档。

为适应办公自动化之需,将电子文件与纸质文件融为一个管理系统,使用纸质文件与电子文件统一的计算机管理软件,全部在计算机网络上逻辑归档,实现"无纸化",对电子文件施行在线管理。

5.实行文件、档案一体化管理。

将电子文件、电子档案融为一个管理系统,使办公自动化与档案现代化系统有效衔接,在业务工作中进行文件信息数据处理的同时执行电子文件形成与归档的功能,对电子文件实行前端控制和全程管理。

鉴于我国机关单位电子文件的管理现状,在确立电子文件管理模式时应注意以下几点:

1."双套制"管理在目前还不能完全取消。

目前,大多数档案管理部门在国家尚未完全解决电子文件的法律证据作用之前,为保证电子公文的法律凭证效力,为确保电子公文内容不被丢失,在一定时期内采取"双套制"管理方式,即电子文件与纸质文件并存管理。这样既强调电子文件及其归档后电子档案管理的必要性,又不放松对纸质档案的管理、保护、开发、利用,也避免造成不必要的浪费。通过对两套不同载体相同内容的文件进行著录标识,保证电子文件与纸质文件的一致性。

2.电子文件的管理不能脱离档案部门。

电子文件的管理工作应纳入现有的档案工作体制,而不必另建电子文件管理体制。即在机关单位,应由档案部门对电子文件实行统一管理,而不能使电子文件的管理游离于档案部门的监管之外,档案部门应在尊重电子文件形成规律的基础上,掌握对电子文件的控制权。档案部门要对电子文件管理统筹规划、统一控制,但不一定强求形式的划一。暂不具备集中保管电子文件条件的机关单位档案室,可先对各部门电子文件的归档范围、管理方法及执行的标准作出规定,并定期监督检查,待条件成熟时再集中保管。档案室可在计算机站、信息中心等机构内设立档案分室，或指定专兼职人员进行管理，档案室对其实行业务指导。

3. 实行文件、档案一体化管理。

在计算机信息系统中，文件与档案之间的界线不易分清，电子文件数量的增多，以及作为档案保存的电子文件的需要，使我们在选择管理模式时必须选择文件、档案一体化管理模式，将办公自动化与档案现代化连接起来，实现真正意义上的文档一体化。档案部门应将前端控制与全程管理理念融入文档一体化管理模式。前端控制就是从文件形成之日起甚至形成之前（即电子文件系统设计阶段）就对文件形成过程实施监管，把可以预先设定的管理功能纳入系统之中，并在文件形成和维护阶段进行监督。全程管理，就是对电子文件从产生到永久保存或销毁的整个生命周期进行全过程管理。这样可以优化管理功能，发挥电子文件的作用。文档一体化管理模式是由电子文件的特点所决定的。

第三节　电子文件的收集积累与鉴定

一、电子文件的收集积累

（一）电子文件收集积累的重要性

电子文件是由二进制数字编码组成的，二进制数字编码的变换会导致电子文件内容的改变。电子文件从形成到归档有一段时间间隔，在这一段时间内，电子文件有被修改的可能，而且修改可做到不留一点痕迹。因此，为保证归档的电子文件的真实性，电子文件的收集积累工作必须从电子文件形成阶段就开始，应贯穿于文件处理的整个过程。电子文件的收集积累是一项经常性的按有关规定和标准进行的工作。电子文件的收集积累，不仅保证电子文件的真实性，还维护了它的系统性、完整性。同时，防止了存有信息内容的载体在个人手中发生丢失、损坏，从而保护电子文件的安全，为电子文件的归档打下基础。

(二)电子文件收集积累的范围

电子文件的收集积累范围,按照国家有关规定执行。但需要注意的是,电子文件的特性和表现的功能不同于纸质文件,因此其收集积累的方法和要求也不同于纸质文件。例如,对于草稿电子文件,由于不具备正式文件的功能,一般情况下可以不保留,但对正式的纸质文件有进行全文信息自动检索要求时,或者从保留电子文件的重要修改过程考虑,则应对其进行收集。对于起辅助作用或正式作用的电子文件,则应及时收集积累,并与其相应的纸质文件建立标识关系。尤其是对"无纸化"系统生成的电子文件,应当有更严格的措施。必要时,应在收集积累过程中制成硬拷贝或制成缩微品,以免系统发生意外情况时文件丢失。

对不同信息类型的电子文件,由于其技术特性不同,存储载体和记录信息的标准、压缩算法也不同,应分别采取措施保证其完整性。

与纸质文件不同,电子文件的读取、还原离不开其生成的技术设备条件、相关软件和元数据,所以电子文件收集积累还必须包括这些内容。

(三)电子文件收集积累的方法

电子文件的收集积累往往是在计算机网络系统上进行,由于记录系统有自动记录的功能,可用它来记载电子文件的形成、修改、删除、责任者、入数据库时间等信息。

用载体传递的电子文件,要按规定进行登记、签署,对于更改处,要填写更改单,按更改审批手续进行,并留存备份件,防止出现差错。

电子文件的收集积累应由形成部门集中管理,不得由个人分散保管。

对于网络系统,应建立积累数据库,或在电子文件数据库中将对应在收集积累范围的电子文件注明积累标识。

二、电子文件的鉴定

(一)电子文件的三重鉴定

由于形成、传输和利用的方便,电子文件的数量剧增,远远大于传统文件,从而使鉴定量大大增加。同时,电子文件不同于传统文件的诸多特性,也使鉴定的难度大大提高,更为复杂。

1.内容价值鉴定。

对电子文件内容价值进行鉴定仍有必要。但是,鉴定方法和程序必须改革,否则难以承受、应付呈几何级数增长的鉴定量和电子文件稍纵即逝的特性。

对于文件内容信息进行鉴定,在传统载体档案管理中已经有了应用多年的理论原则、标准和方法。这些在电子文件进行鉴定时,仍然是可以借重的,如分析文件重要性的思路,对各种类型文件保管期限成文的以及不成文的规定和有关的认识等。但是电子文件毕竟又有许多不同于传统文件的特点,这些特点导致了传统文件价值鉴定中习惯采用的"直接鉴定法"受到了挑战,至少在电子文件形成之前的首次鉴定中不再适用。许多学者提出用已经在某些西方国家应用的宏观的以职能为基础进行鉴定的方法,即"职能鉴定",取代"直接鉴定法"。

电子文件的"职能鉴定",关注的再也不是单份文件自身,而是形成文件的职能活动;其分析的重点将是文件形成者的职能、计划、所参与进行的活动及活动中的有机联系和业务的重要性。总之,根据这种方法进行的鉴定将主要用于评估哪些职能活动更重要,从而将在其中产生的或与之相关的文件都保存下来,而不再逐份阅读文件本身。可见,这是一种"批处理"式的鉴定法,某种重要职能活动中形成的文件都将予以保存。也只有这样,鉴定程序才可能在文件形成之前展开。

但是,"职能鉴定"在电子文件价值鉴定中得到提倡,并不意味着"直接鉴定法"就此再也无用武之地。相反,在用于鉴定业已正式产生的电子文件时,尤其在进行第二、第三次鉴定时,"直接鉴定法"仍然可以在特定条件下担当重任。当前,"职能鉴定"在我国的实际工作部门中尚未正式开始应用,在这种情况下,"直接鉴定法"更是一时无法替代的首选方法,即使是对电子文件的首次鉴定,也仍然可以采用。比如,在有明确可行的鉴定标准和保管期限表的情况下,如果把提出保管期限建议的工作,分散到每一个草拟制作、承办文件的人员手里(但对保管期限的审查修改决定权,仍然由档案部门通过网络进行控制),那么,即使电子文件数量很大,仍然可以在对它们的首次鉴定中采用"直接鉴定法",不会有太大的问题。

2.原始性鉴定。

由于电子文件信息的易变性,必须对其原始性进行鉴定,以便保证文件的凭证价值，而这是电子文件之所以能用作法律凭证的基础。

对传统档案文件原始性的鉴别和保护比较容易，因为这种档案文件的信息和载体紧密结合在一起，极难分离，“从一而终”，如果要使其分离，难免不留下痕迹。但电子文件信息的易变性和信息与载体之间的可分离性，使得对电子文件原始性的鉴定显得格外重要。只有通过这种鉴定，才能确保并且进一步证明其原始性，从而保证电子文件的利用价值特别是凭证价值。

电子文件原始性的鉴定包括两方面的内容：一方面是从技术状况的角度，鉴定其可靠性；另一方面是从管理的角度鉴定其真实性和完整性，即是否就是正式形成文件时的版本，或其内容是否与之完全相同。

鉴定电子文件的原始性，主要是认定文件是否就是当事人当时形成的，可以将原始性理解为“真实性”。

从技术角度进行鉴定：电子文件的鉴定首先应该确定其原始性。电子文件形成后，载体和格式都会发生改变，如果没有相关信息证实电子文件的内容没有发生任何变化，就难以确认其原始性。因此，要确定每一份电子文件都建立了必要的记录制度，从收集、积累开始就要对其管理和利用情况进行记录，使电子文件在形成、处理、保管等整个过程中，都有完整信息供查询。归档之前的信息记录是对其原始性的证明，归档之后的信息记录则是对文件真实性的保证。

从管理角度进行鉴定：首先必须了解其真实的原始状况，即文件正式生成或收到时的状况。由于电子文件的原始性已经不可能再用其原始的载体甚至原始的格式来帮助证明，这种原始状况应该在网络实时归档过程中（也就是在电子文件刚刚产生或收到的同时）就直接传输到档案部门的数据库中。其次，除了这种原始状况，文件所有的元数据以及文件在处理过程中经历的变动（包括加工、批办处理情况）和受到访问的情况，也是鉴定时必须研究的重要数据。这种数据是通过建立信息记录制度采集的，在这一制度下，这些数据将在文件处理的同时，通过网络直接自动进入档案部门视野之中并储存下来。有了这两种数据，原始性鉴定就不难进行了。

正因为如此，档案部门实际上是也应该是整个信息系统的监控中心。审查监督应该是档案员的重要工作职责。通过审查监督，档案员不仅能保证电子文件的原始性和真实性，还能进一步保证其完整性和系统性，并有便利条件对整个信息系统在科学规范的基础上进行监督指导。

原始性鉴定应该主要在电子文件脱机保存，也就是介质实体归档时进行,以后的每一次转换载体复制时和转换格式时也要进行。经过鉴定的文件必须备份保存。备份文件中必须有一份作为母本,不再上网提供查询利用。

3. 技术鉴定。

电子文件对计算机软硬件环境有很强的依赖性,因而与电子文件保存、识读有关的技术状况如何,成了能否和应否继续保存、利用它们的关键。正因为如此,对电子文件技术状况的鉴定必不可少。

我们之所以说电子文件鉴定比纸质文件复杂得多,其主要表现就在于还要对其技术状况进行鉴定。因为如果没有技术鉴定,其他种类的鉴定将变得毫无意义。以内容的真实性鉴定为例,对传统文件格式、结构等的修改可以直接识别出来,内容的改变也可以将新旧两份文件加以对比,找出文字之间的不同之处。而电子文件的修改可以做到不留任何痕迹,新文件还可以将旧文件完全覆盖,使文件内容的对比无从下手。通过技术手段,我们能够识别出电子文件是否被修改过。这就是电子文件的特性,技术检测和鉴定比内容鉴定从某种意义上说更为有效。技术鉴定的重点是保证电子文件在规定的保存期限内是可利用的,无论是介质实体的还是网络系统中流动的。技术鉴定的任务是对电子文件的各方面技术状况进行全面检查,包括对电子文件信息的原始性、完整性、可读性的分析以及对文件载体性能的检测。

只有将上述三个方面的鉴定结合起来,才有可能准确判断电子文件的保存价值。

(二)电子文件的鉴定程序与鉴定工作组织

传统文件是在文件处理程序完毕、立卷归档时,受到初次鉴定的,然后又在保存期满以及向档案馆移交时受到二次、三次鉴定。电子文件的鉴定程序则与此有很大不同,主要表现在其初次鉴定的时间必须提前,提前至文件生成之前的系统设计阶段。

但是,提前在电子文件管理系统设计阶段进行的初次鉴定工作,难度非常大,在我国至今没有什么值得一提的实践经验。为了弥补这一缺陷,这种初次鉴定工作也可以移至文件形成、制作阶段进行。具体说,本单位制作的文件,由草拟文件的人,在草拟文件的同时根据保管期限表,提出对保管期限表的建议;外单位的来文则由负责承办的人,在承办文件的同时如此做;档案部门则从网上监控、定夺(认可或进行修改)。这种初次鉴定主要是对电子文件内容价值的鉴定,它实际上应该是在电子文件形成或收到的同时进行,进行网络实时归档时就已经完成了。

电子文件的二次鉴定，可以在介质实体归档时，也就是将电子文件脱机保存在移动载体时进行。本次鉴定当然主要应由档案人员（也可以会同有关部门的人员一起）进行。鉴定内容则应该既包括对内容价值的鉴定，也包括对文件的原始性、完整性等以及对技术状况进行全面鉴定。

对电子文件还要进行第三次鉴定，可以由机关单位档案室在电子文件保管期满时进行。储存在光盘、磁带中的电子文件，还不时需要复制，以延长其寿命，故这种期满鉴定两者结合进行，并且应该是一种全面性的鉴定。或者还可以这样：只要重新复制一次，就顺便再鉴定一次。确实没有继续保存价值的电子文件，可以删除销毁。

在电子文件向档案馆信息系统移送的时候，对它应该进行第四次鉴定，以确保进入档案馆的都是具有永久价值的档案。

第四节　电子文件的整理与归档

一、电子文件的整理

电子文件的整理，是指按照一定的原则和方法，将电子文件分门别类组成电子档案的一项工作。电子文件的整理工作包括两个层次：一是进行分类、排序的组织；二是建立数据库。

（一）分类、排序的组织

分类、排序的组织就是将存储载体传递的、零散的、杂乱的电子文件通过分类、标引、组合，使电子文件存储格式处于一种有序状态，按档案管理要求对电子文件进行分类、排序、著录标引。这项工作应由归档人员来完成，一般情况下，归档人员只是对某一份或几份电子文件进行整理。归档后，档案保管部门还要进行检查和系统地整理，如对电子文件的调整，目录和表格的编写、填写，电子文件的格式转换等一系列加工整理工作。当然，我们应注意的是，对于不同系统产生的电子文件，在整理过程中，可能会遇到文件格式重新编排和重新组合。这种格式转换有可能损伤数据,损害作为证据的电子文件的真实性。但随着技术的发展,不断解决这一格式转换问题,并保证电子文件的真实性、完整性,是归档人员和档案管理部门整理电子档案的一项重要内容。否则,即使增加很多设备,也不可能建立完整的电子档案数据库。电子档案分类排序、著录标引是保管电子档案的基本要求,在建库前的整理工作中占有重要的地位,其整理质量直接影响电子档案的保管和利用。

(二)建立数据库

建立数据库前应对电子文件进行分类编号,使其达到总体上的有序状态。对于不同应用系统应选取不同的文件组织方式或组合方法,目的是方便使用。组建数据库的主要内容有:首先是对电子文件进行分类和编号。一个单位的电子文件类别是多种多样的,对这些电子文件要进行分门别类的管理,就要进行科学的分类。要按门类划分的标准,结合本单位的专业和电子文件内容制定本单位的分类编号方案。分类编号就是按照分类编号方案的规定对电子文件进行划分,并给每份电子文件一个固定的唯一的号码,从而使全部电子文件成为一个有机的整体。其次是对电子文件进行登记。电子文件分类编号后,要建立检索文件,检索文件是对电子文件进行快速访问的有效工具。

电子文件的整理是检索电子文件、提供利用的前提,同时为电子档案管理奠定了基础。与纸质文件相比,电子文件在数据库中是以虚拟形式存在的,经过对电子文件的科学整理,构成有序的虚拟状态,通过检索,可以提取电子文件并在计算机屏幕上显示出来。数据库是存取电子文件的"虚拟文件库"。在计算机网络系统中,存储的电子文件均会以虚拟文件存在于数据库内。电子文件存在的形式状态改变了人们的传统观念,即电子文件是以数据形式记录,又以数据传递,还以数据形式存储。它的存储是看不见的,只有将电子文件的数据经过还原处理后,在计算机屏幕上才能看到电子文件的内容。特别要说明的是,无论在何种条件下,都要拷贝一套保存,并对这套拷贝的软、硬件环境作说明。

有些电子文件必须以纸质文件存在时,可输出纸质文件保存、管理。如法规性的电子文件必须拷贝在纸上保存。对技术、经济、艺术等方面产生的电子文件,保存时间短的可建立数据库整理、存储,不一定输出纸质文件保存。

二、电子文件的归档

电子文件的归档就是将具有完整的背景信息和元数据的需要继续保存的电子文件，一并移交到档案部门保管。电子文件既可以卸载到脱机保存的载体中，也可以通过网络将电子文件转存或登记到由档案部门控制的计算机系统中。

（一）归档的范围

确定电子文件的归档范围时，应根据国家有关文件收集的规定要求，将反映机关单位主要活动、具有查考利用价值的电子文件，纳入归档范围。归档前经鉴定为具有保存价值的电子文件是归档的主体，此外，还应该从以下几方面考虑收集相关的材料：

1. 电子文件具有软硬件依赖性，因而归档文件的支持软件及软件的文档、表达电子文件内容的基本格式及有关元数据都应属于归档范围。

2. 在同一活动中，除了电子文件外，有时还会生成其他形式的重要文件，如纸质文件、缩微胶片等，这些文件不同于由电子文件制作的拷贝件。为保持这些文件之间的历史联系，确保同一活动中形成的档案信息完整无缺，需要将这些文件一同归档。有条件的单位可将这些文件作数字化处理，作为电子文件归档和保存。

3. 在前端控制指导思想下，电子文件管理的许多环节都有所提前，如鉴定工作在文件形成后完成，著录工作贯穿于文件形成之前到形成后等。电子文件归档时，这些环节的成果（如著录信息、鉴定记录等）应与文件信息一起向档案部门移交。

在目前的情况下，电子文件的证据效力、管理制度、管理方法等存在一些问题，因此，我国规定在电子文件归档的同时，应归档相应的纸质文件，这就是“双套制”归档。如《电子公文归档管理暂行办法》规定，“电子公文形成单位必须将具有永久和长期保存价值的电子公文，制成纸质公文与原电子公文的存储载体一同归档，并使两者建立互联”。虽然目前“双套制”归档有其一定的合理性，但并非长久之计，因为它会加重档案部门的负担，同时有些电子文件也无法转换为纸质文件，如多媒体文件等。因此，在条件许可的情况下，以下电子文件可以单独归档而不必归档纸质文件：

(1)通过局域网传递的上级来文；
(2)在纸质条件下不予归档的微观文件；
(3)已实现计算机辅助生产的CAD文件；
(4)某些数量大、保存年限短的数据文件；
(5)多媒体文件；
(6)超文本文件。

(二)归档的方式

电子文件的归档一般分为逻辑归档和物理归档两种方式。

逻辑归档是指在计算机网络上进行，不改变原存储方式和位置而实现的电子文件向档案部门移交的过程。也就是说，文件形成部门仅将存储归档电子文件的逻辑地址通知档案部门，使档案部门能够通过网络直接查阅该电子文件。逻辑归档后的档案信息可以全部在网络中显示和检索利用，电子文件生成在什么位置，归档后的物理位置仍保持不变。但为了防止网络瘫痪、崩溃时文件丢失，以及保护归档电子文件的真实性和完整性，档案部门一般还应采取以下措施对于逻辑归档的电子文件加以控制：第一，把这些电子文件纳入机构的数据备份方案，永久保存的电子文件应有脱机保存的备份；第二，定期将有用电子文件信息从网络上下载，进行物理归档，以减少网络荷载，提高网络速度。《电子文件归档与管理规范》(GB/T 18894—2002)规定："凡在网络中予以逻辑归档的电子文件，均应定期完成物理归档。"

物理归档是把计算机及其网络上的电子文件集中传输到独立的或可脱机保存的载体上，向档案部门移交的过程。物理归档的方式又可以分为网络传输方式归档和以介质传递方式归档两种。网络归档是指将归档电子文件通过网络直接传输到档案部门，或加工后传输到档案部门规定的地址中，并存储在档案部门本地载体的过程，也称在线式归档。介质归档是指将电子文件存储在一定的介质上移交给档案部门，也称卸载式归档。

物理归档，可以实现电子文件的集中管理，保证电子文件的安全。在电子文件的初级阶段，条件不成熟的单位应采用集中存储的物理归档方式。其实，物理归档并未对文件生成部门的使用造成不便，内部联网的单位，文件生成部门的工作人员通过网络可以很方便地利用归档文件的信息；内部未联网的单位，在安全保护职责明确的前提下，可允许归档文件在生成部门的计算机中保存一段时间后再删除。

(三)归档的时间

电子文件的归档时间分实时归档和定期归档两种。实时归档指电子文件形成后即刻归档;定期归档是指按照机构有关规定,在电子文件形成一段时间后再向档案部门移交。双套归档的电子文件和纸质文件,归档时间应统一。

一般来讲,逻辑归档尽可能实时进行,以免发生失控;物理归档中的网络归档既可以实时进行,又可以与介质归档一样,借鉴纸质文件归档的经验并遵照有关规定定期完成,如管理性文件在次年年初归档,科技文件在项目完成之后归档,机密文件随时归档等。

(四)归档的要求

对电子文件归档的要求,主要是真实、完整,保证档案的功能价值。要做到这一点,首先,必须严格遵守电子文件管理各阶段(如收集积累、鉴定、归档等)的规定、标准;其次,要准确说明配套的软、硬件环境;最后,归档电子文件格式尽可能采用通用、标准的格式。国家标准《电子文件归档与管理规范》还提出了一些具体的归档要求。

(五)归档的移交手续

对归档电子文件,应按有关规定进行认真检验,在检验合格后将其如期移交至档案保管部门,进行集中保管。在已联网的情况下,归档电子文件的移交和接收工作可在网络上进行,但仍需履行相应的手续。

文件形成单位在移交电子文件之前,档案保管部门在接收电子文件之前,均应对归档的每套载体及其技术环境进行检验,合格率达到100%方可进行交接。

检验项目如下:

——载体有无划痕,是否清洁;

——有无病毒;

——核实归档电子文件的真实性、完整性、有效性检验及审核手续;

——核实登记表、软件、说明资料等是否齐全;

——对特殊格式的电子文件,应核实其相关的软件、版本、操作手册等是否完整。

档案保管部门验收合格，完成《归档电子文件移交、接收检验登记表》的填写、签字、盖章环节。登记表一式两份，一份交电子文件形成单位，一份由档案保管部门自存。

（六）归档的组织管理

1.加强电子文件归档的组织领导。

从电子文件的形成到归档，涉及多个部门。这些部门往往通过电子计算机网络联成一个有机的整体，有时工作互有交叉，职责界限难以区分清楚。所以，应加强组织管理，由主管部门或负责人统一协调，指定专门机构或专人负责。电子文件的形成、收集积累、整理和归档工作，应由形成者或承办者按照归档要求将形成的电子文件收集积累下来，进行整理归档，向档案部门移交。因为电子文件的形成、收集积累贯穿于公务、科技等工作的始终，只有电子文件的形成者或承办者最熟悉电子文件内容和电子文件之间的关系，由他们收集积累并整理归档，才能保证电子档案的质量。收集积累、整理归档又是档案工作的基础和首要环节，需要由档案部门进行指导和参与管理。对归档后形成的电子档案的管理应由档案部门负责，电子文件形成部门要协助支持。各级档案行政管理部门，对电子文件归档要有明确的规章制度、标准和具体的规定。

2.明确电子文件归档的工作程序、内容和要求。

电子文件的归档，应按归档工作程序和步骤进行，这样才能有效地保证归档电子文件的真实性、完整性，有利于归档工作的全过程管理，有利于较好地执行有关的规范或标准。一般来说，电子文件的归档工作程序包括：一是电子文件形成签署、审批；二是收集积累；三是编制目录；四是整理需归档的电子文件；五是鉴定归档的电子文件，确定归档电子文件的档案属性；六是检测归档的电子文件；七是编制归档说明；八是存入磁、光介质（含压缩归档等方式）；九是复制备份；十是确定载体标识。

电子文件的形成者或承办者要明了电子文件归档的具体工作内容和要求，如制定电子文件归档的工作步骤、归档制度和归档计划，明确电子文件形成、收集积累的质量要求。在电子文件形成阶段就要做好收集积累工作，进行必要的记录和登记。要求归档的电子文件必须真实、完整，能系统地反映工作的过程和结果。对一些研究成果的归档，还应要求其产品与实际的技术状态保持一致。电子文件的归档应由形成者进行整理并编制归档说明，经有关领导审批后向档案部门移交。归档前,档案部门应协助电子文件形成者或承办者进行整理,同时对归档的电子文件进行检查、检测、验收。电子文件归档的时间视具体情况可分为阶段归档和任务完成后归档,公文处理周期长和周期长的工程项目可按阶段归档。

3. 采取措施,保证电子文件归档的质量。

归档工作是由文件管理转换为档案管理的基础,它的质量关系到整个档案管理水平,因此必须有质量控制措施,以保证这项工作的正常进行。应当搞好档案部门和电子文件形成单位的协调工作,使电子文件管理和电子档案管理形成一个有机的整体,避免相互推诿扯皮。因为办公自动化系统(OA)和辅助设计(CAD)、辅助制造(CAM)系统不属档案部门内部的工作,而是外部环境,涉及许多部门,这就需要理顺档案管理工作与有关部门工作的关系,把归档工作列入有关部门计划,落实到人,并按计划进行检查和考核。考虑电子文件产生的环境不尽相同,把归档工作“纳入有关管理制度”“纳入有关人员的职责范围”,从根本上保证电子文件的形成与归档工作不脱节。要严格电子文件归档的检查、检测程序和制度等。

主要参考文献

[1] 国家档案局教育处. 文书学概要[M]. 北京:档案出版社,1987.

[2] 陈兆祦. 再论档案的定义——兼论文件的定义和运动周期问题[J]. 档案学通讯,1987(2):21—25.

[3] 中国档案学会外国档案学术委员会.《文件与档案管理规划》报告选编[M]. 北京:档案出版社,1990.

[4] 窦晓光. 文件管理[M]. 北京:档案出版社,1991.

[5] 中国大百科全书出版社编辑部. 中国大百科全书:图书馆学、情报学、档案学[M]. 北京:中国大百科全书出版社,1992.

[6] 陈鸿滨. 文书学[M]. 北京:中央广播电视大学出版社,1993.

[7] 国家档案局. 机关文书与文书工作[M]. 北京:中国档案出版社,1993.

[8] 韩玉梅. 外国现代档案管理教程[M]. 北京:中国人民大学出版社,1995.

[9] 吕天纵. 文书基础[M]. 北京:高等教育出版社,1996.

[10] 张昌山. 略论"大文件学科"[J]. 档案学通讯,1997(3):60—63,42.

[11] 王传宇. 科技档案管理学[M]. 北京:中国人民大学出版社,1998.

[12] 何嘉荪,傅荣校. 文件运动规律研究:从新角度审视档案学基础理论[M]. 北京:中国档案出版社,1999.

[13] 国家档案局. 电子文件归档与电子档案管理概论[M]. 北京:中国档案出版社,1999.

[14] 陈兆祦,王信功,刘振淮. 档案工作实务全书[M]. 北京:中国三峡出版社,2000.

[15] 董永昌,何嘉荪. 电子文件与档案管理[M]. 上海:百家出版社,2001.

[16] 冯惠玲. 电子文件管理教程[M]. 北京:中国人民大学出版社,2001.

[17] 柳新华. 实用行政公文写作与处理[M]. 北京:中国人事出版社,2002.

[18] 吴建华. 科技档案管理学[M]. 南京:南京大学出版社,2002.

[19] 杨霞.现代文件管理[M].北京:中国档案出版社,2003.
[20] 刘家真.电子文件管理理论与实践[M].北京:科学出版社,2003.
[21] 黄霄羽.文件生命周期理论在电子文件时代的修正与发展[J].档案学研究,2003(1):6—9.
[22] 王健.文书学[M].北京:中国人民大学出版社,2005.
[23] 冯惠玲.论电子文件的风险管理[J].档案学通讯,2005(3):8—11.
[24] 陈兆祦,和宝荣,王英玮.档案管理学基础[M].北京:中国人民大学出版社,2005.
[25] 冯惠玲,张辑哲.档案学概论[M].北京:中国人民大学出版社,2006.
[26] 松世勤.文书学[M].北京:首都师范大学出版社,2006.
[27] 潘连根.文件与档案研究[M].合肥:安徽大学出版社,2007.
[28] 刘越南.当代机构文件管理的趋势分析[J].档案学通讯,2008(2):34—37.
[29] 黄霄羽.文件、档案全程管理的理论依据[J].中国档案,2009(6):13—15.

附录1
党政机关公文处理工作条例

中办发〔2012〕14号

（2012年4月14日由中共中央办公厅和国务院办公厅联合印发）

第一章　总　则

第一条　为了适应中国共产党机关和国家行政机关（以下简称党政机关）工作需要，推进党政机关公文处理工作科学化、制度化、规范化，制定本条例。

第二条　本条例适用于各级党政机关公文处理工作。

第三条　党政机关公文是党政机关实施领导、履行职能、处理公务的具有特定效力和规范体式的文书，是传达贯彻党和国家的方针政策，公布法规和规章，指导、布置和商洽工作，请示和答复问题，报告、通报和交流情况等的重要工具。

第四条　公文处理工作是指公文拟制、办理、管理等一系列相互关联、衔接有序的工作。

第五条　公文处理工作应当坚持实事求是、准确规范、精简高效、安全保密的原则。

第六条　各级党政机关应当高度重视公文处理工作，加强组织领导，强化队伍建设，设立文秘部门或者由专人负责公文处理工作。

第七条　各级党政机关办公厅（室）主管本机关的公文处理工作，并对下级机关的公文处理工作进行业务指导和督促检查。

第二章　公文种类

第八条　公文种类主要有：

（一）决议。适用于会议讨论通过的重大决策事项。

（二）决定。适用于对重要事项作出决策和部署、奖惩有关单位和人员、变更或者撤销下级机关不适当的决定事项。

（三）命令（令）。适用于公布行政法规和规章、宣布施行重大强制性措施、批准授予和晋升衔级、嘉奖有关单位和人员。

（四）公报。适用于公布重要决定或者重大事项。

（五）公告。适用于向国内外宣布重要事项或者法定事项。

（六）通告。适用于在一定范围内公布应当遵守或者周知的事项。

（七）意见。适用于对重要问题提出见解和处理办法。

（八）通知。适用于发布、传达要求下级机关执行和有关单位周知或者执行的事项，批转、转发公文。

（九）通报。适用于表彰先进、批评错误、传达重要精神和告知重要情况。

（十）报告。适用于向上级机关汇报工作、反映情况，回复上级机关的询问。

（十一）请示。适用于向上级机关请求指示、批准。

（十二）批复。适用于答复下级机关请示事项。

（十三）议案。适用于各级人民政府按照法律程序向同级人民代表大会或者人民代表大会常务委员会提请审议事项。

（十四）函。适用于不相隶属机关之间商洽工作、询问和答复问题、请求批准和答复审批事项。

（十五）纪要。适用于记载会议主要情况和议定事项。

第三章　公文格式

第九条　公文一般由份号、密级和保密期限、紧急程度、发文机关标志、发文字号、签发人、标题、主送机关、正文、附件说明、发文机关署名、成文日期、印章、附注、附件、抄送机关、印发机关和印发日期、页码等组成。

（一）份号。公文印制份数的顺序号。涉密公文应当标注份号。

（二）密级和保密期限。公文的秘密等级和保密的期限。涉密公文应当根据涉密程度分别标注“绝密”“机密”“秘密”和保密期限。

（三）紧急程度。公文送达和办理的时限要求。根据紧急程度，紧急公文应当分别标注“特急”“加急”，电报应当分别标注“特提”“特急”“加急”“平急”。

（四）发文机关标志。由发文机关全称或者规范化简称加“文件”二字组成，也可以使用发文机关全称或者规范化简称。联合行文时，发文机关标志可以并用联合发文机关名称，也可以单独用主办机关名称。

（五）发文字号。由发文机关代字、年份、发文顺序号组成。联合行文时，使用主办机关的发文字号。

（六）签发人。上行文应当标注签发人姓名。

（七）标题。由发文机关名称、事由和文种组成。

（八）主送机关。公文的主要受理机关，应当使用机关全称、规范化简称或者同类型机关统称。

（九）正文。公文的主体，用来表述公文的内容。

（十）附件说明。公文附件的顺序号和名称。

（十一）发文机关署名。署发文机关全称或者规范化简称。

（十二）成文日期。署会议通过或者发文机关负责人签发的日期。联合行文时，署最后签发机关负责人签发的日期。

（十三）印章。公文中有发文机关署名的，应当加盖发文机关印章，并与署名机关相符。有特定发文机关标志的普发性公文和电报可以不加盖印章。

（十四）附注。公文印发传达范围等需要说明的事项。

（十五）附件。公文正文的说明、补充或者参考资料。

（十六）抄送机关。除主送机关外需要执行或者知晓公文内容的其他机关，应当使用机关全称、规范化简称或者同类型机关统称。

（十七）印发机关和印发日期。公文的送印机关和送印日期。

（十八）页码。公文页数顺序号。

第十条　公文的版式按照《党政机关公文格式》国家标准执行。

第十一条　公文使用的汉字、数字、外文字符、计量单位和标点符号等，按照有关国家标准和规定执行。民族自治地方的公文，可以并用汉字和当地通用的少数民族文字。

第十二条　公文用纸幅面采用国际标准 A4 型。特殊形式的公文用纸幅面，根据实际需要确定。

第四章　行文规则

第十三条　行文应当确有必要，讲求实效，注重针对性和可操作性。

第十四条　行文关系根据隶属关系和职权范围确定。一般不得越级行文，特殊情况需要越级行文的，应当同时抄送被越过的机关。

第十五条　向上级机关行文，应当遵循以下规则：

（一）原则上主送一个上级机关，根据需要同时抄送相关上级机关和同级机关，不抄送下级机关。

（二）党委、政府的部门向上级主管部门请示、报告重大事项，应当经本级党委、政府同意或者授权；属于部门职权范围内的事项应当直接报送上级主管部门。

（三）下级机关的请示事项，如需以本机关名义向上级机关请示，应当提出倾向性意见后上报，不得原文转报上级机关。

（四）请示应当一文一事。不得在报告等非请示性公文中夹带请示事项。

（五）除上级机关负责人直接交办事项外，不得以本机关名义向上级机关负责人报送公文，不得以本机关负责人名义向上级机关报送公文。

（六）受双重领导的机关向一个上级机关行文，必要时抄送另一个上级机关。

第十六条 向下级机关行文，应当遵循以下规则：

（一）主送受理机关，根据需要抄送相关机关。重要行文应当同时抄送发文机关的直接上级机关。

（二）党委、政府的办公厅（室）根据本级党委、政府授权，可以向下级党委、政府行文，其他部门和单位不得向下级党委、政府发布指令性公文或者在公文中向下级党委、政府提出指令性要求。需经政府审批的具体事项，经政府同意后可以由政府职能部门行文，文中须注明已经政府同意。

（三）党委、政府的部门在各自职权范围内可以向下级党委、政府的相关部门行文。

（四）涉及多个部门职权范围内的事务，部门之间未协商一致的，不得向下行文；擅自行文的，上级机关应当责令其纠正或者撤销。

（五）上级机关向受双重领导的下级机关行文，必要时抄送该下级机关的另一个上级机关。

第十七条 同级党政机关、党政机关与其他同级机关必要时可以联合行文。属于党委、政府各自职权范围内的工作，不得联合行文。

党委、政府的部门依据职权可以相互行文。

部门内设机构除办公厅（室）外不得对外正式行文。

第五章 公文拟制

第十八条 公文拟制包括公文的起草、审核、签发等程序。

第十九条 公文起草应当做到：

（一）符合党的理论路线方针政策和国家法律法规，完整准确体现发文机关意图，并同现行有关公文相衔接。

（二）一切从实际出发，分析问题实事求是，所提政策措施和办法切实可行。

(三)内容简洁,主题突出,观点鲜明,结构严谨,表述准确,文字精练。

(四)文种正确,格式规范。

(五)深入调查研究,充分进行论证,广泛听取意见。

(六)公文涉及其他地区或者部门职权范围内的事项,起草单位必须征求相关地区或者部门意见,力求达成一致。

(七)机关负责人应当主持、指导重要公文起草工作。

第二十条 公文文稿签发前,应当由发文机关办公厅(室)进行审核。审核的重点是:

(一)行文理由是否充分,行文依据是否准确。

(二)内容是否符合党的理论路线方针政策和国家法律法规;是否完整准确体现发文机关意图;是否同现行有关公文相衔接;所提政策措施和办法是否切实可行。

(三)涉及有关地区或者部门职权范围内的事项是否经过充分协商并达成一致意见。

(四)文种是否正确,格式是否规范;人名、地名、时间、数字、段落顺序、引文等是否准确;文字、数字、计量单位和标点符号等用法是否规范。

(五)其他内容是否符合公文起草的有关要求。

需要发文机关审议的重要公文文稿,审议前由发文机关办公厅(室)进行初核。

第二十一条 经审核不宜发文的公文文稿,应当退回起草单位并说明理由;符合发文条件但内容需作进一步研究和修改的,由起草单位修改后重新报送。

第二十二条 公文应当经本机关负责人审批签发。重要公文和上行文由机关主要负责人签发。党委、政府的办公厅(室)根据党委、政府授权制发的公文,由受权机关主要负责人签发或者按照有关规定签发。签发人签发公文,应当签署意见、姓名和完整日期;圈阅或者签名的,视为同意。联合发文由所有联署机关的负责人会签。

第六章 公文办理

第二十三条 公文办理包括收文办理、发文办理和整理归档。

第二十四条 收文办理主要程序是:

(一)签收。对收到的公文应当逐件清点,核对无误后签字或者盖章,并注明签收时间。

（二）登记。对公文的主要信息和办理情况应当详细记载。

（三）初审。对收到的公文应当进行初审。初审的重点是：是否应当由本机关办理，是否符合行文规则，文种、格式是否符合要求，涉及其他地区或者部门职权范围内的事项是否已经协商、会签，是否符合公文起草的其他要求。经初审不符合规定的公文，应当及时退回来文单位并说明理由。

（四）承办。阅知性公文应当根据公文内容、要求和工作需要确定范围后分送。批办性公文应当提出拟办意见报本机关负责人批示或者转有关部门办理；需要两个以上部门办理的，应当明确主办部门。紧急公文应当明确办理时限。承办部门对交办的公文应当及时办理，有明确办理时限要求的应当在规定时限内办理完毕。

（五）传阅。根据领导批示和工作需要将公文及时送传阅对象阅知或者批示。办理公文传阅应当随时掌握公文去向，不得漏传、误传、延误。

（六）催办。及时了解掌握公文的办理进展情况，督促承办部门按期办结。紧急公文或者重要公文应当由专人负责催办。

（七）答复。公文的办理结果应当及时答复来文单位，并根据需要告知相关单位。

第二十五条 发文办理主要程序是：

（一）复核。已经发文机关负责人签批的公文，印发前应当对公文的审批手续、内容、文种、格式等进行复核；需作实质性修改的，应当报原签批人复审。

（二）登记。对复核后的公文，应当确定发文字号、分送范围和印制份数并详细记载。

（三）印制。公文印制必须确保质量和时效。涉密公文应当在符合保密要求的场所印制。

（四）核发。公文印制完毕，应当对公文的文字、格式和印刷质量进行检查后分发。

第二十六条 涉密公文应当通过机要交通、邮政机要通信、城市机要文件交换站或者收发件机关机要收发人员进行传递，通过密码电报或者符合国家保密规定的计算机信息系统进行传输。

第二十七条 需要归档的公文及有关材料，应当根据有关档案法律法规以及机关档案管理规定，及时收集齐全、整理归档。两个以上机关联合办理的公文，原件由主办机关归档，相关机关保存复制件。机关负责人兼任其他机关职务的，在履行所兼职务过程中形成的公文，由其兼职机关归档。

第七章 公文管理

第二十八条 各级党政机关应当建立健全本机关公文管理制度，确保管理严格规范，充分发挥公文效用。

第二十九条 党政机关公文由文秘部门或者专人统一管理。设立党委(党组)的县级以上单位应当建立机要保密室和机要阅文室，并按照有关保密规定配备工作人员和必要的安全保密设施设备。

第三十条 公文确定密级前，应当按照拟定的密级先行采取保密措施。确定密级后，应当按照所定密级严格管理。绝密级公文应当由专人管理。

公文的密级需要变更或者解除的，由原确定密级的机关或者其上级机关决定。

第三十一条 公文的印发传达范围应当按照发文机关的要求执行；需要变更的，应当经发文机关批准。

涉密公文公开发布前应当履行解密程序。公开发布的时间、形式和渠道，由发文机关确定。

经批准公开发布的公文，同发文机关正式印发的公文具有同等效力。

第三十二条 复制、汇编机密级、秘密级公文，应当符合有关规定并经本机关负责人批准。绝密级公文一般不得复制、汇编，确有工作需要的，应当经发文机关或者其上级机关批准。复制、汇编的公文视同原件管理。

复制件应当加盖复制机关戳记。翻印件应当注明翻印的机关名称、日期。汇编本的密级按照编入公文的最高密级标注。

第三十三条 公文的撤销和废止，由发文机关、上级机关或者权力机关根据职权范围和有关法律法规决定。公文被撤销的，视为自始无效；公文被废止的，视为自废止之日起失效。

第三十四条 涉密公文应当按照发文机关的要求和有关规定进行清退或者销毁。

第三十五条 不具备归档和保存价值的公文，经批准后可以销毁。销毁涉密公文必须严格按照有关规定履行审批登记手续，确保不丢失、不漏销。个人不得私自销毁、留存涉密公文。

第三十六条 机关合并时，全部公文应当随之合并管理；机关撤销时，需要归档的公文经整理后按照有关规定移交档案管理部门。

工作人员离岗离职时，所在机关应当督促其将暂存、借用的公文按照有关规定移交、清退。

第三十七条 新设立的机关应当向本级党委、政府的办公厅（室）提出发文立户申请。经审查符合条件的，列为发文单位，机关合并或者撤销时，相应进行调整。

第八章 附 则

第三十八条 党政机关公文含电子公文。电子公文处理工作的具体办法另行制定。

第三十九条 法规、规章方面的公文，依照有关规定处理。外事方面的公文，依照外事主管部门的有关规定处理。

第四十条 其他机关和单位的公文处理工作，可以参照本条例执行。

第四十一条 本条例由中共中央办公厅、国务院办公厅负责解释。

第四十二条 本条例自 2012 年 7 月 1 日起施行。1996 年 5 月 3 日中共中央办公厅发布的《中国共产党机关公文处理条例》和 2000 年 8 月 24 日国务院发布的《国家行政机关公文处理办法》停止执行。

附录2
机关文件材料归档范围和文书档案保管期限规定

国家档案局令第8号

《机关文件材料归档范围和文书档案保管期限规定》已经2006年9月19日国家档案局局务会议审议通过，现予公布，自公布之日起施行。

局长杨冬权

二〇〇六年十二月十八日

第一条 为便于各级党政机关和人民团体（以下统称机关）正确界定文件材料归档范围，准确划分档案保管期限，使所保存的档案既能反映机关主要职能活动情况，维护其历史面貌，又便于保管和利用，根据《中华人民共和国档案法》《中华人民共和国档案法实施办法》，制定本规定。

第二条 本规定中的机关文件材料是指机关在其工作活动过程中形成的各种门类和载体的历史记录。

第三条 机关文件材料归档范围是：

（一）反映本机关主要职能活动和基本历史面貌的，对本机关工作、国家建设和历史研究具有利用价值的文件材料；

（二）机关工作活动中形成的在维护国家、集体和公民权益等方面具有凭证价值的文件材料；

（三）本机关需要贯彻执行的上级机关、同级机关的文件材料；下级机关报送的重要文件材料；

（四）其他对本机关工作具有查考价值的文件材料。

第四条 机关文件材料不归档范围是：

（一）上级机关的文件材料中，普发性不需本机关办理的文件材料，任免、奖惩非本机关工作人员的文件材料，供工作参考的抄件等；

（二）本机关文件材料中的重份文件，无查考利用价值的事务性、临时性文件，一般性文件的历次修改稿、各次校对稿，无特殊保存价值的信封，不需办理的一般性人民来信、电话记录，机关内部互相抄送的文件材料，本机关负责人兼任外单位职务形成的与本机关无关的文件材料，有关工作参考的文件材料；

（三）同级机关的文件材料中，不需贯彻执行的文件材料，不需办理的抄送文件材料；

（四）下级机关的文件材料中，供参阅的简报、情况反映，抄报或越级抄报的文件材料。

第五条 凡属机关归档范围的文件材料，必须按有关规定向本机关负责档案工作的部门移交，实行集中统一管理，任何个人不得据为己有或拒绝归档。

第六条 机关文书档案的保管期限定为永久、定期两种。定期一般分为30年、10年。

第七条 永久保管的文书档案主要包括：

（一）本机关制定的法规政策性文件材料；

（二）本机关召开重要会议、举办重大活动等形成的主要文件材料；

（三）本机关职能活动中形成的重要业务文件材料；

（四）本机关关于重要问题的请示与上级机关的批复、批示，重要的报告、总结、综合统计报表等；

（五）本机关机构演变、人事任免等文件材料；

（六）本机关房屋买卖、土地征用，重要的合同协议、资产登记等凭证性文件材料；

（七）上级机关制发的属于本机关主管业务的重要文件材料；

（八）同级机关、下级机关关于重要业务问题的来函、请示与本机关的复函、批复等文件材料。

第八条 定期保管的文书档案主要包括：

（一）本机关职能活动中形成的一般性业务文件材料；

（二）本机关召开会议、举办活动等形成的一般性文件材料；

（三）本机关人事管理工作形成的一般性文件材料；

（四）本机关一般性事务管理文件材料；

（五）本机关关于一般性问题的请示与上级机关的批复、批示，一般性工作报告、总结、统计报表等；

（六）上级机关制发的属于本机关主管业务的一般性文件材料；

（七）上级机关和同级机关制发的非本机关主管业务但要贯彻执行的文件材料；

（八）同级机关、下级机关关于一般性业务问题的来函、请示与本机关的复函、批复等文件材料；

（九）下级机关报送的年度或年度以上计划、总结、统计、重要专题报告等文件材料。

第九条　机关形成的人事、基建、会计及其他专门文件材料的归档范围和档案保管期限，按国家有关规定执行。

第十条　机关对应归档电子文件的元数据、背景信息等要进行相应归档。

机关应归档纸质文件材料中，有文件发文稿纸、文件处理单的，应与文件正本、定稿一并归档。

第十一条　机关联合召开会议、联合行文所形成的文件材料原件由主办机关归档，其他机关将相应的复制件或其他形式的副本归档。

第十二条　各机关应根据本规定，结合本机关职能和各部门工作实际，编制本机关的文件材料归档范围和文书档案保管期限表，经同级档案行政管理部门审查同意后执行。

有垂直领导关系的中央、国家机关应依据本规定，结合本系统工作实际，编制本系统的文件材料归档范围和文书档案保管期限表，并经国家档案局审查同意后执行。

第十三条　在编制本机关或本系统文件材料归档范围和文书档案保管期限表时，应全面分析和鉴别本机关或本系统文件材料的现实作用和历史作用，准确界定文件材料的归档范围和划分档案保管期限。

第十四条　本规定适用于各级党政机关和人民团体。军队系统、民主党派、企业事业单位可参照执行。

第十五条　本规定自颁布之日起施行，1987 年颁发的《国家档案局关于机关档案保管期限的规定》和《机关文件材料归档和不归档的范围》同时废止。

附件：

文书档案保管期限表

1　本级党的代表大会、人民代表大会、政治协商会议，工会、共青团、妇联代表大会的文件材料

1.1　请示、批复、通知、名单、议程、报告、领导人讲话、选举结果、讨论通过的文件、决议、纪要、公报、主席团会议记录等文件材料　永久

1.2　大会发言，人大代表建议和意见、人大议案及答复，政协委员提案及办理结果，简报，快报　永久

1.3　重要的贺信、贺电，筹备工作、选举过程中形成的文件，小组会议记录、会议服务机构的计划、总结等文件材料　30年

1.4　讨论未通过的文件　10年

2　本级党委、人民代表大会、政治协商会议、纪律检查委员会、共青团、工会、妇联的常委会、执委会、主席团、全体委员会会议，政府常务会、办公会议的文件材料

2.1　公报、决议、决定、记录、纪要、议程、领导人讲话、讨论通过的文件、参加人员名册　永久

2.2　讨论未通过的文件　10年

3　本机关党组(或实行党委制的党委)会议和行政办公会的纪要、会议记录　永久

4　本机关召开工作会议、专题会议的文件材料

4.1　请示、批复、通知、名单、日程、报告、讲话、总结、决议、决定、纪要　永久

4.2　典型材料、代表发言材料、交流材料、简报　30年

5　机关联合召开会议的文件材料

5.1　本机关为主办的

5.1.1　请示、批复、通知、名单、日程、报告、讲话、总结、决议、决定、纪要　永久

5.1.2　典型材料、代表发言材料、交流材料、简报　30年

5.2　本机关为协办的

5.2.1　请示、批复、通知、名单、日程、报告、讲话、总结、决议、决定、纪要的复制件或副本　30年

5.2.2　典型材料、代表发言材料、交流材料、简报的复制件或副本　10 年

6　本机关承办国际性会议、大型展览会、博览会的文件材料

6.1　请示、批复、申办和筹办组委会主要活动安排、议程、名单、主报告(原文及译文)、辅助报告(原文及译文),上级领导人贺辞、题词、讲话,会徽设计　永久

6.2　代表发言材料、交流材料、简报、新闻报道　30 年

6.3　委员会、分会会议和学术会的讨论记录,会议代表登记表、接待安排　10 年

7　上级机关、上级领导检查、视察本地区、本机关工作时形成的文件材料

7.1　重要的　永久

7.2　一般的　30 年

7.3　本地区、本机关工作汇报材料　30 年

8　本机关业务文件材料

8.1　本机关制定的方针政策性、法规性、普发性业务文件,中长期规划、纲要等文件材料　永久

8.2　本机关的请示与上级机关的批复、批示

8.2.1　重要业务问题的　永久

8.2.2　一般业务问题的　30 年

8.3　同级机关、下级机关的来函、请示与本机关的复函、批复等文件材料

8.3.1　重要业务问题的　永久

8.3.2　一般业务问题的　30 年

8.4　本机关代上级机关起草并被采用的重要法规性文件、专项业务文件的最后草稿　30 年

8.5　机关联合行文的文件材料

8.5.1　本机关为主办的

8.5.1.1　重要业务问题的　永久

8.5.1.2　一般业务问题的　30 年

8.5.2　本机关为协办的

8.5.2.1　重要业务问题的　30 年

8.5.2.2　一般业务问题的　10年

8.6　本机关编辑、编写的文件材料

8.6.1　大事记、组织沿革等　永久

8.6.2　简报、情况反映、工作信息等　10年

8.7　行政管理、执法活动中形成的文件材料

8.7.1　行政管理工作制度、程序、规定等文件材料　永久

8.7.2　执法检查情况汇总、通报，整改通知等　永久

8.7.3　行政管理工作中形成的审批、审查、核准等文件材料

8.7.3.1　固定资产投资、科技计划等项目的审批（核准）、管理、验收（评估）等文件材料　永久

8.7.3.2　不动产、自然资源的所有权、使用权确认的文件材料　永久

8.7.3.3　20年（含）以上有效或未注明有效期的许可证、执照、资质证、资格证等的审批、管理文件材料　永久

8.7.3.4　20年以下有效的许可证、执照、资质证、资格证等的审批、管理文件材料　30年

8.7.4　行政管理工作中形成的备案文件材料　10年

8.7.5　行政处罚、处分、复议、国家赔偿等工作中形成的文件材料

8.7.5.1　重要的　永久

8.7.5.2　一般的　30年

8.8　计划、总结、统计、调研等方面的文件材料

8.8.1　年度和年度以上的计划、总结、统计材料　永久

8.8.2　年度以下的计划、总结、统计材料　10年

8.8.3　重要职能活动的总结、重要专题的调研材料　永久

8.8.4　一般活动的总结、一般问题的调研材料　10年

8.9　出国或出境访问考察、参加国际会议，接待来访等外事活动形成的文件材料

8.9.1　发表的公报，签订的协议、协定、备忘录，重要的会谈记录、纪要等　永久

8.9.2　出国审批手续、执行日程、考察报告、一般性会谈记录　30年

9　本机关机构编制、干部人事、党、团、纪检、工会、保卫、信访工作文件材料

9.1　机构设置、机构撤并、名称更改、组织简则、人员编制、印信启用和

作废等文件材料　永久

9.2　人事工作制度、规定、办法等文件　30 年

9.3　人事任免文件　永久

9.4　先进单位、劳动模范、先进工作者的文件材料

9.4.1　受县级(含)以上表彰、奖励的　永久

9.4.2　受县级以下表彰、奖励的　30 年

9.5　对本机关有关人员的处分材料

9.5.1　受到警告(不含)以上处分的　永久

9.5.2　受到警告处分的　30 年

9.6　职工录用、转正、聘任、调资、定级、停薪留职、辞职、离退休、死亡、抚恤等文件材料　永久

9.7　人事考核、职称评审工作文件材料　永久

9.8　职工调动工作的行政、工资、党团组织关系的介绍信及存根　永久

9.9　职工名册　永久

9.10　党、团、工会工作活动中形成的文件材料

9.10.1　工作报告、总结，换届选举结果　永久

9.10.2　重要专项活动的报告、总结等　永久

9.10.3　党团员、工会会员名册，批准加入党团、工会组织的文件材料　永久

9.10.4　情况反映、工作简报　10 年

9.11　纪检、监察工作中形成的综合性报告、调查材料

9.11.1　重要的　永久

9.11.2　一般的　30 年

9.12　保卫部门的安全检查、调查记录　10 年

9.13　本机关处理人民来信来访的文件材料

9.13.1　有领导重要批示和处理结果的　永久

9.13.2　其他有处理结果的　30 年

10　本机关事务管理文件材料

10.1　房产、土地所有权和使用权的文件材料　永久

10.2　与有关单位签订的合同、协定、协议、议定书等文件材料

10.2.1　重要的　永久

10.2.2　一般的　10 年

10.3　接待工作的计划、方案

10.3.1　重要的　30年

10.3.2　一般的　10年

10.4　机关财务预算　30年

10.5　机关物资(办公设备及用品、机动车等)采购计划、审批手续、招标投标、购置等文件材料,机动车调拨、保险、事故、转让等文件材料　30年

10.6　国有资产管理(登记、统计、核查清算、交接等)文件材料

10.6.1　重要的　永久

10.6.2　一般的　10年

10.7　职工承租、购置本单位住房的合同、协议和有关手续　永久

10.8　职工住房分配、出售的规定、方案、细则,职工住房情况统计、调查表、职工住房申请　30年

11　上级机关制发的文件材料

11.1　上级机关制发的属于本机关主管业务的文件材料

11.1.1　重要的　永久

11.1.2　一般的　10年

11.2　上级机关制发的非本机关主管业务但要贯彻执行的文件材料　10年

11.3　上级机关制发的关于本机关机构设置、领导人任免、人员编制等文件材料　永久

12　同级机关制发的非本机关主管业务但要贯彻执行的文件材料　10年

13　下级机关报送的文件材料

13.1　重大问题的专题报告　30年

13.2　年度和年度以上的计划、总结、统计材料　10年

附录3
企业文件材料归档范围和档案保管期限规定

国家档案局令第10号

《企业文件材料归档范围和档案保管期限规定》已经国家档案局局务会议审议通过，现予公布，自2013年2月1日起施行。

局长杨冬权

2012年12月17日

第一条 为便于企业正确界定文件材料归档范围，准确划分档案保管期限，促进企业依法经营和规范管理，根据《中华人民共和国档案法》《中华人民共和国档案法实施办法》，制定本规定。

第二条 本规定所指的企业文件材料是指企业在研发、生产、服务、经营和管理等活动过程中形成的各种门类和载体的记录。

第三条 各级档案行政管理部门依照企业资产关系分别负责对企业文件材料归档范围和档案保管期限表编制工作进行业务指导和监督。

第四条 企业文件材料归档范围是：

（一）反映本企业在研发、生产、服务、经营、管理等各项活动和基本历史面貌的，对本企业各项活动、国家建设、社会发展和历史研究具有利用价值的文件材料；

（二）本企业在各项活动中形成的对维护国家、企业和职工权益具有凭证价值的文件材料；

（三）本企业需要贯彻执行的有关机关和上级单位的文件材料，非隶属关系单位发来的需要执行或查考的文件材料；社会中介机构出具的与本企业有关的文件材料；所属和控股企业报送的重要文件材料；

（四）有关法律法规规定应归档保存的文件材料和其他对本企业各项活动具有查考价值的文件材料。

第五条 企业下列文件材料可不归档：

（一）有关机关和上级主管单位制发的普发性不需本企业办理的文件材料，任免、奖惩非本企业工作人员的文件材料，供工作参考的抄件等；

（二）本企业文件材料中的重份文件，无查考利用价值的事务性、临时性文件，未经会议讨论、未经领导审阅和签发的文件，一般性文件的历次修改稿、各次校对稿，无特殊保存价值的信封，不需办理的一般性来信、来电记录，企业内部互相抄送的文件材料，本企业负责人兼任外单位职务形成的与本企业无关的文件材料，有关工作参考的文件材料；

（三）非隶属关系单位发来的不需贯彻执行和无参考价值的文件材料；

（四）所属和控股企业报送的供参阅的一般性简报、情况反映，其他社会组织抄送不需本企业办理的文件材料；

（五）其他不需归档的文件材料。

第六条 凡属企业归档范围的文件材料，必须按有关规定向本企业档案部门移交，实行集中统一管理，任何个人不得据为己有或拒绝归档。

第七条 企业档案的保管期限定为永久、定期两种，定期一般分为30年、10年。

第八条 永久保管的企业管理类档案主要包括：

（一）本企业设立、合并、分立、改制、上市、解散、破产或其他变动过程中形成的文件材料，本企业董事会、监事会、股东会的构成、变更、召开会议、履行职责和维护权益的文件材料；

（二）本企业资产和产权登记、评估与证明文件材料，资产和产权转让、买卖、抵押、租赁、许可、变更、保护等凭证性文件材料，对外投资文件材料；本企业资本金核算、确认、划转、变更等文件材料，企业融资文件材料；

（三）本企业关于重要问题向有关机关和上级主管单位的请示、报告、报表及其复函、批复，有关机关和上级单位制发的需本企业办理的重要文件材料，行业协会、中介机构等对本企业做出的重要决定、出具的审计、公证、裁定等重要文件材料，本企业与其他组织和个人形成的重要合同、协议及补充协议等文件材料；

（四）本企业发展规划、战略决策、重大改革、年度计划和总结文件材料，内部管理制度、规定、办法等文件材料；

（五）本企业机构演变，人力资源管理的重要文件材料；本企业涉及职工权益的其他重要文件材料；企业文化建设文件材料；

（六）本企业经营管理工作的重要文件材料；

（七）本企业生产技术管理工作的重要文件材料；

（八）本企业行政管理工作的重要文件材料；

（九）本企业党群工作的重要文件材料；

（十）新闻媒体对本企业重要活动、重大事件、典型人物的宣传报道；

（十一）有关机关和上级主管单位领导、社会知名人士等重要来宾到本企业检查、视察、调研、参观时的讲话、题词、批示、录音、录像、照片及企业工作汇报等重要文件材料；本企业参与国家和社会重大活动的重要文件材料，本企业职工参加省级以上党、团、工会、人大、政协等代表大会形成的重要文件材料；

（十二）本企业直属单位、所属、控股、参股、境外企业和机构报送的关于重要问题的报告、请示和批复等文件材料。

第九条　定期保管的企业管理类档案主要包括：

（一）本企业资本金管理、资产管理的一般性文件材料，本企业涉及职工权益的一般性文件材料；

（二）本企业部门工作或专项工作规划，半年、季度、月份计划与总结等文件材料；

（三）本企业召开会议、举办活动的一般性文件材料，发布的一般性公告；

（四）本企业经营管理工作的一般性文件材料；

（五）本企业生产技术管理工作的一般性文件材料；

（六）本企业行政管理工作的一般性文件材料；

（七）本企业党群工作的一般性文件材料；

（八）本企业关于一般性问题向有关机关和上级主管单位的请示、报告、报表及有关机关和上级主管单位的复函、批复，有关机关和上级主管单位、行业协会制发的需本企业贯彻执行的一般性文件材料和对本企业出具的一般性证明文件，本企业与其他单位和个人形成的一般性合同、协议文件材料；

（九）直属单位、所属和控股企业一般性问题的请示、报告、来函与本企业的批复、复函等文件材料；

（十）本企业参与国家和社会活动的一般性文件材料，本企业职工参加省以上党、团、工会、人大、政协等代表大会形成的一般性文件材料；本企业接待重要来宾的工作计划、方案等一般性文件材料。

第十条 企业经营管理、生产技术管理、行政管理、党群工作等管理类档案保管期限见附件。

第十一条 本规定的管理类档案保管期限为最低期限,各企业在具体划分时可选择高于本规定的期限。

第十二条 企业产品生产和服务业务、科研开发、基本建设、设备仪器、会计、干部与职工人事等文件材料的归档范围和档案保管期限,按国家有关规定、标准,结合企业实际执行。

第十三条 企业应归档纸质文件材料中,有重要修改意见和批示的修改稿及有发文稿纸或文件处理单的,应与文件正本、定稿一并归档。

企业对于无相应纸质或确实无法输出成纸质的电子文件应纳入归档范围并划分保管期限。

企业对归档的电子文件的元数据要进行相应归档。

第十四条 多个企业联合召开的会议、联合研制的产品、联合建设或研究的项目、联合行文所形成的文件材料,原件由主办企业归档,其他企业将相应的复制件或其他形式的副本归档。

第十五条 企业应依据本规定和国家及专业相关规定,结合本企业生产组织方式、产品和服务特点,编制本企业的各类文件材料归档范围和档案保管期限表。企业应按资产归属关系,指导所属企业根据有关规定规范各类文件材料归档范围和档案保管期限表的编制并审批所属企业的文件材料归档范围和档案保管期限表。

第十六条 中央管理的企业(包括国务院国有资产监督管理委员会监管中央企业、金融企业、中央所属文化企业等)总部的文件材料归档范围和管理类档案保管期限表,报国家档案局同意后执行。

地方国有企业总部编制的文件材料归档范围和管理类档案保管期限表,报同级档案行政管理部门同意后执行。

第十七条 企业资本结构或主营业务发生较大变化时,应及时修订和完善文件材料归档范围和档案保管期限表。

第十八条 企业在编制文件材料归档范围和档案保管期限表时,应全面分析和鉴别本企业形成文件材料的现实作用和历史价值,统筹考虑纸质文件材料与其他载体文件材料的管理要求,准确界定文件材料的归档范围和划分档案保管期限。

第十九条　本规定适用于在中华人民共和国境内注册设立的企业，在境外经营的企业，由企业总部参照本规定提出实施要求；科技事业单位可参照执行。

第二十条　本规定由国家档案局负责解释。

第二十一条　本规定自 2013 年 2 月 1 日起施行。

附件：

企业管理类档案保管期限表

1　本企业设立、变更、解散过程文件材料

1.1　本企业筹办和设立的申请文件材料、政府相关部门批准设立本企业的相关文件材料　永久

1.2　本企业设立登记相关证照、证照变更登记文件材料　永久

1.3　本企业章程送审稿、批准稿及正式文本　永久

1.4　企业合并、分立、改制、上市、破产、解散或其他变更公司形式等过程中形成的文件材料　永久

2　本企业董事会、监事会、股东会构成及变更等方面的文件材料

2.1　本企业董事会、监事会、股东会构成及变更文件材料，发起人协议　永久

2.2　董事会、监事会、股东代表大会会议形成的文件材料

2.2.1　会议通知、议程、报告、决议、决定、公报声明、记录、领导人讲话、总结、纪要、讨论通过的文件材料、参加人员名单　永久

2.2.2　讨论未通过的文件材料　10 年

2.3　董事、监事、股东履职和维护权益过程形成的文件材料

2.3.1　重要的　永久

2.3.2　一般的　30 年

3　本企业资本登记、资本变动、融资文件材料

3.1　国有资产管理部门对本企业国有资本金核算、确认、划转、变更的文件材料　永久

3.2　其他非国有组织或机构资本对本企业投资、投入核算登记、确认文件材料　永久

3.3　本企业证券和股票发行、增资扩股、股权变更等文件材料

3.3.1　上市辅导和准备阶段形成的文件材料

3.3.1.1　评估报告、审计报告、承销商出具的核查意见，股票发行上市

辅导汇总报告、发行人律师意见书,律师工作报告、股东大会决议、董事会通过的资金运用方案决议、固定资产投资项目建议书、招股说明书及发行公告(含财务报告、盈利预测报告) 永久

3.3.1.2 与中介机构签订的上市辅导协议、尽职调查材料 30年

3.3.2 发行申请书、证监会核准文件材料、审核过程中提出的审核反馈意见 永久

3.3.3 股票发行申请报告及证券交易所的批复、发行方案、股票发行定价分析报告、路演推介文件材料 永久

3.3.4 上市推荐书、上市公告书、确定股票挂牌简称的函 永久

3.3.5 股票首次发行过程中形成的其他文件材料

3.3.5.1 重要事项 永久

3.3.5.2 一般事项 30年

3.3.6 股票增发、配股文件材料 永久

3.3.7 增资扩股文件材料 永久

3.3.8 股权转让文件材料 永久

3.3.9 债权融资文件材料 永久

3.4 本企业股东、股权登记文件材料 永久

3.5 本企业融资工作中形成的其他文件材料

3.5.1 重要事项 永久

3.5.2 一般事项 30年

4 本企业资产管理文件材料

4.1 资产权属证明文件材料

4.1.1 本企业土地、房屋、基础设施等不动产产权登记文件材料,重要的技术装备、设备等固定资产登记文件材料,自然资源的所有权、使用权、收益权等申请、批准、登记的文件材料 永久

4.1.2 本企业拥有的商标权、专利权、著作权、计算机软件、商业秘密、技术诀窍等知识产权创造、申请、审批、登记、运用、保护和管理中产生的文件材料 永久

4.1.3 本企业特许经营权证文件材料,本企业资质认证、商誉评估、信用评级等文件材料 永久

4.1.4 本企业其他固定资产和无形资产权属文件材料 永久

4.1.5 本企业境外资产与产权权属文件材料

4.1.5.1　重要的　永久

4.1.5.2　一般的　30 年

4.2　本企业资产与产权转让、买卖、抵押、租赁、许可、变更、清算、评估、处置、注销等资产变动文件材料，因产权变动所致职工身份变化的材料　永久

4.3　本企业其他债权、债务登记文件材料

4.3.1　重要的　永久

4.3.2　一般的　30 年

4.4　境内、外投资文件材料

4.4.1　投资企业董事会、股东会文件材料、投资企业的财务报告、红利分配文件材料，股权证、转让协议等股权管理文件材料　永久

4.4.2　本企业在并购、参股、股权受让、基金业务及债权型投资等投资业务中形成的其他文件材料

4.4.2.1　重要的　永久

4.4.2.2　一般的　30 年

5　本企业总经理办公会、党政联席会会议文件材料

5.1　通知、议程、报告、决议、决定、公报声明、记录、领导人讲话、总结、纪要、讨论通过的文件材料，参加人员名单　永久

5.2　讨论未通过的文件材料　10 年

6　本企业召开的工作会议、专题会议的文件材料

6.1　请示、批复、通知、名单、日程、报告、讲话、总结、决议、决定、纪要、媒体宣传报道、录音录像

6.1.1　重要的　永久

6.1.2　一般的　30 年

6.2　代表发言、经验交流文件材料、简报　10 年

7　本企业承办的大型展览会、博览会、论坛、学术会议、国际性会议的文件材料

7.1　请示、批复、申办和筹办组委会组建文件材料、主要活动安排、议程、名单、主报告(原文及译文)、辅助报告(原文及译文)，领导人贺辞、题词、讲话，会徽设计、简报、新闻报道　永久

7.2　代表发言、经验交流　30 年

7.3　委员会、分会会议和学术会议的讨论记录，会议代表登记表、接待

安排 30年

8 有关机关和上级主管部门领导、社会知名人士检查、视察、调研本企业工作时形成的文件、工作汇报、录音录像等文件材料

8.1 重要的 永久

8.2 一般的 30年

9 本企业向有关机关、上级主管单位的请示、报告与有关机关、上级主管单位批复、批示

9.1 重要事项 永久

9.2 一般事项、无批复重要事项 30年

9.3 无批复的一般事项 10年

10 本企业收到的有关机关、上级主管单位等相关机构制发的文件材料

10.1 涉及本企业经营管理重要事项和其他重要事项的文件材料 永久

10.2 与本企业经营管理等工作有关的一般性文件材料 10年

11 本企业与金融机构、中介机构及其他组织和个人来往文件材料

11.1 本企业非资本经营业务中与银行、保险、证券、基金管理等金融机构业务往来的文件材料

11.1.1 重要事项 永久

11.1.2 一般事项 30年

11.2 本企业非资本经营业务中与会计、审计、法律事务所等机构往来文件材料

11.2.1 重要事项 永久

11.2.2 一般事项 30年

11.3 本企业与所属境外企业和机构业务往来文件材料 永久

11.4 本企业与其他单位或个人发生业务关系形成的文件材料

11.4.1 本企业签署的战略合作协议、重要谈判的合同协议 永久

11.4.2 本企业签署的长期合同或协议及其补充件

11.4.2.1 重要的 永久

11.4.2.2 一般的 30年

11.4.3 本企业签署的短期合同或协议及其补充件

11.4.3.1 重要的 30年

11.4.3.2 一般的 10年

11.5 本企业对其他单位或个人的资信调查、客户管理等文件材料

11.5.1 重要的 30年

11.5.2 一般的 10年

11.6 本企业对外发布的公告、公示等文件材料

11.6.1 重要事项 永久

11.6.2 一般事项 30年

12 直属单位、所属和控股企业的请示、报告、函与本企业的批复、复函等文件材料

12.1 重大问题 永久

12.2 一般性问题 30年

13 本企业经营决策、建设项目(含境外项目)管理、企业管理、资本经营、财务、物资管理、产品与服务业务管理、市场开发与营销、产品与服务销售管理、售后服务管理、客户信息、信誉、统计等管理工作文件材料

13.1 经营计划、决策文件材料

13.1.1 本企业中长期规划、纲要,重要的经营决策文件材料 永久

13.1.2 本企业年度计划、任务目标、总结、统计文件材料 永久

13.1.3 本企业半年、季度、月份等计划、总结、统计文件材料 10年

13.1.4 本企业、所属和控股企业的经营目标责任书、业绩考核评价文件材料 30年

13.2 建设项目工作文件材料

13.2.1 建设项目工作规划、计划、总结等文件材料 永久

13.2.2 建设项目工作制度、办法、规定等文件材料 永久

13.2.3 项目前期立项、规划、论证、设计、招投标、协议、合同、申请、审批等文件材料 永久

13.2.4 项目检查、竣工验收、重要的专项报告、审批意见 永久

13.3 企业管理文件材料

13.3.1 企业管理规划、计划、总结、实施方案、制度、规定、办法等 永久

13.3.2 企业管理方案实施、检查验收文件材料 30年

13.4 资本经营工作文件材料

13.4.1 资本经营工作规划、计划、总结、条例、制度、办法、规定、决定等

永久

13.4.2　资本经营工作通知、纪要、记录、调研报告　30年

13.5　财务工作文件材料

13.5.1　财务管理制度、规定、办法、总结　永久

13.5.2　财务管理工作计划、报告、通知　30年

13.5.3　固定资产新增、报废、调拨文件材料　30年

13.5.4　生产财务和成本核算文件材料　永久

13.5.5　资金管理、价格管理、会计管理文件材料　永久

13.5.6　本企业税务登记、交纳、减免、返还等工作文件材料　永久

13.5.7　本企业经营盈亏情况报告、报表

13.5.7.1　重要的　永久

13.5.7.2　一般的　30年

13.5.8　本企业财务预、决算报告　永久

13.6　物资管理文件材料

13.6.1　物资管理工作制度、规定、办法　永久

13.6.2　物资台账、统计报表　30年

13.6.3　物资分配计划、记录　10年

13.6.4　物资采购审批手续、招投标文件材料、合同、协议、来往函件，物资保管台账、出入库记录等

13.6.4.1　重要物资的　30年

13.6.4.2　一般物资的　10年

13.7　产品与服务管理文件材料

13.7.1　产品与服务发展规划、计划、总结等　永久

13.7.2　产品与服务管理制度、办法、规定等　永久

13.7.3　调查研究文件材料

13.7.3.1　产品与服务市场调查、技术调查、考察、预测报告、调研综合报告　10年

13.7.3.2　产品与服务的技术、经济可行性研究报告，市场需求分析报告、收益预测分析报告　30年

13.7.4　产品与服务决策文件材料

13.7.4.1　产品与服务发展建议书、技术建议书、协议书、委托书、合同等　永久

13.7.4.2 专题分析报告、专题会议纪要 30年

13.7.4.3 研制或开发计划、方案及方案论证报告 30年

13.7.5 阶段评审文件材料 30年

13.8 市场开发与营销

13.8.1 市场营销工作总结、制度，营销组织、市场网络建设、境外市场拓展、品牌建设等文件材料 永久

13.8.2 市场营销工作规划、计划等 30年

13.8.3 产品销售计划文件材料，产品订货会、市场分析和用户调查文件材料 30年

13.8.4 产品市场推广、营销宣传等文件材料 30年

13.8.5 业务开办、产品上市或终止的申请、报备、批复等文件材料 永久

13.9 销售管理文件材料

13.9.1 销售管理制度、规定、办法，销售合同、协议、函件 永久

13.9.2 售后服务文件材料 30年

13.10 客户信息及资信调查文件材料

13.10.1 重要客户的 永久

13.10.2 一般客户的 30年

13.11 企业认证、达标等活动的呈报、审批文件材料，企业获得的资质、信誉证书方面的文件材料 永久

13.12 企业形象宣传文件材料 永久

13.13 统计工作文件材料

13.13.1 统计工作制度、规定、办法，综合性统计报表 永久

13.13.2 生产、技术、经济统计报表及分析文件材料，工业普查报表 永久

13.13.3 一般性统计分析文件材料 30年

14 本企业生产组织、质量管理、能源管理、设备管理、安全、环保、计量管理、科技管理、信息化管理、标准、图书情报等管理工作文件材料

14.1 生产组织工作文件材料

14.1.1 生产组织工作制度、办法、总结等 永久

14.1.2 生产组织工作规划、计划、报告 30年

14.1.3 生产作业计划编制、执行及调度工作文件材料 10年

14.1.4　生产调度会议记录　30年

14.1.5　生产活动分析文件材料　10年

14.2　质量管理工作文件材料

14.2.1　质量工作条例、制度、规定、总结，质量体系建设、运行及管理文件材料，产品创优获奖证书　永久

14.2.2　质量工作规划、计划、措施　30年

14.2.3　产品质量检测、化验、试验文件材料　30年

14.2.4　全面质量管理工作形成的文件材料　30年

14.2.5　质量异议处理、事故分析及处理文件材料、质量认证、检查、评比文件材料　永久

14.2.6　产品召回、理赔等文件材料　永久

14.3　能源管理工作文件材料

14.3.1　能源管理工作规定、总结　永久

14.3.2　能源管理计划、统计报表，能源消耗定额管理文件材料　30年

14.3.3　节能工作文件材料　30年

14.4　设备仪器管理工作文件材料

14.4.1　设备仪器管理工作制度、规定、办法、总结等　永久

14.4.2　设备仪器管理工作规划、计划等　30年

14.5　安全生产工作文件材料

14.5.1　安全技术管理制度、办法、总结，自然灾害、生产安全事故抢救、调查、处理文件材料　永久

14.5.2　安全技术管理规划、计划、通报、会议记录、安全体系建设文件材料等　30年

14.5.3　安全、消防教育、应急演练活动文件材料　10年

14.6　环境保护工作文件材料

14.6.1　环境保护工作制度、总结，环保调查、监测、分析文件材料　永久

14.6.2　环境保护工作规划、计划　30年

14.6.3　环境影响评价书、环保污染防治措施、总结、报告，污染事故抢救、调查、处理文件材料　永久

14.7　计量管理工作文件材料

14.7.1　计量工作制度、规定、办法、总结等　永久

14.7.2　计量工作规划、计划等　30 年

14.7.3　计量设备、仪器、器具定期检查记录　10 年

14.8　科技管理工作

14.8.1　科技管理工作制度、总结，新产品开发、科技攻关项目、科技成果管理、技术引进文件材料　永久

14.8.2　科技发展规划、计划、办法等　30 年

14.8.3　技术革新与合理化建议文件材料　10 年

14.8.4　学术交流活动文件材料　10 年

14.9　信息化管理工作文件材料

14.9.1　企业信息化管理制度、总结等文件材料　永久

14.9.2　信息化发展规划、计划、办法等　30 年

14.9.3　企业信息化总体设计方案，信息系统设计、开发、实施过程评审文件材料　30 年

14.9.4　信息系统运行维护、数据管理、安全保密等的方案、记录、报告　30 年

14.10　标准管理工作文件材料

14.10.1　标准工作制度、规定、办法、总结，企业基础标准、技术规范、管理标准、工作标准、生产技术规范编写、评审、发布文件材料　永久

14.10.2　标准工作规划、计划等　30 年

14.11　图书、情报工作文件材料

14.11.1　图书、情报工作制度、规定、办法、总结　永久

14.11.2　图书、情报工作规划、计划等　30 年

15　本企业组织机构设置、人力资源、文秘、机要、档案、保密、保卫、综合治理、信访、法律、外事、风险管理、内控与审计、社会责任、基本建设管理等管理工作文件材料

15.1　本企业组织机构设置、撤并、名称变更、岗位职责设计、人员编制、印信启用和作废等文件材料　永久

15.2　人力资源管理工作文件材料

15.2.1　人力资源规划、工作计划、制度、办法、决定、报告等　永久

15.2.2　企业人员录用、转正、聘任、调资、定级、停薪留职、辞职、离退休、死亡、抚恤、安置等文件材料　永久

15.2.3　干部和职工的任免、升降、奖惩、考核、职称评聘等方面文件材

料 永久

15.2.4 老干部、离退休人员管理有关文件材料 永久

15.2.5 企业人员薪酬、待遇等劳动人事管理文件材料 永久

15.2.6 企业签订的劳动合同 永久

15.2.7 企业先进单位、劳动模范、先进工作者的文件材料

15.2.7.1 本企业及省部级(含)以上表彰、奖励的 永久

15.2.7.2 其他表彰、奖励的 30年

15.2.8 对本企业有关人员的处分文件材料

15.2.8.1 受到警告(不含)以上处分的 永久

15.2.8.2 受到警告处分的 30年

15.2.9 本企业人员参加社会保障、医疗保险、商业保险、住房公积金、劳动保护、职业安全、医疗卫生、计划生育等文件材料 永久

15.2.10 企业职工培训工作文件材料

15.2.10.1 重要的 30年

15.2.10.2 一般的 10年

15.2.11 职工调动工作的行政、工资关系的介绍信及存根 永久

15.2.12 职工名册 永久

15.3 文秘、机要、档案、保密工作文件材料

15.3.1 文秘、机要、档案、保密工作制度、规定、办法、总结等文件材料 永久

15.3.2 文秘、机要、档案、保密工作规划、计划文件材料 30年

15.3.3 档案开发、编研成果,档案移交清单、销毁清册 永久

15.3.4 保密资格认证方案、申请、审查、批准文件材料 30年

15.3.5 保密工作检查方案、通知、结论、通报等文件材料 30年

15.4 安全保卫工作

15.4.1 安全保卫、民兵、预备役工作规划、计划、总结、报告、报表等 30年

15.4.2 保卫部门的安全检查、调查方案、记录、通报 30年

15.4.3 自然灾害防范、交通管理文件材料 30年

15.5 综合治理工作文件材料

15.5.1 重要事项 永久

15.5.2 一般事项 30年

15.6　信访工作文件材料
15.6.1　重要事项　永久
15.6.2　一般事项　30 年
15.7　法律工作文件材料
15.7.1　五年普法规划、年度计划、规章、制度、办法等　30 年
15.7.2　法院判决书、调解书等诉讼和仲裁等文件材料　永久
15.7.3　一般法律事务工作文件材料　30 年
15.7.4　案件、纠纷、行政处罚、复议文件材料及公证事务中结论性材料　永久
15.7.5　案件、纠纷、行政处罚、复议文件材料及公证事务中调查、协调过程形成的文件材料　30 年
15.8　外事工作文件材料
15.8.1　国际交往中发表的公报，签订的协议、协定、备忘录，重要的会谈记录、纪要等　永久
15.8.2　出访考察、参加国际会议、接待来访等外事活动、出访审批文件材料　永久
15.8.3　产品进出口审批和办理手续、执行日程、考察报告等一般性文件材料　30 年
15.9　风险管理、内控、审计工作文件材料
15.9.1　风险管理、内控、审计工作制度、总结，审计意见、审计报告、专项审计通知、报告、批复、结论、调查与证明等文件材料　永久
15.9.2　风险管理、内控与审计工作方案、计划、报告、纪要等　30 年
15.9.3　内部控制管理手册、风险识别、评估、控制等过程形成的文件材料，重大风险评估报告，风险管理体系建设文件材料　30 年
15.10　社会责任工作文件材料
15.10.1　本企业社会责任报告　永久
15.10.2　参与和投入社会公益、慈善、捐赠事业的记录文件材料　永久
15.10.3　赈灾、扶贫、献血、拥军优属等文件材料　永久
15.11　本企业的史、志、年鉴、大事记、组织沿革等编研成果，本企业编辑出版的书、报、刊等出版物　永久
15.12　本企业编制的简报、工作信息　30 年
15.13　本企业编制的通报、情况反映、参考资料等　10 年

15.14　基本建设管理文件材料

15.14.1　基本建设工作管理制度、规定、办法、总结　永久

15.14.2　基本建设工作规划、计划，专项工作通知等文件材料　30年

16　本企业党、团、工会等党群工作文件材料

16.1　企业党员代表大会、职工代表大会、共青团代表大会

16.1.1　请示、批复、批示、通知、名单、议程、报告、领导人讲话、选举结果、会议记录、讨论通过的文件、决议、纪要、公告等文件材料　永久

16.1.2　大会发言、交流、会议简报　10年

16.1.3　重要的贺信、贺电，筹备工作、选举工作中形成的文件材料，小组会议记录、会务工作安排、总结等文件材料　10年

16.1.4　讨论未通过的文件材料　10年

16.2　党委会、党委常委会、工会委员会、工会会员代表大会、共青团常委(扩大)会，党群机关办公会会议文件材料

16.2.1　通知、议程、报告、决议、决定、公报声明、记录、领导人讲话、总结、纪要、讨论通过的文件、参加人员名单　永久

16.2.2　讨论未通过的文件材料　10年

16.3　党务综合性工作

16.3.1　各项条例、规章制度、办法，工作计划、总结，“三重一大”等重要专项活动工作通知、报告，重要调研文件材料、党务工作大事记等　永久

16.3.2　情况反映、工作简报及一般文件材料　30年

16.4　组织工作

16.4.1　党员干部考察、考核、任免、政审决定等　永久

16.4.2　入党、转正、退党、转入、转出等决定及党员名册，党团组织关系的介绍信及存根　永久

16.4.3　党委(党组)组织工作规章制度　永久

16.4.4　党群机构设置、调整、人员编制等方面决定及通知　永久

16.4.5　党费收支文件材料　30年

16.4.6　党员学习教育等活动形成的文件材料

16.4.6.1　重要的　永久

16.4.6.2　一般的　10年

16.4.7　党员统计年报　永久

16.5　企业宣传统战工作报告、会议纪要、调研、计划、总结文件材料、民

主党派人员名单登记、活动记录、精神文明建设方面文件材料

16.5.1　重要的　永久

16.5.2　一般的　30年

16.6　纪检与监察工作

16.6.1　纪检与监察工作的规定、决定、通报、通知、会议记录、纪要、计划、总结　永久

16.6.2　党风廉政反腐工作文件材料　30年

16.6.3　违纪案件立案报告、调查依据、审查结论、处理意见等文件材料

16.6.3.1　重大案件　永久

16.6.3.2　一般案件　30年

16.7　工会、女工、共青团工作规划、年度计划、总结、规章制度、决定、通知、会议记录　永久

16.8　职工民主管理、表彰先进、劳保福利、职工维权、工会会费与财务管理文件材料、工会统计年报、工会会员名册　永久

16.9　女工工作、劳动竞赛、文体活动、计划生育等方面文件材料

16.9.1　重要的　永久

16.9.2　一般的　10年

16.10　共青团组织发展、劳动竞赛、表彰先进、团费管理、文体活动等文件材料

16.10.1　重要的　永久

16.10.2　一般的　10年

16.11　民间团体工作，民政协调工作中形成的文件材料

16.11.1　民间团体设立、变更、撤销等的请示、批复、章程等文件材料　永久

16.11.2　民间团体活动过程形成的文件材料

16.11.2.1　重要事项　30年

16.11.2.2　一般事项　10年

17　本企业其他事务管理文件材料

17.1　企业接待工作计划、方案，重要来宾有关的照片、录音、录像、题词、讲话、批示等

17.1.1　重要的　永久

17.1.2　一般的　30年
17.2　企业住房房产分配、出售、出租工作文件材料　永久
17.3　企业职工承租、购置企业房产的合同、协议和有关手续　永久
17.4　新闻媒体对本企业重要活动、重大事件、典型人物的宣传报道　永久
17.5　企业文化建设文件材料
17.5.1　企业文化建设方案　永久
17.5.2　企业文化建设其他文件材料
17.5.2.1　重要的　永久
17.5.2.2　一般的　30年
17.6　企业纪念、庆典活动文件材料
17.6.1　重要的　永久
17.6.2　一般的　30年
18　各种非纸质载体、介质及实物形式的文件材料
18.1　无法输出纸质的或无纸质的二维、三维、数据库类电子文件
18.1.1　重要的　永久
18.1.2　一般的　30年
18.2　各种有保存价值的实物
18.2.1　重要的　永久
18.2.2　一般的　30年
18.3　其他各种非纸质载体、介质文件材料
18.3.1　重要的　永久
18.3.2　一般的　30年

附录4
归档文件整理规则

（中华人民共和国档案行业标准　DA/T 22—2000）

1　范围

本标准规定了归档文件整理的原则和方法。

本标准适用于各级机关、团体和其他社会组织。

2　定义

本标准采用下列定义。

2.1　归档文件

立档单位在其职能活动中形成的、办理完毕、应作为文书档案保存的各种纸质文件材料。

2.2　归档文件整理

将归档文件以件为单位进行装订、分类、排列、编号、编目、装盒，使之有序化的过程。

2.3　件

归档文件的整理单位。一般以每份文件为一件，文件正本与定稿为一件，正文与附件为一件，原件与复制件为一件，转发文与被转发文为一件，报表、名册、图册等一册（本）为一件，来文与复文可为一件。

3　整理原则

遵循文件的形成规律，保持文件之间的有机联系，区分不同价值，便于保管和利用。

4　质量要求

4.1　归档文件应齐全完整。已破损的文件应予修整，字迹模糊或易退变的文件应予复制。

4.2　整理归档文件所使用的书写材料、纸张、装订材料等应符合档案保护要求。

5　整理方法

5.1　装订

归档文件应按件装订。装订时，正本在前，定稿在后；正文在前，附件在后；原件在前，复制件在后；转发文在前，被转发文在后；来文与复文作为一件时，复文在前，来文在后。

5.2　分类

归档文件可以采用年度—机构(问题)—保管期限或保管期限—年度—机构(问题)等方法进行分类。同一全宗应保持分类方案的稳定。

5.2.1　按年度分类

将文件按其形成年度分类。

5.2.2　按保管期限分类

将文件按划定的保管期限分类。

5.2.3　按机构(问题)分类

将文件按其形成或承办机构(问题)分类(本项可以视情况予以取舍)。

5.3　排列

归档文件应在分类方案的最低一级类目内，按事由结合时间、重要程度等排列。会议文件、统计报表等成套性文件可集中排列。

5.4　编号

归档文件应依分类方案和排列顺序逐件编号，在文件首页上端的空白位置加盖归档章并填写相关内容。归档章设置全宗号、年度、保管期限、件号等必备项，并可设置机构(问题)等选择项(见图 A1。图示中"＊"号栏为选择项，不选用时无须设置。以下同)。

5.4.1　全宗号：档案馆给立档单位编制的代号。

5.4.2　年度：文件形成年度，以四位阿拉伯数字标注公元纪年，如 1978。

5.4.3　保管期限：归档文件保管期限的简称或代码。

5.4.4　件号：文件的排列顺序号。

件号包括室编件号和馆编件号，分别在归档文件整理和档案移交进馆时编制。室编件号的编制方法为：在分类方案的最低一级类目内，按文件排列顺序从"1"开始标注。馆编件号按进馆要求标注。

5.4.5　机构(问题)：作为分类方案类目的机构(问题)名称或规范化

简称。

5.5 编目

归档文件应依据分类方案和室编件号顺序编制归档文件目录。

5.5.1 归档文件应逐件编目。来文与复文作为一件时，只对复文进行编目。归档文件目录设置件号、责任者、文号、题名、日期、页数、备注等项目（见图 A2）。

5.5.1.1 件号：填写室编件号。

5.5.1.2 责任者：制发文件的组织或个人，即文件的发文机关或署名者。

5.5.1.3 文号：文件的发文字号。

5.5.1.4 题名：文件标题。没有标题或标题不规范的，可自拟标题，外加“[ ]”号。

5.5.1.5 日期：文件的形成时间，以 8 位阿拉伯数字标注年月日，如 19990909。

5.5.1.6 页数：每一件归档文件的页数。文件中有图文的页面为一页。

5.5.1.7 备注：注释文件需说明的情况。

5.5.2 归档文件目录用纸幅面尺寸采用国际标准 A4 型（长×宽为 297 mm×210 mm）。

5.5.3 归档文件目录应装订成册并编制封面。归档文件目录封面可以视需要设置全宗名称、年度、保管期限、机构（问题）等项目（见图 A3）。其中全宗名称即立档单位的名称，填写时应使用全称或规范化简称。

5.6 装盒

将归档文件按室编件号顺序装入档案盒，并填写档案盒封面、盒脊及备考表项目。

5.6.1 档案盒

5.6.1.1 档案盒封面应标明全宗名称。档案盒的外形尺寸为 310 mm×220 mm（长×宽），盒脊厚度可以根据需要设置为 20 mm、30 mm、40 mm 等（见图 A4a）。

5.6.1.2 档案盒应根据摆放方式的不同，在盒脊或底边设置全宗号、年度、保管期限、起止件号、盒号等必备项，并可设置机构（问题）等选择项（见图 A4b、图 A4c）。其中，起止件号填写盒内第一件文件和最后一件文件的件号，中间用“—”号连接；盒号即档案盒的排列顺序号，在档案移交进馆时按进馆要求编制。

5.6.1.3　档案盒应采用无酸纸制作。

5.6.2　备考表

备考表置于盒内文件之后，项目包括盒内文件情况说明、整理人、检查人和日期(见图 A5)。

5.6.2.1　盒内文件情况说明：填写盒内文件缺损、修改、补充、移出、销毁等情况。

5.6.2.2　整理人：负责整理归档文件的人员姓名。

5.6.2.3　检查人：负责检查归档文件整理质量的人员姓名。

5.6.2.4　日期：归档文件整理完毕的日期。

(图略)

附录5
电子文件归档与管理规范

（中华人民共和国国家标准　GB/T 18894—2002）

1　范围

本标准规定了在公务活动中产生的，具有保存价值的电子文件的形成、积累、归档、保管、利用、统计的一般方法。

本标准适用于党政机关产生的电子文件的归档与管理，其他社会组织的电子文件管理可参照本标准。

2　规范性引用文件

下列文件中的条款通过本标准的引用而成为本标准的条款。凡是注日期的引用文件，其随后所有的修改单（不包括勘误的内容）或修订版均不适用于本标准，然而，鼓励根据本标准达成协议的各方研究是否可使用这些文件的最新版本。凡是不注日期的引用文件，其最新版本适用于本标准。

DA/T 18 档案著录规则

DA/T 22 归档文件整理规则

3　术语和定义

下列术语和定义适用于本标准。

3.1　电子文件 electronic records

指在数字设备及环境中生成，以数码形式存储于磁带、磁盘、光盘等载体，依赖计算机等数字设备阅读、处理，并可在通信网络上传送的文件。

3.2　归档电子文件 archival electronic records

指具有参考和利用价值并作为档案保存的电子文件（3.1）。

3.3　背景信息 context

指描述生成电子文件（3.1）的职能活动、电子文件的作用、办理过程、结果、上下文关系以及对其产生影响的历史环境等信息。

3.4　元数据 metadata

指描述电子文件(3.1)数据属性的数据,包括文件的格式、编排结构、硬件和软件环境、文件处理软件、字处理和图形工具软件、字符集等数据。

3.5　逻辑归档 logical filing

指在计算机网络上进行,不改变原存储方式和位置而实现的将电子文件(3.1)的管理权限向档案部门移交的过程。

3.6　物理归档 physical filing

指把电子文件(3.1)集中下载到可脱机保存的载体上,向档案部门移交的过程。

3.7　真实性 authenticity

指对电子文件(3.1)的内容、结构和背景信息(3.3)进行鉴定后,确认其与形成时的原始状况一致。

3.8　完整性 integrity

指电子文件(3.1)的内容、结构、背景信息(3.3)和元数据(3.4)等无缺损。

3.9　有效性 utility

指电子文件(3.1)应具备的可理解性和可被利用性,包括信息的可识别性、存储系统的可靠性、载体的完好性和兼容性等。

3.10　捕获 capture

指对电子文件(3.1)进行实时收集和存储的方法与过程。

3.11　迁移 migration

指将源系统中的电子文件(3.1)向目的系统进行转移存储的方法与过程。

4　总则

4.1　电子文件自形成时应有严格的管理制度和技术措施,确保其真实性、完整性和有效性。

4.2　应对电子文件的形成、收集、积累、鉴定、归档等实行全过程管理与监控,保证管理工作的连续性。

4.3　应明确规定电子文件归档的时间、范围、技术环境、相关软件、版本、数据类型、格式、被操作数据、检测数据等要求,保证归档电子文件的质量。

4.4　归档电子文件同时存在相应的纸质或其他载体形式的文件时,应在内容、相关说明及描述上保持一致。

4.5　具有永久保存价值的文本或图形形式的电子文件，如没有纸质等拷贝件，必须制成纸质文件或缩微品等。归档时，应同时保存文件的电子版本、纸质版本或缩微品。

4.6　应保证电子文件的凭证作用，对只有电子签章的电子文件，归档时应附加有法律效力的非电子签章。

5　电子文件的真实性、完整性和有效性保证

5.1　应建立规范的制度和工作程序并结合相应的技术措施，从电子文件形成开始不间断地对有关处理操作进行管理登记，保证电子文件的产生、处理过程符合规范。

5.1.1　登记处理过程中相互衔接的各类责任者(如起草者、修改者、审核者、签发者等)。

5.1.2　登记处理过程中的各类操作者(打字者、发文者、收文者、存储管理者等)。

5.1.3　登记处理过程中产生的责任凭证信息(批示、签名、印章、代码等)。

5.1.4　登记电子文件传递、交接过程中的其他标识。

5.2　应采取可靠的安全防护技术措施，保证电子文件的真实性。

5.2.1　建立对电子文件的操作者可靠的身份识别与权限控制。

5.2.2　设置符合安全要求的操作日志，随时自动记录实施操作的人员、时间、设备、项目、内容等。

5.2.3　对电子文件采用防错漏和防调换的标记。

5.2.4　对电子印章、数字签署等采取防止非法使用的措施。

5.3　应建立电子文件完整性管理制度并采取相应的技术措施采集背景信息和元数据。

5.4　应建立电子文件有效性管理制度并采取相应的技术保证措施。

5.5　电子文件的处理和保存应符合国家的安全保密规定，针对自然灾害、非法访问、非法操作、病毒侵害等采取与系统安全和保密等级要求相符的防范对策，主要有：网络设备安全保证；数据安全保证；操作安全保证；身份识别方法等。

6　电子文件的收集与积累

6.1　收集积累要求

6.1.1 记录了重要文件的主要修改过程和办理情况，有查考价值的电子文件及其电子版本的定稿均应被保留。正式文件是纸质的，如果保管部门已开始进行向计算机全文的转换工作，则与正式文件定稿内容相同的电子文件应当保留，否则可根据实际条件或需要，确定是否保留。

6.1.2 当公务或其他事务处理过程只产生电子文件时，应采取严格的安全措施，保证电子文件不被非正常改动。同时应随时对电子文件进行备份，存储于能够脱机保存的载体上。

6.1.3 对在网络系统中处于流转状态，暂时无法确定其保管责任的电子文件，应采取捕获措施，集中存储在符合安全要求的电子文件暂存存储器中，以防散失。

6.1.4 对用文字处理技术形成的文本电子文件，收集时应注明文件存储格式、文字处理工具等，必要时同时保留文字处理工具软件。文字型电子文件以 XML、RTF、TXT 为通用格式。

6.1.5 对用扫描仪等设备获得的采用非通用文件格式的图像电子文件，收集时应将其转换成通用格式，如无法转换，则应将相关软件一并收集。扫描型电子文件以 JPEG、TIFF 为通用格式。

6.1.6 对用计算机辅助设计或绘图等设备获得的图形电子文件，收集时应注明其软硬件环境和相关数据。

6.1.7 对用视频或多媒体设备获得的文件以及用超媒体链接技术制作的文件，应同时收集其非通用格式的压缩算法和相关软件。视频和多媒体电子文件以 MPEG、AVI 为通用格式。

6.1.8 对用音频设备获得的声音文件，应同时收集其属性标识、参数和非通用格式的相关软件。音频电子文件以 WAV、MP3 为通用格式。

6.1.9 对通用软件产生的电子文件，应同时收集其软件型号、名称、版本号和相关参数手册、说明资料等。专用软件产生的电子文件原则上应转换成通用型电子文件，如不能转换，收集时则应连同专用软件一并收集。

6.1.10 计算机系统运行和信息处理等过程中涉及的与电子文件处理有关的参数、管理数据等应与电子文件一同收集。

6.1.11 对套用统一模板的电子文件，在保证能恢复原形态的情况下，其内容信息可脱离套用模板进行存储，被套用模板作为电子文件的元数据保存。

6.1.12 定期制作电子文件的备份。

6.2　电子文件的登记

6.2.1　每份电子文件均应在《电子文件登记表》中登记(见附录A的表A.1和表A.2)。

6.2.2　电子文件登记表应与电子文件同时保存。

6.2.3　电子文件登记表如果制成电子表格，应与电子文件一同保存，永久保存的电子表格应附有纸质等拷贝件并与相应的电子文件拷贝一起保存。

6.2.4　电子文件稿本代码：M——草稿性电子文件；U——非正式电子文件；F——正式电子文件。

6.2.5　电子文件类别代码：T——文本文件；I——图像文件：G——图形文件；V——影像文件；A——声音文件；O——超媒体链接文件；P——程序文件；D——数据文件。

7　电子文件的归档

7.1　归档要求

文件形成部门或信息管理部门应定期把经过鉴定符合归档条件的电子文件向档案部门移交，并按档案管理要求的格式将其存储到符合保管期限要求的脱机载体上。

7.2　鉴定

7.2.1　电子文件的鉴定工作，应包括对电子文件的真实性、完整性、有效性的鉴定及确定密级、归档范围和划定保管期限。

7.2.2　归档前应由文件形成单位按照规定的项目对电子文件的真实性、完整性和有效性进行检验，并由负责人签署审核意见，检验和审核结果填入《归档电子文件移交、接收检验登记表》(见附录A的表A.3)。如果文件形成单位采用了某些技术方法保证电子文件的真实性、完整性和有效性，则应把其技术方法和相关软件一同移交给接收单位。

7.2.3　电子文件的归档范围参照国家关于纸质文件材料归档的有关规定执行，并应包括相应的背景信息和元数据。

7.2.4　电子文件保管期限和密级的划分工作，参照国家关于纸质文件材料密级和保管期限的有关规定执行。电子文件的背景信息和元数据的保管期限应当与内容信息的保管期限一致。应在电子文件的机读目录上逐件标注保管期限的标识。

7.3　归档时间

逻辑归档可实时进行，物理归档应按照纸质文件的规定定期完成。

7.4　检测

在进行电子文件归档工作时，应对归档电子文件的基本技术条件进行检测，检测内容包括：硬件环境的有效性，软件环境的有效性及其信息记录格式、有无病毒感染等。

7.5　归档

电子文件的归档，按照鉴定标识进行。电子文件的归档可分两步进行，对实时进行的归档先做逻辑归档，然后定期完成物理归档。归档时，应充分考虑电子文件的技术环境、相关软件、版本、数据类型、格式、被操作数据、检测数据等技术因素。

7.5.1　逻辑归档

将电子文件的管理权从网络上转移至档案部门，在归档工作中，存储格式和位置暂时保持不变。

7.5.2　物理归档

7.5.2.1　凡在网络中予以逻辑归档的电子文件，均应定期完成物理归档。

7.5.2.2　把带有归档标识的电子文件集中，拷贝至耐久性好的载体上，一式3套，一套封存保管，一套供查阅使用，一套异地保存。对于加密电子文件，则应在解密后再制作拷贝。

7.5.2.3　本标准推荐采用的载体，按优先顺序依次为：只读光盘、一次写光盘、磁带、可擦写光盘、硬磁盘等。不允许用软磁盘作为归档电子文件长期保存的载体。

7.5.2.4　存储电子文件的载体或装具上应贴有标签，标签上应注明载体序号、全宗号、类别号、密级、保管期限、存入日期等，归档后的电子文件的载体应设置成禁止写操作的状态。

7.5.2.5　特殊格式的电子文件，应在存储载体中同时存有相应的查看软件。

7.5.2.6　将相应的电子文件机读目录、相关软件、其他说明等一同归档，并附《归档电子文件登记表》(见附录A的表A.4和表A.5)。归档电子文件应以盘为单位填写《归档电子文件登记表》首页(见附录A的表A.4)，以件为单位填写续页(见附录A的表A.5)。

7.5.2.7　对需要长期保存的电子文件，应在每一个电子文件的载体中同时存有相应的机读目录。

7.5.2.8　归档完毕，电子文件形成部门应将存有归档前电子文件的载体保存至少 1 年。

8　归档电子文件的整理

8.1　归档电子文件的整理按 DA/T 22 规定的要求进行。

8.2　归档电子文件以件为单位整理。

8.3　同一全宗内的电子文件按照年度—保管期限—机构(问题)或保管期限—年度—机构(问题)等分类方案进行分类。

8.4　按电子文件类别代码相对集中组织存储载体。

8.5　电子文件的著录应参照 DA/T 18 进行著录，同时按照保证其真实性、完整性和有效性的要求补充电子文件特有的著录项目和其他标识(参见本标准第 5 章中列举的责任者、操作者、背景信息、元数据等)。

8.6　将著录结果制成机读目录和纸质目录。

9　归档电子文件的移交、接收与保管

9.1　移交、接收与保管要求

对归档电子文件，应按有关规定进行认真检验。在检验合格后将其如期移交至档案馆等档案保管部门，进行集中保管。在已联网的情况下，归档电子文件的移交和接收工作可在网络上进行，但仍需履行相应的手续。

9.2　移交、接收检验

9.2.1　文件形成单位在移交电子文件之前，档案保管部门在接收电子文件之前，均应对归档的每套载体及其技术环境进行检验，合格率达到 100％时方可进行交接。

9.2.2　检验项目如下：

——载体有无划痕，是否清洁；

——有无病毒；

——核实归档电子文件的真实性、完整性、有效性检验及审核手续；

——核实登记表、软件、说明资料等是否齐全；

——对特殊格式的电子文件，应核实其相关的软件、版本、操作手册等是否完整。

检验结果分别由移交单位、接收单位填入《归档电子文件移交、接收检验登记表》(见附录 A 的表 A.3)的相应栏目。

9.2.3　档案保管部门应按照要求及检验项目对归档电子文件逐一验收。对检验不合格者，应退回形成单位重新制作，并再次对其进行检验。

9.3　移交手续

档案保管部门验收合格，完成《归档电子文件移交、接收检验登记表》（见附录 A 的表 A.3）的填写、签字、盖章环节。登记表一式 2 份，一份交电子文件形成单位，一份由档案保管部门自存。

9.4　保管要求

归档电子文件的保管除应符合纸质档案的要求外，还应符合下列条件：

a）归档载体应作防写处理。避免擦、划、触摸记录涂层。

b）单片载体应装盒，竖立存放，且避免挤压。

c）存放时应远离强磁场、强热源，并与有害气体隔离。

d）环境温度选定范围：17℃～20℃；相对湿度选定范围：35%～45%。

归档电子文件在形成单位的保管，也应参照上述条件。

9.5　有效性保证

9.5.1　归档电子文件的形成单位和档案保管部门每年均应对电子文件的读取、处理设备的更新情况进行一次检查登记。设备环境更新时应确认库存载体与新设备的兼容性；如不兼容，应进行归档电子文件的载体转换工作，原载体保留时间不少于 3 年。保留期满后对可擦写载体清除后重复使用，不可清除内容的载体应按保密要求进行处置。

9.5.2　对磁性载体每满 2 年、光盘每满 4 年进行一次抽样机读检验，抽样率不低于 10%，如发现问题应及时采取恢复措施。

9.5.3　对磁性载体上的归档电子文件，应每 4 年转存一次。原载体同时保留时间不少于 4 年。

9.5.4　档案保管部门应定期将检验结果填入《归档电子文件管理登记表》（见附录 A 的表 A.6）。

9.6　迁移

随着系统设备更新或系统扩充，应及时对归档电子文件进行迁移操作，并填写《归档电子文件迁移登记表》（见附录 A 的表 A.7）。

9.7　利用

9.7.1　归档电子文件的封存载体不应外借。未经批准任何单位或人员不允许擅自复制电子文件。

9.7.2　利用时应使用拷贝件。

9.7.3　利用时应遵守保密规定。对具有保密要求的归档电子文件采用联网的方式利用时，应遵守国家或部门有关保密的规定，有稳妥的安全保密措施。

9.7.4　利用者对归档电子文件的使用应在权限规定范围之内。

9.8　归档电子文件的鉴定销毁

9.8.1　归档电子文件的鉴定销毁，参照国家关于档案鉴定销毁的有关规定执行，且应在办理审批手续后实施。

9.8.2　属于保密范围的归档电子文件，如存储在不可擦除载体上，应连同存储载体一起销毁，并在网络中彻底清除。不属于保密范围的归档电子文件可进行逻辑删除。

9.9　统计

档案保管部门应及时按年度对归档电子文件的接收、保管、利用和鉴定销毁情况进行统计。

（表略）

附录6
电子公文归档管理暂行办法

国家档案局令第6号

《电子公文归档管理暂行办法》已于2003年7月22日经国家档案局局务会议审议通过，现予公布，自2003年9月1日起施行。

局长毛福民

2003年7月28日

第一条 为了加强对电子公文的归档管理，有效维护电子公文的真实性、完整性、安全性和可识别性，根据《中华人民共和国档案法》《中华人民共和国档案法实施办法》和《国家行政机关公文处理办法》，制定本办法。

第二条 本办法所称的电子公文，是指各地区、各部门通过由国务院办公厅统一配置的电子公文传输系统处理后形成的具有规范格式的公文的电子数据。

第三条 电子公文形成单位应指定有关部门或专人负责本单位的电子公文归档工作，将电子公文的收集、整理、归档、保管、利用纳入机关文书处理程序和相关人员的岗位责任。

机关档案部门应参与和指导电子公文的形成、办理、收集和归档等各工作环节。

第四条 副省级以上档案行政管理部门负责对电子公文的归档管理工作进行监督和指导。

电子公文的真实性、完整性、安全性和可识别性，移交前由形成部门负责，移交后由档案部门负责。

第五条 电子公文参照国家有关纸质文件的归档范围进行归档并划定保管期限。

第六条 电子公文一般应在办理完毕后即时向机关档案部门归档。

第七条 电子公文形成单位必须将具有永久和长期保存价值的电子公文,制成纸质公文与原电子公文的存储载体一同归档,并使两者建立互联。

第八条 需要永久和长期保存的电子公文,应在每一个存储载体中同时存有相应的符合规范要求的机读目录。

第九条 电子公文的收发登记表、机读目录、相关软件、其他说明等应与相对应的电子公文一同归档保存。

第十条 电子公文的归档应在全国政府系统办公业务资源网电子邮件系统平台上进行,各电子公文形成单位档案部门应配置足够容量和处理能力及相对安全的系统设备。

第十一条 电子公文形成单位应在运行电子公文处理系统的硬件环境中设置足够容量、安全的暂存存储器,存放处理完毕应归档保存的电子公文,以保证归档电子公文的完整、安全。

第十二条 电子公文形成单位应在电子公文处理系统中设置符合安全要求的操作日志,随时自动记录对电子公文实时操作的人员、时间、设备、项目、内容等,以保证归档电子公文的真实性。

第十三条 电子公文形成单位应在电子公文归档时对相关项目进行检查,检查项目包括与纸质公文核对内容、签章,审核电子公文收发登记表、操作日志及相关的著录条目等,确认电子公文及相关的信息和软件无缺损且未被非正常改动,电子公文与相应的纸质公文内容及其表现形式一致,处理过程无差错。

第十四条 归档电子公文的移交形式可以是交接双方之间进行存储载体传递或通过电子公文传输系统从网上交接。

第十五条 通过存储载体进行交接的归档电子公文,移交与接收部门均应对其载体和技术环境进行检验,确保载体清洁、无划痕、无病毒等。

第十六条 归档电子公文应存储到符合保管要求的脱机载体上。归档保存的电子公文一般不加密,必须加密归档的电子公文应与其解密软件和说明文件一同归档。

第十七条 归档的电子公文,应按本单位档案分类方案进行分类、整理,并拷贝至耐久性好的载体上,一式 3 套,一套封存保管,一套异地保管,一套提供利用。

第十八条 档案部门应加强对归档电子公文的管理,提供利用有密级要求的归档电子公文,应严格遵守国家有关保密的规定,采用联网的方式提供利用的，应采取稳妥的身份认定、权限控制及在存有电子公文的设备上加装防火墙等安全保密措施。

第十九条 超过保管期限的归档电子公文的鉴定和销毁，按照归档纸质文件的有关规定执行。对确认销毁的电子公文可以进行逻辑或物理删除，并应由档案部门列出销毁文件目录存档备查。

第二十条 其他类型电子公文的归档管理可参照本办法。

第二十一条 本办法未尽事宜，参照国家其他有关电子文件的标准和规定。

第二十二条 本办法由国家档案局负责解释。